新时代小学教师教育丛书（融媒体版）
刘 慧/丛书主编

CHUDENG JIAOYU YANJIU FANGFA

初等教育研究方法

刘 荣 刘 慧 欧群慧 等/编 著

北京师范大学出版集团
BEIJING NORMAL UNIVERSITY PUBLISHING GROUP
北京师范大学出版社

图书在版编目（CIP）数据

初等教育研究方法／刘荣，刘慧，欧群慧等编著．—北京：北京师范大学出版社，2023.10
ISBN 978-7-303-26952-5

Ⅰ.①初… Ⅱ.①刘… ②刘… ③欧… Ⅲ.①初等教育－教学研究－高等学校－教材 Ⅳ.①G62

中国版本图书馆 CIP 数据核字（2021）第 078909 号

教材意见反馈 gaozhifk@bnupg.com 010-58805079
营销中心电话 010-58802755 58800035
编 辑 部 电 话 010-58806368

CHUDENG JIAOYU YANJIU FANGFA
出版发行：北京师范大学出版社 www.bnupg.com
北京市西城区新街口外大街 12-3 号
邮政编码：100088
印　刷：天津盛辉印刷有限公司
经　销：全国新华书店
开　本：889 mm×1194 mm 1/16
印　张：13.5
字　数：310 千字
版　次：2023 年 10 月第 1 版
印　次：2023 年 10 月第 1 次印刷
定　价：33.00 元

策划编辑：林　子　　责任编辑：郭　瑜
装帧设计：焦　丽　　美术编辑：焦　丽
责任校对：段立超　　责任印制：陈　涛

代　序

认识小学儿童　认识小学教育（节选）①

一、重新认识现代小学儿童的发展特征与教育

小学教育是为小学儿童举办的，我们不能仅仅要求小学儿童适应现有的小学制度，适应小学教师现有的教育方式。相反，小学教育和小学教师必须正确认识小学儿童，认识他们的发展规律及发展需求。

拥有不断发展和进步的儿童观是我们办好小学教育的前提。儿童观是人们对儿童的总的看法和基本观点。意大利教育家蒙台梭利早就警示人们：了解儿童，注意我们和儿童世界的关系，是一个良心的问题。被誉为“中国儿童教育之父”的陈鹤琴先生也说，只有了解儿童，才能教好儿童。

6～13岁的小学儿童处于身心发展速度最快的一段生命时期，他们从以游戏学习为主的生活方式进入以在课堂学习各学科为主的生活方式。学校的学习生活和交往方式刺激着儿童脑突触的生长，并且有选择和有一定方向性地形成日益复杂的“互联网络”。小学儿童的学习潜能和创造力是巨大的，而且只要具备良好的、有滋养性的环境，他们就会有惊人的可塑性。同时，我们知道每个小学儿童都是一个独特的个体，他们有不同的神经活动方向和水平。

儿童的学习和发展是他们与其所处的环境互动的结果。认知学习的内容，成人世界的态度，儿童的情绪、情感表达顺畅与否等，构成对个人学习和发展不同的具体意义。所以，我们绝不应该对儿童采用同样的教育方式和评价方式。就社会生活方式和文化大环境而言，今天的儿童面对的信息量和传播方式、面对的价值观和引导方式，以及他们自身的交往方式都发生了重大的改变，因此我们不能不考虑他们对网络及媒体学习的兴趣和能力、他们受到的不健康风尚的影响和竞争的压力等。我们必须在新的历史条件下重新看待小学儿童。

二、重新认识小学教育的性质、任务和特殊的教育功能

小学教育与教育体系内其他教育阶段相区别的独特性主要表现在基础性、全民性、义务性和公益性等方面，而其中最重要的是基础性。长期以来，我们对基础性有如下两种理解：一是强

---

① 朱小蔓：《认识小学儿童　认识小学教育》，载《中国教育学刊》，2003（8）。引用时有改动。

调它是整个教育制度的基础，小学教育是为学生升入中学做准备的；二是强调培养目标上的“双基”，即基础知识、基本技能。近些年，有些家长把小学作为竞争的起跑线，提前演绎升学竞争。这种状况使学生过早地承受升学的压力，失去本该欢乐的童年，结果是学生的学习热情明显降低，日益厌恶和逃避学习。

小学教育不是升学教育的基础，而是素质教育的基础。在人类倡导构建学习化社会的时代，它是终身教育的奠基阶段，是为人生的发展奠定基础的。作为基础教育，而不是高等教育、职业教育，它是以提高国民素质为目标而进行的非定向、非专门的教育。它不是为某一行业，而是为社会所有行业培养人才打基础的。所以，它的知识、技能不是为了选拔、升学、择业，而是为了尽可能地给人的身心全面发展提供最有利的条件。今天，仅有传统上的“双基”是不够的，我们还要激发儿童积极的学习情感和态度，以促使他们终身保持热爱学习的欲望。从一定意义上说，这种起动力作用的情感态度比“双基”更为基本，更为重要。

三、重新认识小学教师的培养，转变传统教师的角色

小学教育是启蒙教育。在这一阶段，小学教师与可塑性极大的儿童相处，通过各类课程以及与儿童打交道的互动过程引导儿童向真、善、美的方向发展。小学教师要直接面对身心、智能、精神发展程度各异的儿童，要发现和感受他们的需要，激发他们学习知识、学习道德的兴趣。

教师要成为学生的关怀者、学生的促进者、教育的研究者。儿童的观摩、模仿和感受能力强，因此小学教师在言谈举止方面需要格外掌握分寸。小学儿童兴趣爱好的多向性、小学知识教育的综合性，对小学教师的知识面、性格、气质、敏感程度及应对能力等综合素质的要求很高。小学教师与中学、大学教师相比，在许多方面都具有鲜明的专业特殊性。对小学教师最有效且长远的培养是在小学教育的岗位上、在教育改革的活动中。为此，小学教师必须与新课程同行，从传统的角色中走出来，在新课程实施中实现自身的发展，提升我国小学教育的质量。

朱小蔓

丛书总序

本套丛书集中呈现了我们长期从事小学教师教育理论研究与实践探索的成果，体现了我们对小学儿童、小学教育、小学教师教育及其关系的认识与理解，也着重体现了国家对当代小学教育专业的认证标准、基本理念、培养目标与毕业要求。

培养好的小学教师是当代教师教育的重要使命。何谓好的小学教师？好的小学教师如何培养？这是新时代小学教师教育研究者和工作者必须回答的问题。小学教师是小学教育的实施者，小学教师的素质直接关涉小学教育的质量、小学儿童的生命健康成长状况。《国家中长期教育改革和发展规划纲要（2010—2020年）》明确提出，有好的教师，才有好的教育。因此，要加强教师教育，深化教师教育改革，创新教师培养模式，提高教师培养质量。近些年来，我国颁布了《教师教育课程标准（试行）》《小学教师专业标准（试行）》《普通高等学校师范类专业认证实施办法（暂行）》《教育部关于实施卓越教师培养计划2.0的意见》等，这些政策文件从多方面为培养好的小学教师划定了内涵边界，提供了政策保障。习近平总书记提出的“四有”好老师为培养好的小学教师指明了方向。

我国本科层次的小学教师培养开启于20世纪90年代末。经过多年的探索，中小学不分的局面被打破，小学教师的特性、小学教师与中学教师培养的差异性渐渐凸显，培养中学教师的“学科＋教育”之“双专业”模式并不适合小学教师的培养；“综合培养、分科选修”的“2+2”培养模式，“综合培养、特色人才”的培养模式，“分方向”的培养模式，“2+大文大理”的培养模式，随着卓越小学教师培养计划项目的推进开始逐渐升级迭代。[①] 例如，首都师范大学的小学教师培养模式正由“综合培养、发展专长、注重研究、全程实践”的1.0模式迭代为“儿童取向”的2.0模式，其核心强调的是以儿童为本，实施儿童教育，凸显儿童性、生命性、体验性、综合性。

基于人本教育理念的理性审视，小学教育的实质是儿童教育，而非学科教学。儿童教育意味着以儿童为本，回归儿童的生活，助力儿童的健康成长，为儿童的幸福人生奠基。卓越小学教师之“卓越”的核心在于突破学科本位，回归儿童教育本位。卓越小学教师是能以儿童为本、研究儿童、理解儿童、读懂儿童、实施儿童教育的好教师，是儿童健康成长的指导者和引路人。

促进儿童健康成长，是落实立德树人根本任务的重要体现，是小学教师全部工作的出发点和归宿。儿童的健康成长离不开教师的爱，爱是小学教师最重要的品质。教师之爱首先体现为爱

---

① 刘慧：《关于初等教育学科建设的几点思考》，载《首都师范大学学报（社会科学版）》，2009（1）。

生命、凸显生命性。生命是教育的基点，基于儿童生命立场的教育教学活动是促进儿童健康成长的必然要求。爱儿童的生命，就要认识儿童、理解儿童、读懂儿童，为儿童提供合适的教育。因此，研究儿童，理解儿童生命成长的规律、儿童认识世界的方式、儿童生活的特性是小学教师的必备品质与关键能力。

高质量的教育发展需要高素养的教师，提高素养是小学教师专业发展的必要条件。我国当代小学教师的发展主要经历了增长学科知识、提高教学能力、提升学历层次、促进专业发展等阶段，而今正走向人的发展阶段。所谓人的发展，实质是人的生命发展。生命发展为教师专业发展提供不竭动力。培育小学教师的发展素养、促进小学教师的生命发展是新时代小学教师教育的核心任务。

未来已来，过去未去。当今人类社会正处在一个新的转型期，人工智能正在改变人类的生存方式，不仅挑战着现代人的体力、智力，而且正逐渐替代人类诸多赖以生存的职业。但也有人工智能不能替代的事物，就目前而言，人工智能的“天花板”是生命。关注人的生命、情感、感受、体验等是人工智能难以替代的，这正是小学教师的价值所在。

从未来的角度看，成为生命教师是教师发展的理想价值。所谓生命教师，是对生命有着深刻认识与理解，能以生命为本、以生命为师，用生命从事教育事业，以生命影响生命的教师；是能使教育回归生命，能以学生健康成长为宗旨和使命的教师。生命教师是未来对教师的角色定位，也是教师应对人工智能挑战的一张“王牌”。

正基于此，本套丛书的创编注重由“知识本位”转向“以人为本”，注重以学生为中心，凸显生命体验。教材的编写不是只见知识而不见人；不是以“教”为主，而是以“学”为主，体现以学定教；凸显新型“融媒体”教材的特点，体现新时代对创编教材的要求，即通过增强教材的交互性和开放性，使教材成为师生学习的一部分，注重信息技术的应用，教学媒介由单纯的纸质教材延伸到包括电子课件、模拟动画、微课视频及考试系统等多媒体手段上来。

感谢北京师范大学出版社的邀请，尤其是林子编辑积极、热情的投入与推动；感谢参与本套丛书出版的全体作者。

谨以本套丛书为我国高校小学教育专业创建二十周年献礼。

刘慧

前　言

本教材是高等师范院校小学教育专业核心课程“小学教育科学研究方法”的配套教材，是由首都师范大学初等教育学院刘慧教授所主持的北京市2008年教改立项课题“小学教育专业本科生教育研究能力的培养模式探索”研究成果之一。

本书以习近平新时代中国特色社会主义思想及党的二十大精神为指导，撰写出发点是基于小学教育教学人员应该具备研究意识和研究能力这一思路。小学教师应该能够作为研究主体，对其教育教学实践中所遇到的教育问题进行探讨和研究。对小学教师研究能力的培养所必备的知识和技能主要包括资料能力、问题能力、表达能力三个方面。具体而言，资料能力包括检索文献、收集资料、阅读资料、鉴别资料、归纳综述五方面的能力；问题能力包括发现问题、提出问题和解决问题三个方面的能力，解决问题的能力又包括逻辑思维、分析与综合、创新三方面的能力；表达能力包括文字表述能力和口头表达能力。由此，我们的最终目的是通过对本书的学习和相应的实践，使小学教师具备研究意识和研究能力，能解决现实的教育问题，改善自身的教育教学实践，从而提高教育教学质量。

本科生教育研究能力的获得并不是一蹴而就的，是在实践过程中体验学习获得的。学习教育研究的最好方式是“做中学”，从做中体验如何做教育研究。因此，本科生教育研究能力的培养必须改变以往只注重教育研究方法知识传授而忽视教育研究实践的观念，必须为他们提供教育研究全程实践的机会，注重过程、注重体验，并在实践中使他们受到系统的、持续的训练。因此，本教材在遵循初等教育特点的基础上，依循本科生研究能力培养的逻辑和科研课题研究的程序进行撰写，本着贴近初等教育问题、培养本科生和小学教师的教育研究能力的原则，凸显了操作性，以案例呈现引发、结合案例等方式对有关基本概念和基本理论进行介绍。

本教材的突出特点是：①继承传统精华，精选以往教育科研方法教材中的经典理论和方法，形成本书的基本结构体系；②反映当前小学课程标准对小学教师教育教学研究能力的要求，以提高小学教师教育研究能力为目的，将教育理论学习与实际能力培养相结合，在教学编写的内容和体例上有所突破；③结合小学一线的教育教学研究案例，将研究方法的原理和步骤贯穿其中，易于学生迅速地理解和掌握。④吸收最新研究方法，在教材上体现量化研究与质性研究的齐头并进。这两种研究范式具有各自的优缺点及适用范围，但是质性研究特别适合小学教育工作者，因此本教材加强了质性研究方法的介绍和撰写。

使用本教材时，建议教师可以按照课题研究的逻辑进行，首先帮助学生针对小学教育现实问题，结合自己的研究兴趣，组建课题研究小组，然后教师的教学重点是引导他们在自拟课题的引领下，采取合作、自主、探究、实践学习等多种学习方式，在共同完成科研实践系列作业的同时，掌握教育研究的理论知识，形成研究能力。在考试方式上，教师也可以变以知识点为主的考试方式为系列实践作业，经历从选题、开题到收集资料，从研究方案设计到课题具体实施，从文献综述的撰写到研究报告的撰写等，设计一系列实践作业，确保学生教育研究能力的培养。

本教材的撰写受到首都师范大学初等教育学院的高度重视和大力支持。本书各章的撰写人员为：刘慧（第一章、第十一章）、欧群慧（第二章、第四章、第十二章）、俞劼（第三章、第六章）、李玉华（第五章）、张俊（第七章）、刘荣（第八章、第九章、第十章），最后由刘荣统稿并定稿。在此感谢首都师范大学初等教育学院的各级领导和同仁们对本书的支持和贡献。因各种条件限制，本书尚有不足，将在今后的使用中继续补充和完善。

刘荣　刘慧

2022 年冬

目　录

上编　初等教育研究的主要特点和基本过程

下编　教育研究资料的收集与分析

上　编

初等教育研究的主要特点和基本过程

第一章　教育研究概述

【内容概览】

本章主要介绍了教育研究的意涵、功效和基本问题，并对教育理论、教育实践与教育经验的关系进行了论述，最后提出了如何从事教育研究的问题。

【知识地图】

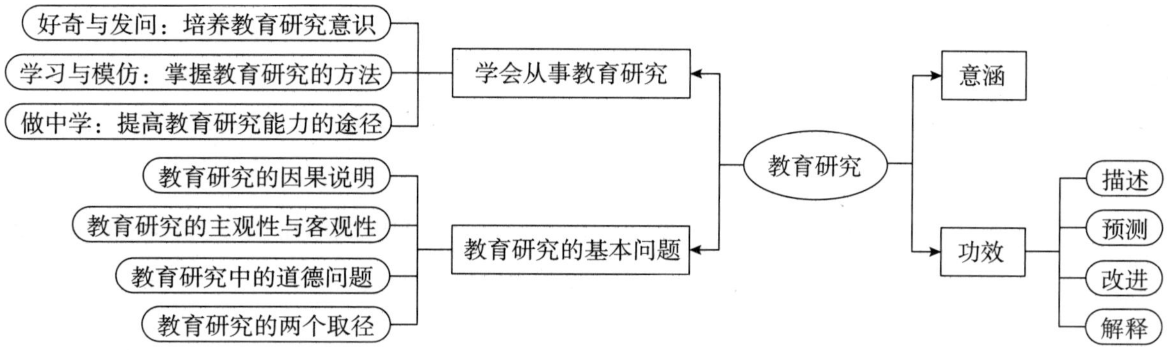

【学习目标】

1. 了解教育研究的意涵和功效。

2. 了解教育研究的基本问题。

3. 初步了解如何进行教育研究。

第一节 教育研究的意涵

本节从研究的定义着手，明确教育研究是一种认识过程，进而认识学校教育研究。作为一种教育实践活动，教育科学研究对教育实施的各个方面都具有指导和促进的作用。

一、研究的定义

关于研究的定义有多种。辞典上的定义为：①探究事物的真相、性质、规律等。②考虑或商讨（意见、问题）。麦克米伦和舒马赫将“研究”定义为：“为某一目的而收集、分析信息（资料）系统的过程。”克林格和李将“研究”定义为：“对自然现象系统的、控制的、实践的和批判性的调查。这种调查受到有关理论和假设的指导。”

一般认为“研究”是一种有目的、有计划的系统的探究活动。美国学者贝斯特和卡恩比较全面地描述了“研究”的十二个特征。概括起来主要包括以下三个要素。

第一，目的：“研究”是一种有计划、有意图的活动，它以发现事物的规律性、解决新问题或改进某种实际情景为目的。

第二，过程：为了达到目的，“研究”是按步骤、分阶段进行的，它有一套严格而系统的操作原则和程序。

第三，方法：“研究”的过程，就是运用各种方法去认识和解决问题的过程。方法以自己的尺度调节着整个活动的进行，它的选择与使用是研究成败的关键。

二、教育研究的定义

关于教育研究的界定，同样有多种解释，主要有以下几种定义。

第一种，教育研究是运用科学方法，探索教育领域客观规律的认识过程，包含三个方面的意思：首先，教育科学研究是教育工作者一种有目的、有意识的认识过程，是一种“发现”“探索”的过程，是旨在发现新的、尚未被认识的教育领域的规律过程。其次，教育科学研究所要探索和发现的是教育领域中尚未认识或尚未彻底揭示的教育规律，同时对现存的教育理论观点、方法和价值进行评价与反思，找出规律性的东西。最后，教育科学研究是运用“科学的方法”，探索教育领域的客观规律。研究方法要科学，包括研究目的、任务、选用适当方法和遵循科学的程序。

第二种，教育研究是人们为了获得对教育理论和实践问题的深入认识而进行的科学探索活动。

第三种，教育研究是人们为了适应教育实践的需要，用科学态度和方法来研究教育问题，提炼教育经验、探索教育规律的一种实践活动。

第四种，彼特斯和怀特认为教育研究是为了解答某种特定的问题，由非常精通某种思维方式的人所进行的系统的持续的研究。

学校教育科研是指借助教育理论，以有价值的教育现象为研究对象，运用相应的研究方法，进行有目的、有计划地探索教育规律的创造性认识活动。学校教育科研是教育科学研究的一个特定领域，具有教育科研的一般特点，是以教师、教研人员、教育行政工作者作为研究主体，在实际教育教学情景中针对具体现象进行研究，并将研究成果在同一情景中加以应用，经历计划、行动、反馈与调整的活动过程。

三、教育研究的价值

（一）理论建构的价值

教育科学研究的理论建构价值主要是指教育科学研究具有发展和完善教育理论的作用。教育科学研究是生成和建构教育理论的重要途径和措施，教育理论的建构、发展和完善离不开教育科学研究。

（二）实践指导的价值

教育科学研究对教育实施的各个方面都具有指导和促进的作用，而且教育科学研究本身也是一种教育实践活动。

1. 教育科学研究与教育思想观念

观念是行动的灵魂。教育思想观念对教育行为、教育方式起着指导和统帅作用。有什么样的教育思想观念就会引导什么样的教育行为和方式，要转变传统的教育行为和方式，首先要树立新的教育思想观念。教育科学研究通过产生新的教育思想观念和促进教育思想观念的转变来指导和推动教育实践的发展。虽然观念的转变从来就是一个漫长、艰难的过程，它要受很多因素的影响，但是教育科学研究能够在其中起着催化和加速的作用。通过教育科学研究，发现教育的新规律、新原理和新原则，并促使人们重新认识原有的教育规律、原理和原则，进而形成新的知识，转变旧有观念。所有这些都是新的教育思想观念形成的主要途径和重要源泉。

2. 教育科学研究与教育教学改革

教育改革是一种变革教育现有状态的社会实践活动，其目的就是形成适应新形势需要的新的教育思想和教学模式。由于教育改革没有现成的经验和固定的模式可以借鉴，所以它具有很强的探索性和创新性。但哪些是违背教育规律的，怎样做才能符合教育规律；哪些是陈旧、过时的，怎样做才能符合新形势的需要。这些问题只有通过教育科学研究才能解决。这也就决定了教育改革的进行离不开教育科学研究，没有教育科学研究作为基础，教育改革将陷入盲目之中。

3. 教育科学研究与教育教学质量

教育教学的质量是教育事业的生命线，教育是培养人的工作，其间充满着各种各样的问题。教育本身的复杂性和创造性，使得教师必须对自己的行为进行审慎的、理智的安排。开展教育科学研究不仅能增进教师对有效教学的认识，扩展教师对新思想新方法的应用，而且可以有效地帮助学校领导和教师掌握教育教学规律，改进教育教学工作，从而使教育教学工作更加富有成就。尤其是面对日益频繁且日渐深刻的教育教学改革，新的观念、思想、方法不断涌现，而且改革没有现成模式，只有靠老师直面新情况、分析新问题、解决新矛盾，以主动研究者的身份进行主体参与，才能使自己的工作与时俱进。

4. 教育科学研究与教师素质

教师素质是影响教育实践效果的重要因素之一。提高教师的能力和水平从来就是教育的一个永恒主题。虽然提高教师素质的途径和方法有很多种，但现在学术界的基本观点是强调教师的教学反思，培养科研型和学者型的教师。认为让教师兼有教师和学者的双重身份，是促进教师专业化发展、提高学校教育教学质量的重要途径。

四、教研与科研

“教研”是“教学研究”的简称，“科研”是“科学研究”的简称。在我国现在的中小学中“教研”与“科研”既像是一回事，又像是两码事。因为从教育主管部门到学校，既有“教研”管理系统，又有“科研”管理系统。他们所谓“科学”“研究”，同词典上关于这些语词指称对象的表述，颇有出入。

譬如，在中小学校，教研组、备课组在讨论备课方案时，同一篇教材运用不同的方法或方式传授，便算得上是“教学研究”。如果自认这种教学实践有新意，那就叫作“创新”或“探究”，其中的体会则称之为“反思”，将其记载下来就成为“科研成果”。一批这样的成果，经过校外专家的润色与包装，就堂而皇之地成为“科学研究”。可见，在中小学，“科研”与“教研”之间的区别并不像外行人想象得那么大。由于这类并无确定含义的“教研”“科学”“科研”，近于行话，外行人看不懂也就不足为怪了。

1949 年以前，中国教师一向以教学为本职，在中小学教师中并无普遍性的“教学研究”。中华人民共和国成立以后，鉴于以往教学中的随意性较大，所以从 1952 年起我国教育系统逐步建立从行政机构内部的教研室到学校中的教研组的教学研究组织系统。所谓“教学研究”，是指具体运用“教学法”指导教学，故后来干脆改成“教学法小组”。在我国教研组集体备课活动属于正常现象，自 1979 年以后，由于“教学法”逐渐从人们的视野中淡出，“教学研究”实际上成为对教材各章节的教学方法的讨论。尽管中小学教师在个人或集体备课中、在公开课评课中，会想各种办法，只是这种思考或讨论并未超出经验水平。虽说是“教学研究”，但因缺乏可靠的理论依据，也就缺乏“研究”的含量。

从 20 世纪初期开始，随着欧洲“新学校”与美国“进步主义教育”的兴起，有许多新的课程价值观念逐渐被提出。这些观念又转化为一定的经验形式，如被我国称为“新教学法”的设计方法、“道尔顿实验室制”等。由于其具有明确目标，又经过某种检验活动程序，具有一定的可操作性。只是这类尝试尚缺乏普遍性，容易被历史的烟尘埋没。后来虽然不断出现新尝试，但未必都适合我国国情。故有必要从我国基础教育的实际情况出发，以新的课程价值观念的现实为主题进行新课程研究。

这也只是一般而论，说到我国现今中小学教师的“科研”，那就另当别论了。在我国，如今称之为“理念”的口号满天飞，以这种或那种理念为标榜的课题研究风靡一时。问题是何谓“理念”。实践“理念”虽常以口号表达，而口号表达的却不一定是“理念”。这取决于它是不是形成了分析问题，解决问题的思路；所形成的思路，是不是经历了可靠的验证。而这种口号即使是某种“理念”的表达，但若不转化为一定的经验形式，仍近于飘浮在空中的幻影，同实践的关系尚远。

第二节　教育研究的功效

教育研究具有描述、预测、改进、解释四大功效。

一、描述

许多研究都涉及对自然或社会的描述，例如对形式、结构、活动、变化以及现象之间的关系等所作的描述。研究人员正是通过这样的描述性研究才增加了对客观世界的认识。

描述性研究的功效在很大程度上取决于用于测量和观察的工具的使用。研究人员也许要历经多年才能使他们所使用的工具日臻完善。例如，测试人格心理特征的人格测验、测试智商的标准化量表等就是数十年艰辛研究的成果。一经研制成功，工具就可被研究人员用来描述其所关心的现象。

描述性研究极大地丰富了人们有关学校教育的知识。例如，教育文献作为教育科学的情报信息和知识的载体，对人类的教育活动和教育科学研究进行了客观记录。各种文献类书籍、报刊、教育档案以及电子信息检索系统都在教育研究中起到很重要的作用。教育文献帮助研究者全面正确地掌握所要研究问题的情况，选定课题和确定研究方向。为教育研究提供科学的论证依据和研究方法，并且避免重复劳动，提高科学研究的效益。

某些描述性研究旨在向政策制定者和教育者提供他们所关心的一些有关教育领域的统计信息。美国国家教育统计中心就是以这类研究为主。该中心的诸多研究成果都刊登在每年一期的《教育统计文摘》上。该中心还负责进行美国的教育发展全国性评价评估，收集全美青年在不同学科表现的描述性数据。

二、预测

预测是另一种研究知识，是指依据在早先的X时间内所获取的信息，对某一现象将在Y时间内发生做出预测的能力。例如，人们可以根据某一学生在一两年前取得的能力测试成绩较为准确地预测该生学业的发展。又如，人们设计能力倾向测验，预测个人能力发展倾向等。

教育研究人员已经进行了为数众多的预测研究，以便进一步了解可以依据哪些因素来预测学生在校期间的学业和进入社会之后的工作实绩。他们从事这些研究的原因之一，就是帮助校方录取那些有望在特殊学科取得出类拔萃成绩的学生。例如，学业能力倾向考试（Scholastic Aptitude Test，SAT）和其他一些类似的测试每年都面向千百万高中学生。高等院校依据这些测试结果和其他资料来录取那些他们认为最有希望在其专业学科中脱颖而出的学生。为了能进一步了解这些测试的预测准确性，了解它们是否能普遍运用于不同的学生群体，以及了解新测试工具能否有效预测特定背景中的学生的学业成绩，有必要进一步发展预测研究。

预测研究的另一目的是确认哪些学生可能会滞后于教育过程的进展，并根据这一预测及时采取预防措施。例如，近年来，小学生学习障碍的发生率一直持续增长。教育实践表明，小学生学习障碍如得不到及时的矫正，一方面，必将导致他们学业不良，致使其失去学习兴趣和信心，甚至面临辍学的危险；另一方面，还将直接影响其后续学习及成年后的生活，使其在激烈的社会竞争中丧失发展优势。因此研究人员试图探究有学习障碍的小学生的特点，分析成因并研究教育对策。通过此类研究，研究人员将能预测哪一类儿童更容易患有学习障碍，并采取积极的教育策略及时引导儿童正常学习。

教育研究已经创造出巨大的包含众多因素在内的预测知识体系，这些因素能预测将对社会产生重大影响的多样化结果，例如，学业进步、事业有成等。

三、改进

改进是教育研究的功效之一。例如，研究儿童数学能力发展的影响因素这个主题，儿童数学能力的发展既受到个体自身因素影响，同时也受到家庭、伙伴及班级、学校环境等方面的影响。在对其影响因素进行分析时，可以将研究对象的数学能力发展水平（反应变量 y）分为“优秀、中上、中等、中下、较差”5 个有序等级。为了便于分析，设定：y=1，较差；y=2，中下；y=3，中等；y=4，中上；y=5，优秀。分析时，对于二分类因素直接用 0 和 1 赋值；对于多项有序分类指标，则依其属性由低级至高级用 1，2，3…赋值予以量化（见表 1-1）。

表 1-1　影响小学生数学能力待分析因素（指标）的意义及赋值

因素	意义	赋值
家庭社会环境	住房环境	综合量化指标（高优）
	家庭问题	综合量化指标（低优）
父母的教育观念	父母对学业的满意度	1= 不满；2= 较满意；3= 非常满意
	最关注学习成绩	1= 是；0= 否
	注重习惯、动机和思维的培养	1= 是；0= 否
家庭氛围（哑变量）	民主	1= 是；0= 否
	严格	1= 是；0= 否
	苛刻	1= 是；0= 否

续表

因素	意义	赋值
班级环境	师生关系、同学关系	综合量化指标（高优）
	学习负担	1= 轻；2= 中；3= 重
自身因素	性别	
	活动情况	综合量化指标（高优）
	社交情况	综合量化指标（高优）
	每天看电视的时间	0= 无；1=0 ～ 1h；2=1 ～ 2h；3=2 ～ 3h；4=3 ～ 4h；5=4 ～ 5h；6=5h 以上
	每天玩电脑 / 游戏的时间	0= 无；1=0 ～ 1h；2=1 ～ 2h；3=2 ～ 3h；4=3 ～ 4h；5=4 ～ 5h；6=6h 以上
	是否喜欢上学	1= 是；0= 否
	学业成就	综合阅读、写作及数学成绩的量化指标（高优）

表 1-1 的左栏列举了 17 个可能影响数学能力发展的因素（含有关的哑变量）。本研究采用多项有序反应变量的 Logistic 逐步回归方法进行相关的影响因素分析，筛选指标时，入选和剔除的判别水平均约定为 0.05。在 17 个待选因素中，有 12 个选入了模型（见表 1-2）。

表 1-2　影响小学生数学能力多项有序反应变量的 Logistic 逐步回归分析

影响因素	参数估计值	标准化参数估计值
活动情况	−0.0104	−0.0399
学业成就	0.0837	0.0384
性别	−0.0568	−0.0334
父母对学业的满意度	0.2242	0.0912
家庭问题	−0.0215	−0.0230
班级环境	0.0718	0.0407
每天看电视的时间	−0.0573	−0.0329
最关注学习成绩	−0.1162	−0.0314
注重习惯、动机和思维的培养	0.2551	0.0697
学习负担	−0.0897	−0.0442
家庭氛围民主	0.4660	0.1277
家庭氛围严格	0.5300	0.1243

根据反应变量 y 赋值方式的约定，入选因素的参数估计值为正，则该因素的量化值越大，越能促进数学能力的发展。入选因素的参数估计值为负，则该因素为阻碍数学能力发展的因素。同时，其对数学能力发展水平的影响大小可由标准化参数估计值的绝对值大小来反映，即标准化

参数估计值的绝对值越大，其对数学能力发展的影响也越大。

由表 1-2 可知，当约定因素的取值由小到大时，促进数学能力发展的因素按其程度强弱依次为：家庭氛围民主，家庭氛围严格，父母对孩子学业较高的满意度，父母注重良好学习习惯、动机与思维的培养，好的班级环境，较好的学业成就。

与上面情形相反，阻碍数学能力发展的因素按其贡献大小依次为：学习负担过重，参加活动过多，性别为女生，每天看电视的时间过多，父母过分关注学习成绩及家庭问题。

通过对小学生数学能力发展水平影响因素的分析，学校和教师、家长可以完善这些因素，使小学生在学习和生活中不断强化积极的因素，获得更高的数学能力水平。

四、解释

从长期角度来看，研究知识的解释是最为重要的。如果研究人员能解释某一教育现象，这意味着他们能描述它，预测其后果，并懂得如何使用介入因素来改变结局。

研究人员总是理想化地把他们对现象的研究所做出的解释称作理论。理论是指就结构体系及各结构间相互关系法则对某一系列现象进行观察所作的解释。例如，皮亚杰提出的关于智力发展的理论。该理论体系旨在解释婴儿、幼儿的行为与其环境的关系。在研究中皮亚杰首先观察了处于不同年龄阶段的幼儿在特定任务面前的反应，然后通过他的理论对幼儿的反应做出解释。

> **练一练**
>
> 举例说明教育研究的功效有哪些。

第三节　教育研究的基本问题

本节主要介绍了教育研究中的因果说明、教育研究的主观性与客观性、教育研究中的道德问题、教育研究的两个取径或方法（即量的研究和质的研究）四个教育研究的基本问题。

一、教育研究中的因果说明

人类行为现象复杂万端，教育的现象有其历史性与社会性，人类行为也有主动性与自发性，自然科学的方法是否可以无限制地用于教育现象的研究，是否能对教育现象做明确的因果解释，值得进一步地加以批判和反省。教育研究上不当的解释和推论，不但无助于教育问题的解决，反而误导了教育实施的方向，所以从事教育研究者对于研究结果的解释，不可不持谨慎的态度。

（一）因果说明的历史回顾

因果概念即原因与结果之间相互依存的关系，是人类在长期的社会实践中逐渐总结出来的一个理解事物和预计事物变化发展的基本法则，它在我们的生产、生活和科学研究中有着广泛的运用，是人类认识未知世界的指南和获得客观知识的重要依据。

近代以来，由于自然科学的兴起，人们开始强调采用科学方法。科学方法最主要的就是做出相关的假设，并进行严谨周密的求证，在求证的过程中，借助于直观的观察与间接的实验，以寻求事物的因果关系。教育研究在自然科学的影响下，试图将严谨的自然科学方法运用于教育学、心理学的探究。梅伊曼和拉伊的实验教育学正是这个思潮下的产物，试图以观察、实验和统计的方法对教育现象作客观的因果解释。1960 年在逻辑经验论、批判的理性主义以及行为主义心理学的推波助澜下，量化分析与因果说明更是广泛地运用在教育的科学探究上，而把教育实践视为理论的技术运用，严格地控制教育绩效。

（二）因果说明常犯的谬误

当事物之间成为因果关系时，因与果必须要有严谨的充要条件。但是，研究者们在做因果说明时，常常忽略潜在的共同原因，或是混淆了因与果之间的关系。以下是因果说明时常犯的错误。

1.“诉诸假因”的谬误

“诉诸假因”即以“片面”而其实不是真正的原因来解释事物的状况。比如，夏天每当柏油路软化时（由于天气炎热，地面温度过高），晕倒的人数就会增加，因此如果以柏油路软化是造成人晕倒的原因，这即是诉诸假因。

2. 忽略了潜在的共同原因

在做因果说明时，也常有忽略潜在共同原因的现象。例如，研究结果发现长时间看电视的孩子变坏的概率比一般的孩子大，若因此下结论“看电视时间长是造成小孩子变坏的原因”，就犯了忽略潜在共同原因的谬误。因为孩子之所以长时间看电视和他们之所以变坏，可能有其共同的原因，这个共因就是家长忽略了对孩子的管教。

3. 诉诸统计数字的谬误

教育研究应用自然科学的研究方法，因此常把研究对象予以数量化，以寻绎出变量之间的关系。事实上相关并不必然有因果关系的存在，而其他统计方法在应用时取样是否适切，各种相关因素是否均能在研究者的控制下，这些都是必须加以考虑的，因此从事教育研究者，不能因统计上的表面数字就断然下结论说变项之间有因果关系的存在。

二、教育研究的主观性与客观性

在教育研究的过程中，诸如界定研究问题、选取研究对象、资料的收集与分析、研究方法的运用、研究伦理的考虑、研究的客观性等问题，皆与研究品质有关系。其中，教育研究的客观性问题，对于教育研究品质的优劣更有其决定性的影响力。进行教育研究，若不能把握其客观规律，将可能造成“一人一义，十人十义”的现象，对于教育设想的理解即实际教育活动皆有不良的影响，教育研究的客观性问题是研究者不能忽视的。

教育研究的对象是人，研究者也是人，因此教育研究必然涉及“认识”与“观察”的问题，也涉及直观性、客观性的问题。教育研究基本上在于追求客观化，以精确地了解教育实际。在客观化的发展过程中，应有以下的考虑。

第一，教育研究方法论的争议表面上是冲突对立的，但就深层结构而言却是对教育不同层面的不同理解，构成对教育整体性理解不可或缺的部分。进行研究时，应依研究问题的性质，选择适当的方法，并检讨研究方法使用的条件和限制，纠正研究过程的可能偏差，以提高研究的客观性和有效性。

第二，教育研究的客观化为时势所趋，然而在客观化的过程中，不能忽略教育现象与教育研究的历史社会性质，也不容漠视受教者个体是以意义整体交融在整个历史文化之中。另外，在实证研究的进行上，应强化主体意识的自省，才能使实证研究恰如其分地揭示教育事实，而有助于教育实践的改善。

第三，注意研究语言意义的清晰。语言是研究者选用作为表达知识的工具，它本身不是一种客观的存在。教育研究的语言，若是一种含混的语言，则研究结果往往滋生不必要的混淆，妨碍教育研究客观化的发展。宜力除此弊，建立一套足为研究者互为印证，互为了解的科学化语言。

第四，教育是价值引导的过程，研究者除需进行自我反省、自我批判外，还应建立自由批评、意见公开表达的社会政治制度，来避免价值对教育科学研究的扭曲。此外，公开研究程序、研究方法，进而以能付诸验证的形式公开研究成果，借由事实的检验来仲裁彼此的纷争，亦有助于提高教育研究的客观性。

三、教育研究中的道德问题

研究中的道德是指研究者在从事研究时应遵循的行为规范，它不仅包含研究者本身应具有的道德，还包含了研究者在研究中与研究对象以及其他有关人员之间应维持的适切关系和应遵循的行为规范。因此，研究中的道德大致包括下列几个因素。

第一，研究者本身的道德。如研究者要有一定的使命感和责任心，忠于研究，不违背事实真相，要有一定的学术道德，尊重他人的研究成果，不可任意剽窃等。

第二，研究者与研究对象的关系。如说明研究性质和目的、保障研究对象的个人权利、保证守密、慎用研究资料、考虑研究过程中可能给研究对象带来的身心健康等诸方面的影响，避免造成伤害和误解。

第三，研究者与研究委托者的关系。如了解委托研究的目的和价值、研究中彼此沟通、帮助委托者了解研究成果的意义。

第四，研究者与研究同事的关系。如确保同事能充分利用他们的研究，努力维护学术研究组织的声誉。

第五，研究者与社会大众的关系。如注意研究的积极正面的影响，避免误导社会观念等。

四、教育研究的两个取径

教育研究方法可以分为两个取径，即量的研究和质的研究，两者各有典型特点（具体见表1-3）。

表 1-3　量的研究与质的研究特点

	量的研究	质的研究
什么是事实	我们看到的东西：行为	我们经验到的东西：意义
如何描述事实	数据	叙事
分歧	“真实”是客观的	“真实”是建构的
共享	任何实证方法都是观察的方法	任何实证方法都是观察的方法

（一）量的研究

量的研究假定社会环境构成了独立于教育的客观存在，教育环境又是独立于人的客观现实。这些环境特征具有相对于时间与具体情境的恒定性，因而发展知识的方法是收集样本中可以观察的行为资料，并运用数学方法分析这些资料，从而揭示环境的一般特征，解释观察到的行为。

简单地说量的研究是用数据描述研究对象，具体有以下特征：①研究具体明确的、可以测量的行为特征，用变量表达研究内容；②研究的目的是通过因果分析，对变量间的关系作通则式解释；③研究是在控制情境下的观测；④研究过程是演绎式的，即假设检验；⑤研究设计结构化、程序化；⑥用量表、数据、统计分析呈现研究资料和研究结果；⑦研究者是客位的局外人，保持价值中立。

量的研究一般针对可观察的行为特征，是在控制情境下采用结构化的定量观测收集资料、使用演绎法分析资料的数量关系，通过因果分析对事实作通则式解释的一类研究活动。

（二）质的研究

质的研究假定社会现实是个人在行动中建构而成的，不同的人赋予了行动不同的意义，这些意义会因时过境迁而发生变化，因而发展知识的方法是通过对个案深入细致的研究，收集以日常语言信息为主的资料，然后用归纳法分析这些资料，从而解释性地理解人们在行动中所承载的意义。

简单地说质的研究是用文字描述研究对象，具体有以下一些特征：①研究整体的、具有独特性的事件，用个案、故事表达研究内容；②研究的目的是通过深度描述，对行动者的意义作解释性的理解；③研究在日常的自然情境下进行；④研究过程是归纳式的，逐步聚焦、归类、提炼、发现；⑤研究设计是开放的、灵活的，没有严格的程序和规范的步骤；⑥用叙事、图像和类属、情境的分析呈现研究资料和研究结果；⑦研究者是主位的参与者，价值介入。

质的研究一般针对独特性的个案，是在自然情境下采用深度描述收集丰富的、一手的资料，使用归纳法分析资料、提炼理论，通过与被研究者的互动对其行为和意义作解释性理解的一类研究活动。

第四节 学会从事教育研究

小学教师从事教育研究首先需要在好奇与发问中培养教育研究意识，其次通过学习与模仿掌握教育研究的方法，最后提高教育研究能力的途径是“做中学”。

一、好奇与发问：培养教育研究意识

（一）小学教师从事教育科研的可能性

自20世纪80年代以来，各国都在改革和寻求新的教师“学习”与成长模式。特别自《卡内基报告》和《荷姆斯报告》问世以来，西方先后出现了教师发展模式的多元化格局，如教师能力本位运动、教学效果本位运动和学校本位教师发展运动等。我国一些学者一直以探究教师成长途径为己任，探索出了很多有效的模式，参加教育研究，做“研究型教师”已成为时代的召唤。

小学教师进行教育研究，无论从所处环境因素还是个人因素方面来说都具有很大优势。首先，小学教师最了解教育实践，最容易找到研究问题。小学教师常年工作在教育教学的第一线，对自己所从事的教书育人工作非常熟悉，而且积累了比较丰富的教育教学经验，所以比较容易找到要研究的问题。更为重要的是，发生在小学教师身边的这些教育现象或教育问题，如果作为课题进行研究，不仅比较真实可信，而且富有实践应用的价值，会使整个研究活动贴近教育实际，不会显得比较空洞。其次，教师最能迅速掌握和应用研究成果，及时反馈和调整相关研究。如果小学教师进行教育科学研究活动，那么他就是集课题的参与者、行动者、实践者、反思者于一体的多重角色。从课题的设计和行动，到最后的总结和反思，小学教师是全程参与的，所以，这些教育科学研究的成果可以迅速应用到教育教学实践中，并在实践过程中发现问题，从而对研究进行及时调整，可以提高整个研究的信度和效度。最后，教师能进行重复验证，消除偶然因素的影响。学校本身就是一个天然的教育科学研究的实验场，所有的实验对象、实验场景、实验条件等实验要素都会随着教育教学活动的正常开展而自然发生，而且会多次发生。所以，教育科学研究活动中的实验就可以得以多次验证，从而就能消除由于偶然因素给研究带来的不确定性。

由此看来，教师的研究越是能“弥漫”于教师的专业生活中，越是能在接近实践的层面上发生，就越有效。现在我们提倡构建适合教师实际的教育研究范式，就要将“追问实践”看作是教师研究的基本特质，从而使教育研究能够亲近每一位教师。

（二）小学教师要树立教育研究意识

科研意识是指人积极从事科学研究的心向，潜心捕捉和发现科研课题的求知欲。它是科研活动的内在动力，主要包括自身的角色意识、问题意识、信息意识和合作意识。一个教师若没有科研意识，就会缺乏发现和创新，只能做一个“教书匠”。

近年来，教育理论研究者和实际工作者对教师科研现状进行了系统的反思，普遍认为目前中小学教师对科研的认识水平不高，尚缺乏科研意识。导致这种状况的原因主要有以下几个。

第一，从师资来源上看，教师科研基础薄弱。由于我国原有的中小学师资培养采取的是三级（即中师、师专、本科）培养模式，2000 年前参加工作的中小学教师科研能力形成虽有一定的基础，但其学历层次客观上限制了科研方面的能力和水平，总体上还是十分薄弱。

第二，科研氛围难以形成，科研阻力较大。以前对中小学教师评职晋级的科研条件要求不高，很少引起教师对科研的实质性重视。由于升学的压力，教师多数墨守成规，惧怕失败，很少进行教学改革和尝试研究。另外，学校很少有教育科研的奖励机制，教师缺乏科研的动力。

第三，科研条件较差。中小学普遍存在图书资料不足、信息渠道不畅等问题，教师科研能力很难得到锻炼，科研水平难以提高。

第四，教师缺乏进修的机会，校际间交流有限，教师的观念更新缓慢，科研意识淡薄。

第五，专家指导有限。高等院校的教育专家往往局限于理论探讨，很少深入中小学校进行指导。

另外，教师对科研的认识水平不高，自身也存在着一些错误观念。一是存在畏难情绪。中小学教师总是认为做研究是专家学者的事情，研究很神秘、很复杂、很难做，这种观念实际是错误的。二是教师要花大量的时间备课、上课、批改作业、辅导、参加学校的各种活动等，感觉没有时间去做科研。

好奇心是打开科学研究大门的钥匙，是进入科学殿堂的必备台阶。对于教师来说，同样需要打开自己的“好奇心”。在教育科研活动中，好奇心是研究的基本动力，是导引研究走向深入的标尺。它使得研究饶有趣味，别有情趣，使得研究逐渐成为教师内在的心理冲动。教师在从事教育科研活动时，受好奇心的驱动，就有可能在破解问题找出初步解决问题的答案后，进一步去思考和探索后续解决问题的方向，将研究引向思维的深处，引向教育的深处，教育教学的一些规律性认识、实践性智慧就有可能浮出水面。

二、学习与模仿：掌握教育研究的方法

（一）学习是教师成长的不竭动力

教师的研究是一个融于实践，并在实践中探索的过程。学习能给实践探索指明方向。教师的研究在具体进行过程中还是理论和实践“两条腿走路”的，当然也是一个一边学习一边行的

“两条腿”。小学教师从事教育科研，首先就要系统地掌握教育理论和科研方法。

1. 加强教育科研理论的学习

教师的“职前学习和在职学习应该整合起来，从而有利于终身学习的理论和回归教育的需要”。因此，在职前学习阶段教师应该把握好在校学习的机会，全面、透彻地掌握相关理论。

职前教师理论学习的途径主要有两方面：第一，通过在校期间的主、辅修课程的学习。目前，师范院校开设的教育学范围相当广泛，包括教育基本理论、心理学基本理论、德育学、教学论、教育史、教育社会学、教育心理学、教育管理学、教育法学、比较教育、教育改革与实验，以及教育科学研究等。第二，通过学校组织的讲座或报告会。

在职教师的理论学习则可以通过以下途径：①根据自己的兴趣爱好进行自学，阅读相关理论书籍。②参加各地师范院校、教育学院、教师进修院校举办的正规学习培训班、函授教育。③由各地区教育行政部门、师范院校、教育学院、教师进修院校、教学研究室等单位举办的讲座或报告会等。

2. 加强教育科研方法的学习

目前，就教师从事教育研究的现状来看，大多数教师的研究属于行动研究。行动研究有两种情况：一是单纯地思考教学问题，如备课、讲课，其根本目的只是提高学生的学业成绩；二是教育反思，解读教育事件中所蕴含的意义。如果说前者侧重于教学，那么后者则侧重于教育。不同的情况有着不同的研究方式，比如前者常用到教学案例研究，后者常用到教育叙事研究，还有高层次的课题研究。不同的研究方式又有不同的研究方法，比如调查法、历史法、文献法等。

通过对理论和方法的学习，教师才能对教育活动有完整、清晰的认识，穿越现象看到本质，从自己的教学经验中解读出教学活动内在的学术理论意义，将这些经验加以概括和总结，提升为揭示教育教学规律的新理论。另外，通过学习就会拥有丰富、深刻的洞察能力，从而能敏锐地发现问题，并甄选有价值的问题作为科研课题，为深入研究打下坚实的基础。

（二）模仿是教师研究的有效途径

由于教育研究对教师来说是一个崭新的领域，课题研究又是一件非常辛苦和烦琐的事情。同时，课题研究对教师的业务素质和研究能力要求比较高。所以，教师一提教育研究，就会产生畏难心理，感到非常茫然。那么，如何引导教师主动承担研究任务，真实可靠地进行实践研究，并按时完成研究任务？通过实践表明“模仿”是教师初做教育研究的必经之路。

教师初做研究，研究成果的多与少不是最重要的，最重要、最有价值的成果是通过“模仿”得到课题研究的亲身经历、体验和感悟。这些经历、体验和感悟是进行第二次研究最宝贵的财富，是第二次研究的坚实基础。只要踏踏实实经历了研究的全过程，学会了研究的主要方法，那么，第二次做研究就会轻车熟路，研究就会有所创新、有所升华。同时，专业素质、科研能力会大大提升。因此，对于初做教育研究的教师来说，应做到主动和善于“模仿”。

研究活动中的模仿不能仅限于简单的模仿，而是在模仿中有所创新。教育研究的创新，主要体现在以下三点：一是时间新，问题的提出应具有时代感，能反映出教育改革与发展的方向和趋势，或者教育理论研究的新问题；二是内容新，指所研究的问题是前人没有提出、没有解决或没有完全解决的，是在教育实践或教育理论中提出新的矛盾点、新的因素，反映新时期的新经验和新理论；三是方法新，指研究的角度、思路要有新意。即对自己与众不同之处的深入挖掘和巧妙利用，反映出自己（或学校）的个性。课题研究的目的是认识前人还没有认识或没有充分认识的规律，这就要求研究的课题要有一定程度的独创性和新颖性。

总之，教师“模仿”教育研究的全过程，让教师经历一个完整的研究历程，在经历中体验研究的辛酸苦辣，感悟研究的灵魂，学会研究的主要方法，在研究通过认定和获奖中体验成功的喜悦。

议一议

小学教师从事教育研究有哪些优势？

三、“做中学”是提高教育研究能力的途径

教育研究能力就是把教育科研知识运用于教育科研情境，在做中学，在开展中解决相应问题。经历过教育研究过程后，教师往往在以下几个方面都会有所提升。

第一，发现问题的能力。科学研究都是从问题开始的，能否在教育教学及管理实践中发现有价值的问题，并把它设计为研究课题，这是整个研究过程的关键一步。

第二，预测和设计的能力。即根据自己已经掌握的信息，预测未来变化，设计整个课题的工作思路与目标。

第三，信息的获取与筛选能力。即对相关信息的获取、识别、分类、编码、评估、使用等。

第四，开拓创新的能力。从本质上来说，小学教育科研是一种崭新的创造性的活动，它所要研究的课题，常常既没有现成的经验可循，也没有现成的模式可用。这就需要小学教师必须具备开拓创新的精神、创新的思维与创新的能力，以适应创造性地分析问题和解决问题的需要。

第五，实施、操作的能力。即将教育科研落实到课题研究过程中，调整课题研究各工作环节的能力。

第六，组织协调、与他人合作的能力。即在项目的选择、科研队伍的配备、研究方法的运用等方面，有组织同行参与到教育科研中去、协调科研工作、与他人合作的能力。

第七，书面表述能力。即把经过潜心研究得出的结论诉诸文字，通过科研报告、科研论文、著作等表述出来的能力。这是科研工作的最后一环，也是不可缺少的一环。

综上所述，教师的教育研究是融合在教学活动之中的，从某种意义上说就是教育教学实践行动的一种形式，不是游离于教育教学实践行动之外的活动。融工作、学习于一体的教师研究的实践导向不只在改变教育实践，更在于教师对于所从事的教育教学实践理解的增进，教育信念、教育理想的建立。教师教育科研课题研究不但可以提高教师的科研意识和科研能力，同时也可以

促进教师各项能力的提高，有人说，一个课题就像是一个培训班，它在创造可持续发展成果的同时，通过有目的、有组织、有计划的科研与培训活动，培养了一批教育科研骨干，涌现出一批学科带头人，进而带动了教育教学质量的提高。

【实践演练】

查找不同研究方向的文献，比较其异同。

第二章　研究课题的选择与论证

【内容概览】

本章对研究课题选择的意义、原则、策略、来源等有关理论问题进行了介绍和探讨，并介绍了课题论证的定义、类型、过程及研究设计的步骤。

【知识地图】

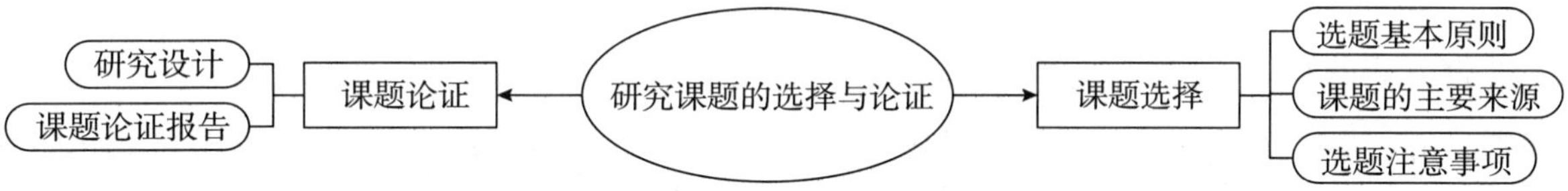

【学习目标】

1. 了解课题选择的意义、原则、策略、来源。

2. 掌握开题论证的过程，初步掌握开题报告的撰写。

3. 掌握研究设计的思路和步骤。

第一节 研究课题的选择

课题选择就是指确定研究问题，这是教育研究过程的第一个步骤。能否恰当地选择好研究课题是至关重要的，直接关系到研究的价值和研究能否取得成功。本节主要探讨研究课题选择的意义、原则、策略、来源等有关理论问题。

一、课题选择的意义

教育科研课题一般选择的是教育领域一些客观存在的问题，这些问题都是当前具有价值的、有待探索的以及能得到基本解决的问题。教育科研课题的选择对于整个研究过程和组织管理教育活动都具有十分重要的意义。选题使研究的目的具体化，使研究活动指向特定的对象和内容范畴，具有指向性、概括性、限定性等特点。课题选择的意义主要体现在以下方面。

（一）课题可以反映研究价值

教育科研的目的是要解决教育面临的各种问题。课题是教育实践和教育认识进一步发展中必须解决的问题，是已知领域和未知领域的连接点。它反映了现有的实践和认识的深度和广度，也反映了向未知领域探索和前进的广度和深度。这些问题由于其对教育的影响不同，在教育活动中所处的地位和作用不同，因而其价值体现也就不同。爱因斯坦说过，提出一个问题比解决一个问题更重要。他认为解决问题也许仅是数学上或实验上的技能，而提出新的问题需要有创造性的想象力，标志着科学的真正进步。

（二）课题引导着研究方向

在教育实践中有许多问题需要我们去研究和解决。研究者总是根据实践和自身发展的需要，从中选择问题进行研究。好的课题的提出，将会对教育实践和教育科学带来极大的推动，甚至可以揭示在一个时期内教育实践和教育理论的发展方向。

课题是对研究对象、研究范畴、研究主题的界定，整个研究工作由此发展，并围绕其进行。整个研究方案的设计、实施，成果的鉴定，又都必须紧紧围绕课题进行。显然，课题明确了，整个研究活动的方向也就明确了。

（三）课题对整个研究工作的进行起着制约作用

课题作为教育科学研究的起点，牵动着整个教育研究的机制，制约着教育研究的进程和方式。在教育科研过程中，不同的研究课题、研究方法、研究工具等都不尽相同，资材的收集和利用也存在着差异。

课题的选择不仅对课题本身具有重要意义，而且对整个教育具有重要影响。总体上说，教育科研所要解决的主要是教育中的理论或实际问题。也就是说教育实际是教育科研课题的源泉，选择什么样的课题往往受教育现实发展的制约。只有贴近教育的实际才能切实回答教育实际中的问题，研究才有生命和价值。因而，课题选择得好，对教育改革和发展、科学管理学校、不断改进工作等都具有重要的促进作用。

二、选题的基本原则

教育领域很广大，科研课题的选择也十分丰富，但要真正选择一个既有较高价值，又适合自己的研究且能够取得研究成果的课题并不容易。为保证研究的质量，教育科研课题的选择应该遵循以下一些基本要求。

（一）需要性原则

需要性原则是选择研究问题的一条首要的基本原则。这里所说的“需要性”就是说选择的研究问题要面向教育实践的需要，面向教育科学自身发展的需要。科学研究是一种目的性很强的探索性活动，选题的需要性原则体现了这种目的性。因此，选题必须面向实际需要，按需要选择。

这里所谓的实际需要，主要是指社会生产和其他方面的实际需要，以及学科内部知识发展状况的实际需要。这些需要若按范围大小分，可分为国家需要、集体需要和个人需要；若按时期分，可分为近期需要、中期需要和长远需要；若按内容分，可分为物质需要、知识发展需要和精神方面的需要。选题还必须考虑其研究价值，所谓研究价值是指课题实现人的某种目的需要或满足社会某种需要的程度。

（二）科学性原则

科学性原则强调的是选题要以唯物主义基本原理为指南，以客观规律为基础。如果选题违背了科学性原则，就会陷入非科学或伪科学的歧途，研究将会一无所获。例如，牛顿晚年证明上帝存在的研究课题，以及种种“永动机”的研究课题，都是违反科学性原则的，其研究结果也被证明是失败的。

（三）创造性原则

创造性原则是指选择的研究问题要有独创性和突破性，体现了科学研究的价值意义。创造性原则能使所选的问题在科学理论上有所发展和突破，或在应用上有所改进和创新，从而保证预期的研究成果具有一定的学术意义和应用价值。

选题的创造性并不在于问题本身如何古老，以及前人在这个问题上做了多少重复性工作，而在于研究者是否把握了课题的本质内容，找到问题的症结所在，怎样做出创造性的突破。科学研究总是在前人已经做出的科学发现的基础上进行探索，站在前人已经达到的科学高峰上向更高的科学高峰攀登，不继承前人的成果和思想，就谈不上创造。同时，科学研究又总是在前人还没有问津的处女地上开垦，不解放思想、突破框框就很难有所作为。所以创造性原则应是继承和创新的辩证统一。

要做到选题有创造性。首先，要加强情报工作，掌握教育发展的新动态，善于发现新情况、新问题。其次，要注意到最有希望、最需要创造性而且最能激发创造力的领域去选题。例如，在不同的学派争论很激烈的领域去选题；到研究的空白区去选题；到学科交叉的边缘地带去选题；到需要迫切付之于实践的领域中去选题。最后，要提高鉴别能力和锻炼有助于选题的思维方法。创造性原则强调了科学研究探索未知世界的新现象和新规律的本质特征，如果不贯彻这一原则，研究问题就会因循守旧，重复雷同，不仅满足不了社会和科学的发展需要，还会造成极大的浪费。

（四）可能性原则

可能性原则是指要根据实际具备的或经过努力可以具备的条件来选择研究问题，对预期完成问题的主客观条件尽可能充分地估计。科学需要幻想，但幻想并不就是科学。要把幻想变成科学，就要满足现实可能性的原则。如果没有现实的可能性条件，问题尽管合乎需要性、科学性、创造性原则，也无法进行。

知识卡片

可能性原则要求选题时考虑如下客观条件和主观条件：

研究这一问题，需使用的材料是否充足和易于获得？

研究所需的费用如何，是否有可能解决？

研究所需的时间多少，是否能保证所需的时间？

研究这一问题，自己的能力、水平和志趣如何？

是否有完成课题的能力和信心？

选题时要对各方面条件深思熟虑，认为对问题的研究有了相当的把握，然后再动手。当然，所谓“可能”并不是说放弃难度较大而有重要意义的问题，专门去选择那些无意义但是容易做的课题。而是说应该研究那些既有价值又有可能的问题，或力所能及的问题。可能性原则强调了研究问题的现实条件，若不具备现实条件，问题的研究就可能达不到既定的目的。

资料卡片（引自首都师范大学初等教育学院本科生的学习反思）

在选择研究课题的过程中，非常重要的一点是考虑该课题研究的可能性问题——依据我们现有的可利用的资源能否顺利进行文献综述、选择恰当的研究方法等后续工作。下面是某个本科生课题组确定研究课题的经过。

例：某小组的选题过程如下。

儿童游戏空间对小学生的影响

↓

儿童手工制作想象力对儿童文化的影响

↓

传统儿童游戏的衰退对儿童文化的影响

该小组最后确立的研究课题为“传统儿童游戏的衰退对儿童文化的影响”。首先，如何定义儿童文化？课题中研究问题的概念定义不明确。其次，由于“儿童文化”这一模糊概念导致后续文献综述工作很难进行下去。该小组通过到国家图书馆查找相关书籍和在中国知网中进行核心期刊、论文的查阅等方式，却发现这方面的相关资料甚少。且依据该小组成员的知识水平，很难将研究工作进行下去。所以，他们在研究课题的确定时，根据自己的实际情况选择了既有价值又有操作可行性的研究问题，尽量做到“站在巨人的肩膀上”去进行研究探索。

三、课题的主要来源

（一）从有关理论中演绎研究问题

从一个好的理论中研究者可以推演出多种预测，这些预测可能成为可研究问题的重要来源。因此，若要发现可研究的问题，研究者可以从有关的教育理论（如教学理论、德育理论、学习理论）中，使用演绎的推理方法导出一些合乎逻辑的研究问题和假设，然后再设计研究方法加以验证。

问题也是推动认识发展的动力。一般说来，确定问题就是限定了研究的目标、主攻的方向。研究问题选择的好坏，往往决定研究工作的成败、进度的快慢、成果的大小。选题正确，定向对头，将会令研究工作势如破竹，节节胜利；选择不当，轻则使研究工作步步被动，效果甚微，重则事倍功半，甚至一事无成。不同的问题需要用不同的方式方法。从这个意义上说，问题也决定了研究过程的主要方式方法。许多科学家认为，能正确地提出问题就意味着研究任务完成了一半。因此，研究问题的选择十分重要，是整个研究工作具有战略意义的一环，必须花费相当的时间和精力。

（二）从教育实际中发现问题

1. 抓住困惑点

随着时代的发展，教育教学也在不断产生新问题。从现实问题中选择课题、开展研究，最能发挥教师的优势，对提高育人质量产生直接的效果。如研究者在教育工作中，每天都会遇到一些实际问题，如学生学习兴趣不高，学习习惯不好，课堂教学效率低下等，赏识学生的度如何把握？这些问题虽然有不少人进行了研究，但并没有完全解决，这些困惑点就可以成为研究的问题。

2. 挖掘闪光点

研究者可以就自己工作中的一些闪光点进行研究。例如，有的教师善于做学习困难学生的工作，形成了良好的师生关系；有的善于培养学生的写作兴趣，提高学生的写作能力；有的在课堂组织教学方面很拿手，课堂秩序很好；有的在班级管理方面有一套自己的做法，带出了文明班级。这些都可以形成研究的课题。从学校方面来说，有的学校在教师队伍建设方面成绩显著，涌现了一批教学能手，教师科研成果多；有的学校善于德育管理，校风校貌好；有的家庭教育成绩显著等。教师和学校也可以从自己做得好的方面申请课题。

3. 寻找空白点

在课题研究中可以在学科与学科之间，学段与学段之间，学校教育与家庭教育、社会教育之间的“边沿地带”寻找未解决的问题，确立研究的课题。例如，中小学生开展社区服务的途径和方式的研究，家庭素质教育的研究与实践，小学语文教学审美化的研究与实践，信息技术与学科整合研究，民办教育质量监控管理体系的研究等。中小学教师研究学校教育的较多，关注社区服务教育的较少；研究学校素质教育的较多，关注家庭素质教育的较少；在艺术学科中研究美育的较多，在小学语文学科中研究美育的较少；关注信息技术辅助教学的多，研究信息技术与学科整合的少；关注公办学校教学质量监控管理体系的较多，关注民办学校教育的较少。以上这些课题都是具有新意的。

4. 拓展实践点

学习体会（引自首都师范大学初等教育学院本科生课题组的学习反思）

我们根据现在社会上关于小学生教育的热点问题进行了列举，有如下几个。

1. 关于取消小学英语课程

2. 关于取消小学奥数课外班

3. 电子产品对小学生的影响

根据选题原则，首先，必须有研究意义；其次，必须有科学性；另外，要创新和新颖；最后，要有可行性原则。我们对候选的研究问题进行选择。第一个关于取消小学英语课程，是现在的社会中比较热点的讨论问题，由于这个比较新颖，研究的人员不是很多，作为第一次做科研的我们舍弃了这个研究问题。第二个关于取消小学奥数课外班，这个题目的可行性对于我们来说有些困难，因为关系到老师、学生、家长等许多相关因素，所以我们也舍弃了这个研究问题。初步选定了第三个电子产品对小学生的影响。“电子产品对小学生身心健康的影响”是家长与老师都非常关心的问题，如何看待小学生普遍使用电子产品的情况、电子产品对于小学生身心的影响是利大于弊还是弊大于利等，都有待于我们去探讨，我们希望通过我们的研究课题能够帮助更多的教师与家长解决困惑，并研究出一种小学生身心健康情况与电子产品使用间的平衡方法。

努力学习和研究古今中外的教育经验，借鉴和吸取别人在教育、教学实践中积累的经验，取长补短，提高自己，从经验中提出研究课题；或探讨其中的规律，或设计教育实验，检验某种理论与提高教育效果之间有无必然联系。例如，南通特级教师李吉林从外语教学中运用情景进行语言训练得到启示，借鉴我国文艺理论中的“境界学说”，吸取传统教学注重读写以及近代直观教学有效因素，探索创造出“小学语文情景教学法”。

5. 关注热点

作为研究者要经常阅读教育类的报纸、杂志，浏览教育学科的权威网站，多参加一些学术活动，多到名校去参观学习，这样有助于研究国内外教育理论和实际及作者关心的问题，尤其是一些热点问题。例如，现在的小学语文教学热点有：小学语文课程改革的辩证思考问题，语文教学质量评价问题，语文教学的效率问题，写字教学等。当前教育的热点有：教育的公平问题，教师专业发展问题，教育现代化问题，德育的实效性问题等。

（三）从以往研究中发现问题

有的教育研究从其研究的问题中引出了不少值得研究的问题。研究往往是在回答旧问题的同时提出了新的问题，新问题有待于人们进一步探讨。例如，有的研究报告常在讨论部分提出做进一步研究的建议，这些建议便成为其他研究者发现问题的良好来源；有的教育研究具有长期性和连续性的特点，在某一阶段只能完成研究的一部分工作，解决一部分问题，而余下的部分需要其他人去完成。

有的教育研究具有多元性的特点，在一项研究中仅能研究若干变量或因素。需要研究者通过阅读以往研究论文中所研究的变量或因素，引发对其他变量或因素的研究。还由于研究现象的多元性，有些研究对某些变量或因素未加以控制，或没有发现，因而造成许多研究的结果相互矛盾。为了消除这些矛盾冲突，研究者可以改变旧的研究设计，增加新变量或控制其他变量，以观察结果是否仍然不同。

此外，从过去的研究中可以发现一些值得重复实验研究的问题，因为有些研究的重要发现和过去的研究或理论有冲突。这种重复研究的意义在于，它不但可以验证结果，而且可以进一步探求时间的变化对研究结果的影响，还可用以研究不同的对象和情境，以验证结果应用的普遍性。不过，在做重复研究之前，必须考虑以下三个问题：第一，重复研究该问题是否具有重要的意义？第二，重复研究该问题是否能澄清原来研究的疑问？第三，是否有理由怀疑原来研究的正确性或效度？

（四）从与专业人员接触中发现问题

与有关的专业人员接触是获得研究问题的另一个途径。经常向有关课程的教师、教授或研究机构的专家请教，讨论自己兴趣领域中的问题，可以发现一些值得研究的问题。因为这些专业人员长期研究某些领域，对于该领域的问题和趋势有比较充分的了解，他们随时可以提供一些研究的观点，或某方面尚未解决的问题。一些协助教授做研究的学生，会比较容易找到自己的研究课题，原因就是由于和教授接触的机会较多，能获得咨询的方便。参加有关的学术研究会、学术交流活动，也是一种和专业人员接触的机会。例如，教育座谈会、教育思想研讨会、教育经验交流会、教育学年会、教育专题讨论会等，通过这些活动也可以获得一些需要研究的问题。

（五）从一些研究指南中发现问题

最直接的来源是从某些“研究指南”中选定。我国教育行政、教育科研管理部门和有关学术团体会定期下发相关的课题指南或课题规划，研究人员可以从中选题，或在它的启发下提出自己的研究课题。

上述五种途径，虽然是选择研究问题的主要途径，但仍然未能包括所有的选择研究问题的方法。研究者还可以根据自己的需要和目的，通过其他途径去选择研究问题。例如，选修自己拟做研究的有关课程；和同学讨论交换意见；推敲课堂上教师的讲演；实地观察教育教学现象；总结自己的经验体会；整理学习笔记等。

四、课题选题中存在的问题

第一，课题老生常谈，没有研究的新意。选题陈旧，老生常谈，没有创新，付出再多也是没有什么价值的。有些题目别人写了多次，如果自己提不出新观点、新见解，就没有必要再研究了，学习别人的经验就可以了，采用“拿来主义”。

第二，课题已有共识，没有研究的价值。一个问题别人已经研究过，并有了公认的结论，这个问题就不能再成为课题了。比如，“小学生字抄写遍数的研究”，美国有位叫赖斯的研究者，早在1892年写成了《无益的拼写练习》一书，指出过多的重复练习是无益的。1981年，上海的一所小学通过大量的实验研究，发现抄写四遍和八遍的效果并无显著差异。显然，这是一个已经基本解决的问题，不需要作为课题进行重复研究。

第三，课题空泛笼统。任何一项教育研究都只能解决教育科学体系中的个别问题。研究任务明确，问题范围集中，就容易找到研究的突破口，如果问题空泛、笼统，就很难确立为课题。如“怎样培养学生的个性”“如何开发学生的智能”“创新教育的研究”等就比较大而泛。遇到此类问题，教师们可以分解为若干小问题，逐个加以解决。

第四，课题过于宏观。从课题功能的角度对教育研究课题分类，课题可以分为基础研究课题、应用研究课题、开发研究课题。从研究内容和范围的角度对教育研究课题进行分类，课题可以分为宏观研究课题、微观研究课题、中观研究课题。基础教育研究课题需要有较深厚的理论功底，需要查阅大量的文献资料，需要有相当的研究基础和成果积累。一线教师难以胜任研究较为宏观的问题。例如，“对教育本质的研究”“中国儿童心理发展与教育研究”等。另外宏观课题是对国家或某个区域相关的重大教育问题进行综合性、系统性研究的课题。中小学教师在教育教学实践中开展教育科研，更应重点选择应用课题和微观课题进行研究。

议一议

下面这些选题有什么问题？

研究小学生早恋问题。

大学生喜欢的运动有哪些？

研究小学生休息时间对上课听讲的影响。

大学生喜欢的男老师什么样？

中国当代大学生创业问题。

第二节　研究课题的论证

一、课题论证的概述及其意义

课题论证是对所选课题是否有价值、有新意，是否切实可行进行实事求是的分析。课题论证的目的在于避免由于选题不当而造成的人力、物力、财力的浪费。另外，通过论证还可以进一步完善课题方案，为最终获得研究成果创设条件。

课题论证主要有三个种类，即课题立项论证、课题开题论证、课题结题论证。由于研究阶段不同，论证的侧重点也不一样。课题立项论证侧重于研究目的、意义是否明确，研究的主要内容是否清晰，研究的背景和国内外文献综述掌握的情况如何，研究预计有哪些突破，是否具有理论价值和实践价值，完成本课题研究的条件是否具备等。课题开题论证侧重于研究方案是否完整而有条理，研究的目标、内容和方法三者是否匹配，人员安排是否科学合理，时间节点是否清晰，完成研究的条件是否落实等。课题结题论证侧重于对研究成果的鉴定，是否具备科学性、先进性、可操作性和可推广性，研究方法、内容和成果之间是否有必然的关系，研究资料是否齐全，研究过程是否清晰等。

教育科研课题论证对保证教育研究工作的进行、提高研究质量等有着重要意义。首先，课题论证是对研究的价值的有效鉴定。课题论证通过对研究问题所涉及的对象和内容的考察、研究的背景分析与他人同类研究的比较等环节，清楚地揭示了研究的实践价值或理论价值。其次，课题论证促进了研究方案的完善。课题论证是一个信息交流的过程，同行专家的观点会给课题的设计者以极大的启发。最后，课题论证是研究质量的可靠保证。经过论证，不仅能够完善研究方案，为研究的顺利实施奠定扎实的基础，而且严格的论证对研究过程中可能出现的问题做出了预测，能够使整个研究的方向更加明确，各项前期工作得到更充分的准备，从而确保研究的质量。

二、如何撰写课题论证报告

（一）课题论证报告的含义与作用

课题论证报告，也称为开题报告，是研究者对课题的一种文字说明材料。它主要说明这个课题为什么要进行研究，自己具备什么样的研究条件，准备如何开展研究等。

在研究课题确定之后，研究人员在正式开展研究之前需要先制订研究方案，即有关整个课题研究的工作计划，它初步规定了课题研究的具体内容和步骤。研究方案对整个研究工作的开展起着关键的作用，尤其是对于科研经验较少的人员，一个好的方案可以保证研究工作有条不紊地进行。可以说，研究方案水平的高低，是一个课题质量与水平的重要反映。

写好研究方案需要先完成一些基础性工作。首先，要了解别人在这一领域研究的基本情况。研究工作最根本的特点就是要有创造性，熟悉了别人在这方面的研究情况，才不会在别人已经研究很多、很成熟的情况下去重复他人走过的路，而会在别人研究的基础上，选择更高层次、更有价值的课题去研究。其次，要掌握与课题相关的基础理论知识。理论基础扎实，研究工作才能有一个坚实的基础，否则，就很难深入研究，很难有真正的创造。因此，进行科学研究一定要多方面收集资料并加强理论学习，这样撰写出的研究报告和方案才能更科学、更完善。

（二）课题研究方案（开题报告）的结构与写法

1. 课题名称

课题名称就是课题的名字。这看起来是个小问题，但实际上很多人写课题名称时，往往写得不准确、不恰当，从而影响整个课题的形象与质量。那么，如何给课题起名称呢？

第一，名称要准确、规范。准确就是课题的名称要涵盖课题研究的问题、研究的对象等信息。课题的名称要和研究的内容相一致，不能太大，也不能太小，要准确地把研究的对象、问题概括出来。规范就是所用的词语、句型要规范、科学，似是而非的词不能用，口号式、结论式的句型不要用。

第二，名称要简洁，不能太长。不管是论文或者课题，名称都不宜太长，一般不要超过 20 个字。如果需要涵盖很多的信息，可以采用副标题的形式。

2. 课题研究的目的和意义

研究的目的和意义即为什么要研究、研究它有什么价值。首先，可以先论述本课题的实践价值方面，指出现实当中存在这个问题，需要去研究和解决。其次，再论述课题的理论和学术价值。最后，撰写时要具体一些，有针对性一些，不可漫无边际地空喊口号。

学习体会（引自首都师范大学初等教育学院的一名本科生的学习反思）

在准备我们课题组的文献综述的过程中，我学会了静下心来，认真地读专业文献，虽然它的枯燥程度让我无法用语言来形容，但是我知道，正是前人的这种努力，会让我少走很多弯路。但是这种文献只是用来阅读是不够的，通常我都是把它们打印下来，进行圈点批画，这样在阅读完整篇后，才能体会文章的整体思路，不然这样的学术性很强的论文，只读一遍是完全对它没有概念的，这大大减少了我的时间投入，觉得阅读文献也没有这么难了。

本部分的主要内容包括：①研究的有关背景（课题的提出），即根据什么、受什么启发而搞这项研究。②通过分析本地（校）的教育教学实际，指出为什么要研究该课题，即研究的价值，以及要解决的问题。

3. 本课题国内外研究的历史和现状（文献综述）

该部分是研究方案中很重要的内容，一般包括以往研究探讨的问题、取得的结果、得出的结论等，寻找有待进一步研究的问题，从而确定本课题研究的起点、研究的特色或突破点。

4. 课题研究的基本内容

有了课题的研究目标就要根据目标来确定课题具体要研究的内容，相对研究目标来说，研究内容要更具体、明确。并且一个目标可能要通过几方面的研究内容来实现，不一定是一一对应的关系。在确定研究内容时，如果特别笼统、模糊，把研究的目的、意义当作研究内容，则会对整个课题研究十分不利。因此，要学会把课题进行分解，一点一点地去实现。基本内容一般包括：①对课题名称的定义，应尽可能明确研究的对象、研究的问题、研究的方法。②本课题研究有关的理论、名词、术语、概念的定义。

5. 课题研究的方法

研究方法设计案例（引自首都师范大学初等教育学院学生的课题）

"电子产品对小学生身心健康影响"研究课题的研究方法。

1. 研究对象

随机抽取城区和郊区某些小学的学生，人数约200人，男女生人数各半。

2. 研究的具体方法

（1）访谈法：访谈学生、家长、老师对电子产品的看法。

（2）问卷调查法：发放问卷。了解学生对电子产品的使用和依赖程度。

3. 研究工具

（1）访谈提纲。访谈提纲主要从学生对电子产品的态度以及影响等角度设计。

（2）问卷。问卷主要从学生对电子产品的了解程度、学生对电子产品的态度和使用电子产品的类别等几个因素进行设计。

具体的研究方法可以是观察法、调查法、实验法、经验总结法、个案法、比较研究法、文献资料法等。对于不同的课题，要选用适合其研究的方法，例如，要研究学生实践能力的现状，一般会采用调查法；要研究如何优化小学生个性，则宜采用实验法；要研究如何对青年教师进行培养，可采用经验总结法；要研究问题家庭学生的教育对策，可采用个案法等。

确定研究方法时要叙述清楚"做些什么"和"怎样做"，提倡使用综合的研究方法。一个大的课题往往需要多种方法，小的课题可能主要是一种方法。我们在运用各种方法时，一定要严格按照方法的要求去执行，不能凭经验、凭常识去做。

6. 课题研究的步骤

课题研究的步骤，就是课题研究在时间和顺序上的安排。研究的步骤要充分考虑研究内容的相互关系和难易程度，一般都是从基础问题开始，分阶段进行，每个阶段从什么时间开始，什么时间结束都要有规定。课题研究的主要步骤和时间安排包括：整个研究拟分为哪几个阶段；各阶段的起止时间；各阶段要完成的研究目标、任务；各阶段的主要研究步骤；本学期研究工作的日程安排等。

7. 课题研究的成果形式

本课题研究拟取得什么形式的阶段研究成果和终结研究成果。形式有很多，例如，书稿、研究报告、论文、经验总结、调查量表、测试量表、软件等。其中书稿、研究报告、论文是课题研究成果最主要的表现形式。课题不同，研究成果的内容、形式也不同，但不管是何种形式，课题研究必须有成果。

学习体会（引自首都师范大学初等教育学院学生的学习反思）

一个成功的开题报告需要我们投注大量的精力，从确定研究目的、大量地阅读文献到选择研究方法等，在一次次地修改与完善中最终才可获得一份成功的开题报告。下面是某小组完成了开题报告后的感受。

“有一句谚语是这样说的：‘我听到的会忘掉，我看到的能记住，我做过的才真正明白。’在科研学习小组活动的这段时间里，有了理论联系实际、亲力亲为实践的过程，感觉自己收获了很多。在这半学期的研究过程中，让我切身感受了撰写文献综述和撰写开题报告的方法和要领；一个课题从比较陌生到比较深入地研究的过程。这是一种学习方法的积累，一种丰富的人生积淀。使得我们在此后的学习中更有方向感。教会了我们发现问题、思考问题、解决问题的方法和方式，培养了调研能力和自学能力，让我们除了课堂上的所学之外，接触到了更多的东西，开阔了视野，培养了正确的思维方式。”

8. 课题研究的组织机构和人员分工

在研究方案中要注明课题负责人、课题组成员以及分工。课题组的分工必须明确合理，争取让每个人了解自己的工作和责任。但是在分工的基础上，也要注意全体人员的合作，大家共同研究、共同商讨、共同克服研究过程中的各种困难和问题。

9. 其他有关问题或保障机制

这一部分内容主要有：学习什么有关理论和知识，如何学习，要进行或参加哪些培训；如何保证研究工作的正常进行；课题经费的来源和筹集；如何争取有关领导的支持和专家的指导；如何与同行交流等。

第三节　教育科学研究设计

一、教育科学研究设计的任务和功能

教育科学研究设计是指为了实现以较少的人力、物力和时间获取客观、明确、可靠的研究结论，研究者需要依据确定的研究项目，对研究方式方法、研究操作程序和控制方案等进行周密、科学、完整的构思、确定、规划和表述。

（一）教育科学研究设计的基本任务

教育科学研究设计的任务有以下两点。

第一，设计选择、确定收集和分析研究数据的方式方法，保证研究采用的方式方法是合理的、可靠的和经济的。

研究方法的合理性是指针对一定的假设或研究内容，采用的方式方法能够满足检验、论证和解释研究内容所需要的功能和潜在条件。研究方法的可靠性是指研究所采用的方法是可以信赖的，可以重复的，即使换了他人来做同样的工作也能得到基本相同的结果。研究方法的经济性，是指对经费、人力、物力、时间的整体考虑和精打细算，既要力所能及，又要以较少的投入争取最大的效益。

第二，构思、制定实现研究目的的操作程序和控制方案，保证研究是有效的、客观的、明确的。研究设计的核心内容是保证回答研究的问题、达到研究的目的。

要保证研究是有效的。首先，要保证研究所使用的变量之间存在着真实的确定的关系，这种关系可能是因果关系，也可能是相关关系。例如，教学方法和学习成绩的关系、社会责任感和学习能力的关系等。其次，要保证这种关系的想象和构思是科学的，是源于相关理论的支持、实践的启发以及灵感的萌动，对关系中的变量进行适当的操作化定义，能够有效控制和检验。再次，要保证对于这种关系的统计意义，采用的数学推论工具是否适宜和数据的质量是否达到需要的标准，以及样本容量是否合适。最后，要保证研究结果的适用范围，教育科学研究必须保证有一定的适用范围，如果仅是对某一个人适用，那么对于教育科学研究来说意义就不大了。

要保证研究是客观的，这是指研究的程序和控制必须要保证研究变量之间的影响，以真实关系发生变化，不能是虚构的或随心所欲的，收集的数据是反映真实关系的、是准确的。例如，以教学方法与学习成绩作为两个研究变量，学生的学习成绩除了受教学方法的影响外，还可能会因为请了专门家教进行个别辅导、受到某种社会或物质鼓励产生学习动机等多方面的影响，所以，必须设计相应的操作程序和控制方案保证反映的是教学方法与学习成绩的真实关系。

要保证研究是明确的。这是指设计要使得研究所反映的关系能以比较突出和鲜明的形式表现出来。同时，研究结果不能含糊不清或似是而非，要以有说服力的、可靠的数据或材料表述出来。

（二）教育科学研究设计的功能

人们在做任何一项研究时总是想使有关的资源得到合理的分配和有效利用，并追求最大效益。研究设计如同一份工作蓝图，能够提供研究者符合逻辑的推理流程，突出研究工作的重点，指引研究者明确、顺利、经济地完成研究任务。研究设计不仅是一项规划，也是一种策略。事先严密的研究设计有助于使研究具有一定的效度和信度。

研究的效度是指研究结果在回答课题提出的问题方面的正确程度，以及研究结果反映事物间存在的因果关系或特征的真实程度。研究的信度是指研究所得结果的可靠性、精确度与稳定程度。效度与信度的高低是研究自身价值高低的反映。没有效度、信度的研究是没有实际价值的研究，没有价值的研究是无意义的。

任何高水平的研究工作都依赖研究的客观性、系统性和科学性，涉及理论构思与科学方法、周密规划与严谨实施等诸多问题，不能是随意性的，需要进行研究设计。同时，研究设计本身是否科学、合理和完善，直接关系到研究的进程、代价，研究结论的可靠性、科学性等，所以，在进行教育科学研究之前，严密、审慎地做好研究设计工作是十分必要的。一个好的教育科学研究设计，对研究工作具有一定的保证作用，如同事物有了好的开头和发现了一条顺利达到目的的科学“捷径”，能够收到事半功倍的效果。

二、教育研究设计的过程

不同的研究题目研究设计的程序和繁简也不完全一样。一般来说，定量研究的研究设计更具结构性，在研究设计中十分重视对差异的控制，从而能保证研究的成功和对研究结论的解释。而定性研究一般不对研究的情境进行操纵或干预，研究设计也比较灵活，主要是根据研究中进行的活动和任务制定研究工作的计划。

（一）分析研究变量

研究变量类型有多种，本章主要介绍自变量、因变量、无关变量。

自变量就是假定的原因变量，即我们要研究造成结果变化的量。例如，随着时间的推移，小树在不断地长大。在这一变化过程中，时间就是引起小树长大的众多自变量中的一个。又如课题“运用现代教育技术优化课堂教学结构”中，现代教学技术的运用就是这一课题中的自变量之一，因为由于对它的运用（教学手段的变化），引起了教学结构的变化和教学效果的变化。再如，在“实施分层递进教学以提高教学质量”这一课题中，自变量是一种分层递进教学方法。

因变量是假定的结果变量，也就是由于自变量的变化而引起某一事件的结果的变化，这一结果的变化就是因变量。例如，上述小树生长的例子中，“小树长高”就是一个因变量；在“运用现代教育技术优化课堂教学结构”中，课堂教学结构的优化是因变量；在“实施分层递进教学以提高教学质量”中，因变量则是教学质量的提高。

无关变量就是研究者不想进行研究的，但是在实施研究过程中对研究又有一定影响的变量。在课题的研究中虽然无关变量不是我们所要研究的变量，但是由于在研究过程中又发生着一定的作用，而且这些作用有时会干扰我们对研究成果的分析，所以对这些变量研究者会尽量控制。例如，要研究“30 厘米以下的小树一年中每月长高的速度”这一主题，由于它涉及到很多因素，如土地的质量是否发生了变化，自然环境是否发生了变化等，如果在一年之中每月都进行施肥，那么所得到的树高的数据就不仅仅是由于时间变化而引起的量。如果一年中头两个月阴雨连绵，中间三个月又是百年不遇的干旱天气，这与往年的气候大不一样，那么所测得的树高的数据就很难说明问题。因此，这些变量就要加以控制，使它能够按照正常的四季变化生长。又如，在上文第二个例子中，教学效果的变化也可能是由于学生随着年龄的增长，他们的理解能力也得到了提高，或是由于在考试前教师强化了学生对知识的训练，还可能是这一学期学校加强了班级的管理，使学生提高了学习的积极性等因素引起的，如果是由这些因素引起教学效果的提高，那么，我们的研究成果就不能说明问题。因此，在研究时研究者就有必要对这些无关变量加以控制，尽可能地减少它们对研究成果的影响。

（二）确定研究对象

研究对象的确定要靠合理科学的抽样方法。抽样就是从一个总体中抽取部分具有代表性的个体作为研究样本。在这里，总体指研究对象的全体，样本是指从总体中抽取的部分个体。抽样的作用是为了合理地减少研究对象，既可以节约人力、物力、时间，又可以使研究力量相对集中，使研究深入、细致，从而提高研究的准确性和可靠性。

抽样的方法可分成随机抽样和有目的抽样两种类型。根据研究者的研究主题和研究计划的不同，所选择的抽样方法也不同，研究者应根据现实情况及研究性质来选择最适合的抽样方法，以避免误差的产生。

（三）选择研究方法

在研究设计中，选择研究方法是十分重要的环节。研究方法选择得当与否，直接影响到研究的水平和质量。在教育研究方法中，不存在优劣之分，各种研究有各自的特点和不同的使用条件与范围，在课题及其研究内容确定后，要根据课题性质确定研究类型，选择研究的主要方法。

正确选择和运用教育研究方法具有重要的意义。在确定科研选题、研究方向和研究目的以后，研究方法就起着决定性的作用。方法选择恰当，应用得科学合理能够保证研究方向的正确，达到既定的研究目的。反之，就会影响研究的进程，降低研究的效果，甚至把研究引入歧途，偏离了预定的研究方向。

（四）研究材料和工具的准备

研究材料和工具主要来自两个方面，一是采用社会上已有的现成的材料和工具，如各种测验、量表、评定表、仪器、工具等。选用这些现成的材料和工具，一定要注意它们的使用背景和条件，在什么样的范围里可以运用。二是自制研究的材料工具，如自编问卷、测验，设计统计图表，制作图形、工具等。自制时，应考虑研究的目的、研究对象的特点，自制的材料工具应达到一定的信度和效度的要求，保证材料、工具的科学性、适应性。

附录

北京市小学生日常食用零食现状调查研究计划

一、课题的提出

现今，随着经济的不断发展，人们尤其是小学生对零食的钟爱程度日益加深，对零食的需求量也在急剧扩大。许多零食厂家为了谋求零食市场中巨大的经济利益，使零食的花样日益繁多，从而越来越多的零食开始涌入小学生的生活，但是，很多家长、学生对零食的认识并不清楚，因此，滥食零食的现象也在日益加剧，从而在小学生群体中引起了肥胖、营养不良、偏食厌食等诸多问题。

长久以来，围绕少年儿童要不要吃零食的问题产生了很多争论，很多学者对零食问题从不同方面进行了相关的研究，但是他们大多是从饮食状况、饮食习惯、营养价值入手，而从零食的分类入手进而研究北京市小学生对于零食的认识，以及食用不同类型的零食对于孩子身体所造成的影响等问题，在零食的相关研究中，并未形成独立的研究方向，缺少针对性。有关北京市小学生日常食用零食现状影响调查研究更是处于空白区。面对现今零食盛行这一现状，急需有这样一个直观的、系统化的研究成果。为此，我提出这一课题，并对其进行较为深入的调查与研究。

二、研究的目的和意义

现今，零食越来越被小学生所钟爱。但是，小学生对于零食的分类以及不同类型的零食对于身体的影响知之甚少。所以本研究的目的是让学校、家长、孩子对零食有一个明确的认识，知道食用不同零食带来的不同影响，以便帮助人们了解食用零食对小学生身体状况、生长发育的种种影响。同时为指导小学生正常膳食和普及健康饮食知识提供相关依据。所以，对这一课题的研究可谓是势在必行。

三、关于这一问题国内外的研究现状

关于零食这一问题国内外的学者已经进行了诸多方面的研究，许多文献对少年儿童吃零食的利弊作了论述，这些研究为我们提供了一定的理论基础，并对北京市小学生日常食用零食现状调查研究提供了事实依据，具有一定的导向作用。但目前国内对小学生对于零食分类的认识状况调查以及食用不同零食对小学生身体的不同影响的研究成果尚少，范围也过于狭窄。为了帮助人们了解食用不同类型的零食对小学生身体状况、生长发育的影响，同时，也为了给指导小学生正常膳食和健康饮食知识的普及提供依据，特此对有关北京市小学生日常食用零食现状调查研究的文献进行了分析综述。

（一）零食的分类

零食是指非正餐时间食用的各种少量的食物或者饮料（不包括水）。吃得正确，可以缓解孩子在正餐之间的饥饿；吃得错误，它可能会导致孩子体重增加或者营养不良。调查还显示，孩子们最爱吃的零食以热能高但营养密度低的糖果、膨化食品、冰激凌和点心为主，吃水果的学生约占 20%。此外，孩子们对各种甜味饮料也情有独钟。调查显示，超过一半的学生最爱喝碳酸型饮料，近四成喜欢果汁型饮料，而选择白开水的仅占 11.21%。(《营养专家票选十大儿童零食红黑榜》)

为了帮助人们更好地认识和食用零食，很多专家都提出零食需要分类食用的观点。有人认为零食可以分为健康和不健康两类。《营养专家票选十大儿童零食红黑榜》中就提出了十大零食红榜和 10 大零食黑榜这种零食分类方式，文中写明 10 大零食红榜依次为鲜奶、酸奶、奶酪、全麦面包、坚果、牛肉干、干鱼片、海苔片、新鲜水果、鲜榨果（蔬）汁。在此，笔者仅以坚果为例，其上榜理由：核桃、松子、榛子、腰果、杏仁等坚果中含有丰富的多不饱和脂肪酸、铁、锌、钾、镁、膳食纤维以及维生素E等营养素，具有补脑、健脑的作用。如核桃中不饱和脂肪酸的含量高，被公认为是中国传统的健脑益智食品。十大零食黑榜依次为可乐、薯片、冰淇淋、方便面、奶油蛋糕、炸鸡块、糖果、火腿肠、果冻、烤羊肉串。在此，笔者仅以薯片为例。薯片的上榜理由：这类膨化食品含高盐、反式脂肪酸。瑞典经过一项长期跟踪调查，发现含有大量碳水化合物的谷物类，如果进行烧、烤、油炸等烹调处理，会导致生成具有致癌作用的丙烯酰胺。所以，常食薯片、虾条等不仅得不到必要的营养，食品卫生安全也得不到保障，对健康不利。

同时，也有专家对健康零食进行了更为细致的分类。《新春大放送——健康零食指南》一文中将健康零食细分成了四类：第一类，水果类代表零食：苹果、橙子、葡萄；第二类，坚果类代表零食：榛子、松子仁、核桃、杏仁、开心果；第三类，糕点类代表零食：苏打饼干、全麦饼干；第四类，肉制品类代表零食：牛肉干、鱿鱼丝、香肠、猪肉脯。

此外，很多人还认为零食应该分级别食用。绿色级别：营养高脂肪低，适合作为日常零食。比如低脂乳酪、含粗纤维的饼干，以及一般的巧克力饼干、不太甜的面包、三明治等。如果不是很饥饿，提子、杏仁、无花果等干果也是很好的选择。此外，还有苹果片或香蕉片。黄色级别：营养丰富但糖分也多，因此只适宜偶尔食用。主要包括点心、果仁、有馅的甜面包、奶昔、巧克力奶等。红色级别：营养少而脂肪多，平时应尽量避免食用。主要包括糖果、含糖分较多的巧克力、汽水，以及炸薯片、薯条、酥皮点心、奶油蛋糕等。

由此，我们不难看出，专家对我们日常食用的零食进行了较为细致和针对的分类，也有很多人在这一问题上进行了研究，但是对此，学校、家长和小学生是否完全了解还不得而知，也没有人做过普及程度的调查。

（二）小学生食用零食的状况

爱吃零食是每个儿童的天性，而且适当吃些零食对孩子也是有益的。中国青少年研究中心青少年儿童所助理研究员赵霞介绍说，适当地让孩子吃零食，能及时地为他们补充营养和能量，有益于孩子的身体健康。吃零食还有利于让孩子获得更全面、均衡的营养。因此，小学生食用零食的种类、数量都在不同程度地提高。对此，也有研究者针对小学生食用零食状况进行了研究。

于冬梅在《北京市和湖北省儿童青少年零食消费现况调查分析》中提到——马冠生等在2000年对我国四个城市儿童青少年调查发现学龄前儿童、小学生、中学生中消费率分别为97.2%、97.3%、98.4%；常吃的零食有水果、面包、饼干、糖果、甜点、膨化食品；消费地点通常在家；选择零食多依据口味、营养。零食多为父母准备。该调查得出儿童青少年零食消费率为89.9%，没有城乡差别，也不受家庭经济水平的影响。调查发现，是否吃早餐以及早餐质量是否较好都与消费零食无关。学龄前儿童、小学生、初中生、高中生零食消费率在87.1%～95.8%之间，均高于4城市的周末消费率。常吃的零食比4城市、国外研究有所丰富和不同。零食消费女孩多于男孩，零食来源、消费地点与美国的研究结果一致。

（三）家长、社会对于食用零食的认识和态度

1. 家长认识不清晰

小学生食用零食的情况跟自身对于零食的喜爱程度有关，跟住址周围的环境有关，除此之外，还有一个影响因素是不能被忽略的，即家长对零食的认识情况及态度。

曾有人对 1230 名父母和儿童进行过调查，调查指出，最能影响孩子饮食习惯的因素是父母。因此，提高父母对进食零食的认知水平是减少孩子吃零食的关键。然而，令人担忧的是，现在很多家长对于零食对健康的作用和影响认识并不明确，缺乏认识。白静娴等在《520 名家长对儿童进食零食行为认知状况调查》一文中指出，对于“长期进食零食是否影响孩子智力发展”这一问题的知晓率父母双方均最低。近一半的家长不知道零食中是否含有防腐剂、甜味剂、漂白剂、疏松剂等添加剂。由此可见，家长对于这一问题的认识还不是很清晰，有一些知识盲点需要家长去了解，才能更好地指导孩子健康正确地食用零食。

2. 有关部门做的一些努力

在对待零食方面，卫生部（现国家卫生健康委员会）也做出了自己的一些努力，我们从中也可看出社会大众对食用零食的态度。

由中国疾病预防控制中心营养与食品安全所和中国营养学会联合编制的《中国儿童青少年零食消费指南》，将儿童零食分为“可经常食用”“适当食用”“限制食用”三个推荐级别，并用扇面图标示出来。同时还提出 6～12 岁儿童每天吃零食别超过 3 次，避免在玩耍时吃零食。从中我们可以了解到，正确健康地食用零食是社会大众共同的愿望。

（四）食用不同零食所带来的作用和影响。

食用不同种类的零食会给身体带来不同的物质，也就会造成不同的影响，当然，有的零食会给身体带来营养，增强我们的体质和抵抗力，而有的零食非但不会为我们提供营养，还会对我们的身体造成损害。食用的零食不同，得到的结果就会不同。

1. 食用健康的零食会给身体带来好处

首先，昆荣在《零食优劣谈》一文中提出了零食具有五大功能：第一，养生防病：吃零食时，由于细嚼慢咽，可促进唾液分泌，而这些唾液又随嚼细的食物同时咽，这与古代养生要诀中的“津宜常咽”相吻合。第二，临时充饥：国人大多不重视早餐，有些人吃得很少，因此，饥饿时吃些水果、饼干，可避免这些不良情况的发生。第三，锻炼牙齿：适当吃些零食，特别是一些坚果类食品，就在无形中起到了上下牙相叩击的作用。第四，补充营养：人们进食的主、副食中营养往往并不全面、合理，而利用零食所含的成分来拾遗补漏是可行的办法。第五，用于食疗。

其次，零食可以为人们缓解情绪。俞元浩在《健康与零食》中提出零食与情绪也存在着相当紧密的联系，适量食用甜食可以使人的精神进入最佳状态。糖能促使大脑分泌一种化学物质，它能帮助人们平静，使人更易入睡及减轻人们对痛苦的敏感。巧克力则能帮助人们体内产生两种使心情愉快的荷尔蒙。橘子和葡萄这两种水果也能改善不良情绪。

同时，偶尔通过改变儿童的饮食还能影响他们的行为。胡文在《吃零食能影响儿童行为》一文中提出通过特别饮食可以控制儿童的反常行为。医生发现给孩子吃白糖含量低、全营养的餐

食，且让孩子少吃或不吃蛋糕、饼干、糖果等零食。只需几星期，就能把一个桀骜不驯的孩子，变成听话守纪律的好儿童。

2. 不健康地食用零食会给身体带来危害

贾丽红在《沈阳市某小学儿童早餐零食及保健品补充情况调查》一文中讲道，甜食和饮料往往含糖量较高，过多摄入容易使人发胖，同时也影响其他营养素的摄入，不利于儿童的正常生长发育。油炸食物含能量高，除容易使人发胖外，还含有致癌物质苯并芘和反式脂肪酸，对儿童健康有不良影响。《吃零食的危害》将零食的危害总结成了以下几点：一是经常吃零食会影响正常的饮食习惯，打乱胃肠消化活动的规律。二是由于零食中酸、甜、咸等味道的强烈刺激，常可导致我们的味觉变得迟钝，以至于一般的饮食根本不足以引起食欲，从而影响生长发育。零食只是味道鲜美，营养成分却很单调，长期吃会导致营养不良。颜色漂亮的零食常含有大量的色素。三是吃零食会加重胃肠的负担，使胃肠经常处于紧张状态中，这样导致胃肠得不到休息，引起消化不良。四是仓促吃零食，食品和手都来不及进行必要的卫生保护，容易患肠道传染病。五是吃零食不利于中学生安心学习。可见，正确地食用零食才是为健康“增彩”的关键，反之，只会给身体造成更为沉重的负担。

四、研究的内容和范围

针对垃圾零食在小学生日常饮食中所占比例这一问题的研究，我们主要将从以下几个方面进行整理与分析：小学生对食用零食的认识和态度；小学生有关零食分类知识的认识情况；小学生食用零食的情况调查；学校和家长对于小学生食用零食的认识和态度；食用零食给小学生身体状况带来的作用和影响。

五、研究方法

（一）问卷调查法

问卷调查法可以在较短的时间内，以较快的速度对较大范围的事实进行研究，简单方便易于操作。同时，实习的机会有利于问卷的发放与回收，方便对相关维度的整理与分析。

我们主要是在五个区进行数据的收集。分别是海淀区（城区）、西城区（城区）、门头沟区（郊区）、通州区（郊区）和房山区（郊区）（其中郊区部分主要用于辅助对比）。调查范围较为广泛，能够较为客观地反映出城郊小学生食用零食的基本情况。我们主要收集800份调查问卷，并最终对其数据进行分析与整合工作。

（二）观察法

观察法可以更直观、更清晰地呈现观察对象的特征，有利于我们从中发现新问题，方便资料的累积，从而获得一手资料，同时可以验证我们提出的假说。

利用实习的机会，对相关学校及班级进行观察，进一步了解小学生食用垃圾零食的状况，以及社会、学校及家长的干预工作和其所持的态度。

六、研究进程

（一）文献综述撰写阶段（2011.9—2011.10）

1. 查阅和收集与课题相关的文献资料

2. 分析该课题国内外研究现状和发展趋势

3. 根据研究需要对已有的文献资料进行归类、分析、整理

4. 撰写文献综述

（二）方案设计阶段（2011.10—2011.11）

1. 确定研究内容和研究方法

2. 设计调查问卷

3. 设计开题报告

（三）研究实施阶段（2011.11—2011.12）

1. 确定要调查区域和学校

2. 严格操作实验变量，做好观察记录

3. 调查问卷的发放与收集

4. 撰写开题报告

（四）分析整理阶段（2012.1—2012.3）

1. 归类收集调查过程中各种资料、统计分析

2. 研究数据的总结、整理

3. 利用工具进行数据的计算、分析

4. 设计论文撰写思路

（五）论文撰写阶段（2012.3—2012.12.4）

1. 整理汇编调查结果

2. 进行全面分析，撰写研究报告

3. 撰写论文

七、研究条件分析

（一）硬件设备

笔记本电脑、u 盘、相机

（二）软件配置

1. 查阅过相关文献资料，有一定知识储备和理论依据

2. 有分析问题、总结相关研究成果的能力

3. 有专业老师进行指导，方便研究的开展与实施

4. 操作计算机能力较强，利于数据的整理分析

八、预期研究成果

（一）课题的研究报告

（二）相关成果展示

（三）撰写学术论文

九、参考文献（略）

（摘自：首都师范大学本科生毕业论文开题报告）

【基础知识】

1. 什么是课题论证，课题论证报告主要有哪些内容?

2. 请简述教育研究设计的过程。

【实践演练】

自拟一个课题名称，并尝试撰写该课题的论证报告。

第三章　研究文献的收集与分析

【内容概览】

研究文献的收集与分析是指收集、鉴别、整理文献，并通过文献研究形成对某一现象或事实的科学认识。研究文献的收集与分析对于科学研究具有十分重要的现实意义和作用，它贯穿于教育科学研究的全过程，是科学、有效地进行研究必做的功课。

本章主要介绍了文献收集的途径与方法，陈述了如何利用文献等内容，并对文献综述的结构与撰写内容进行了介绍。

【知识地图】

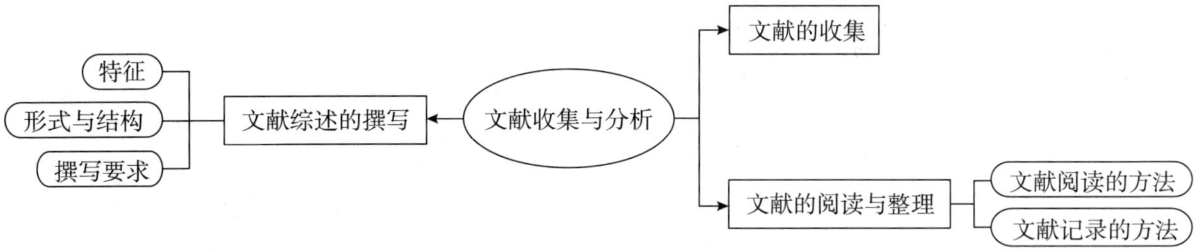

【学习目标】

1. 了解文献的概念和类型。

2. 掌握文献收集与阅读的常用方法，以及文献记录的主要方法。

3. 能初步掌握文献综述的撰写。

第一节 研究文献的收集

一、文献的概念、类型及文献研究的意义

传统意义上的文献，指有历史价值的图书资料或特定学科的主要图书资料。在当今信息社会，文献是指记录、保存、交流和传播科学知识的一切载体，它既可以是印刷品，如图书、报刊、科技报告、学术会议论文、学位论文、科技报告、专利文献、科研简讯、科技档案等，也可以是视听材料，包括记录科研成果的磁盘、光盘及各种音像视听资料、微缩胶卷、胶片等。

（一）文献的类型

1. 按照载体的类型划分

按照载体的类型可以把文献分为普通印刷型文献、音像资料型文献、计算机软件型文献三种。普通印刷型文献，以纸张为载体，包括文字材料、表格、图片等。音像资料型文献，以胶卷、照片、磁带、光盘等为保存和传播载体。计算机软件型文献，是转化为计算机软件以便个人计算机或计算机网络使用的现代化文献，既可以是文字材料，也可以是图片、声音文件，还可以是动画、电影等。

2. 按信息加工程度划分

按文献的原始程度可以把文献分为零次文献、一次文献、二次文献和三次文献。

零次文献即曾经历过特别事件或行为的人撰写的目击描述或使用其他方式的实况记录，是未经发表和有意识处理的最原始的资料，也可视为第一手文献。这类教育研究文献包括未发表付印的书信、手稿、草稿和各种原始记录。

> **议一议**
>
> 文献按原始程度分为四个类型，在撰写文献综述时，哪种级别文献引用越多越好？为什么？

一次文献也称原始文献，一般指直接记录事件经过、研究成果、新知识、新技术的专著、论文、调查报告等文献。

二次文献又称检索性文献，是指对一次文献进行加工整理，包括摘录其文献特征、内容要点，并按照一定方法编排成系统的便于查找的文献。

三次文献也称参考性文献，是在利用二次文献检索的基础上，对一次文献进行系统整理并概括论述的文献。此类文献不同于一次文献的原始性，也不同于二次文献的客观报道性，但具有主观综合的性质，其结论更为明确，参考起来也更方便。

需要注意的是，上述四类文献的级别越低，原始性和可靠性就越强，文献也越珍贵；级别越高，参阅起来越方便，但其可靠性下降。

3. 按文献的表达手段划分

按文献的表达手段划分可以把研究文献分为文字文献和非文字文献两类。

文字文献即以文字形式记载的思想观点、史实、数据等。书籍、报刊、档案、日记、书信

等都属此类。其中，书籍是内容最为丰富的、最为重要的文献。报刊是出版发行速度快，能较好地反映当今社会热点内容的文献。而档案是准确、详细地描述历史的文献。个人的日记、书信等则是研究个人思想和行为的基本资料，也可以在一定程度上映射社会的问题。

非文字文献，是指除文字资料以外的一切可视资料。这些可视资料包括所有与研究问题有关的图片、音像和物品等，可以是人工制作的东西，也可以是经过人加工后的自然物。如我们熟悉的照片、录像、录音、电视电影、手工作品、实物等。与文字资料相比，非文字资料的信息往往更为直接、更加丰富多样，能够弥补文字资料所无法获得的信息。

（二）文献研究的意义

第一，从文献本身看，文献是人们获取知识的重要途径。一方面，开阔了人们的视野，使人们超越了时间和空间的限制，有可能去认识古代的和域外的事物；另一方面，文献又使得人类知识的储存、积累和传播不再受到个体生命的限制，从而促进了科学的进步。因此，文献既是人类认识世界的主要途径，又是人类积累知识的重要宝库。

第二，从查阅文献的角度看，查阅文献资料对于科学研究具有十分重要的现实意义和作用。利用文献是实现利用“前人劳动成果”的重要措施和方法，也是促进和实现“今人的协作”的条件和基础。一个研究者只有通过广泛的文献收集与分析，才能够对所研究领域的情况有一个系统的认识和了解，掌握相关的科研动态、前沿进展，了解前人已取得的成果、研究的现状等，才能够选择和确定好自己的研究课题、形成研究假设、做好研究设计、科学解释研究结果以及撰写好研究论文。

二、文献的收集

（一）收集文献的基本途径

由于文献的类别不同，所以收集渠道也不尽相同。收集教育科学研究文献的主要渠道有：图书馆、资料室、档案馆、博物馆、书店、互联网等。

（二）收集文献的主要方法

收集研究文献的方法主要有三种：检索工具查找法、参考文献查找法、循环查找法。

1. 检索工具查找法

检索工具查找法是指利用现成（或已有）的检索工具查找文献资料。现成的工具可以分为手工检索工具和计算机检索工具两种。

（1）手工检索

手工检索工具按其著录形式，可分为目录卡片、目录索引和文摘等，可以采用顺查法，也可以采用倒查法。所谓顺查法，即由远到近按时间顺序往后查找；所谓倒查法，即由近而远，按时间顺序往前查找。一般来说，顺查法有利于了解与调查课题有关的各类问题发展过程的全貌，但要花费较多的时间和精力；倒查法可以节省时间和精力，能够较快地了解有关各类问题的最新动态，但查找的文献可能不系统、不全面。无论是顺查法还是倒查法，都应按照课题的时间跨度来决定查找文献的时间跨度。

（2）计算机检索

计算机检索工具主要有：图书馆综合管理系统中的目录检索子系统、学术期刊光盘检索系统、因特网上的文献检索。

图书馆目录检索子系统一般都是根据读者希望自行检索图书目录的要求而开发的。因而，目录检索部分尽可能采用简单的会话形式来操作，一般不需要查询者记住这些使用规则。在检索的过程中，可以按照计算机的提示查阅到所需要的书目。具体的查找方式可以是多种多样的，如，可以通过书名查阅，也可以通过作者名查阅等。总之，只要是有一定的关于所查书目的信息就可以进行查询。

目前在我国使用的学术期刊光盘检索系统是清华大学研制的中国学术期刊（光盘版）全文检索管理系统。光盘出版物有：清华大学出版的《中国学术期刊光盘版》和中国人民大学书报资料中心出版的复印报刊系列数据光盘，如《专题目录索引光盘》《复印报刊资料全文数据光盘》《中文报刊资料摘要光盘》等。其中《复印报刊资料全文数据光盘》的 BC-96005 是有关文化、教育和体育内容的。光盘检索系统除了具有传统数据库检索的优点外，还可以从多个角度进行检索。从而，可以使检索者灵活地选择检索学科的范围，提高检索效率和查全、查准率。如《中国学术期刊光盘版》可以整刊检索、分类检索、篇名检索、关键词检索、作者检索、机构检索、中文摘要检索、英文摘要检索、引文检索、基金检索、全文检索、蕴含检索（输入一个词，可检索出所有在任一处出现该词或属于该词含义范畴词的文章）和关联检索（输入一个词，可检索出所有在任一处出现该词或该词同义词的文章）。

互联网是目前世界上最大的供人们进行资源共享的由网络互联所形成的全球性电子信息世界。现代网络技术的发展，使得人们可以更为便捷地获取信息资源。在文献收集过程中，充分利用网络资源，常常可以事半功倍。

目前常用的搜索引擎可以用文章的名字、关键词或作者等信息进行搜索，这样就可以很方便地搜索到研究者需要的相关信息。

要搜索已发表的专业的论文可以通过“中国知网”“龙源电子期刊阅览室”“人大复印报刊资料全文数据库”“万方数据库”“维普中文期刊数据库”等数据库进行检索，国外教育类的文献可使用 EBSCO、PsycINFO/PsycARTICLES、JSTOR 等数据库。这些数据库提供了大量的论文全文，需要注意的是，这些数据库的信息查询和使用是要付费的。

2. 参考文献查找法

参考文献查找法，又称追溯查找方式，是利用作者在文章、专著的末尾所开列的参考文献目录，或者是文章、专著中所提到的文献名目，追踪查找有关文献资料的方法。

练一练

使用文献查找法查阅某个主题的相关文献，并体会该种方法的优缺点。

参考文献查找法的具体做法是从已掌握的文献资料开始，根据文献所开列的参考文献和所提到的文献名目去查找更多的文献，直到查找出比较完整的文献资料为止。

参考文献查找法所查找到的文献，虽然不如检索工具查找法所得的文献那样全面和广泛，但它查找的文献比较集中，效率相对高一些。另外，用这种方法还能及时捕捉到一些最新的研究成果。这是因为相对于一次文献而言，任何检索工具都有一定的滞后性，载有最新研究成果的文献资料往往很难及时在检索工具中找到。

3. 循环查找法

循环查找法就是将上述两种查找的方法结合起来，交替使用。利用循环查找法可以先采用检索工具查找法，查出有用的文献资料，然后再根据文献资料所开列或提到的参考文献名目，去查出更早一些的文献。也可以先采用参考文献查找法，查找早期的文献，然后再采用检索工具查找法，去扩大查找文献的线索，如此分阶段地交替使用两种查找文献的方法，直到查找出自己所需的文献为止。

一般来说，检索工具查找法较适用于检索工具比较齐全的部门或单位；参考文献查找法则较适用于没有检索工具的部门或单位；循环查找法则具有较广泛的适应性。

（三）收集文献的一般要求

1. 以逆时法为主

在时间上要按照从现在到过去的顺序进行搜索。新的文献往往对老的文献进行了纠误、概括和总结，时间较晚的文献往往更新、更全面、更可靠。

2. 以第一手资料为主

第一手资料的价值最高，最为准确可靠，也最具有说服力。

3. 关注本研究领域内的领军人物、专家的观点

了解与自己研究方向有关的机构，密切关注在该研究领域和方向的顶尖团队、人物所发表的论文并认真研读。这些文章有助于我们掌握相关研究领域的大方向和框架、研究的重点和焦点内容。

4. 要注意收集观点不一致但有研究价值的文献

关注这些研究文献，对它们进行深入分析，可帮助研究者对所选课题的结论有更好的把握，充分体现研究的价值。

5. 注意搜索文献后面所列出的参考文献

根据文献后面所列出的参考文献，按图索骥，找到更多文献；也可以用回顾性的方法查找该问题的最初起源及奠基性文章。研究者要特别关注那些被引用次数较高的文献。

6. 注意文献追踪的重要性

要特别关注自己所研究领域的最新动向，对于该领域内专家的研究动向及与自己课题相关的文章一定要勤加跟踪，比较对于同一专题的论点的发展，掌握其新的方法或新结论，或注意作者观点的改变，探究其原因。对重要期刊、数据库要定题、定词地定期搜索，这样才能保证所收集文献的全、新，保证研究能站在学术前沿。

第二节 研究文献的阅读与整理

研究文献的阅读与整理是指对所查阅的研究文献进行消化，并将有用的信息记录下来。实际上就是对文献进行精加工的过程。

一、文献阅读的原则

第一，计划性原则。阅读文献时，研究者应当有一个大体的阅读计划，作出具体的时间安排。阅读进度的确定，应考虑到文献资料的数量、难度、性质以及研究课题的总体安排和进度。

第二，顺序性原则。为了提高阅读效率，研究者在阅读文献时应遵循一定的顺序。一般来讲，应先看一次文献，然后看文献综述；先阅读一般文献，再阅读专业文献；先读理论文献，后看应用文献；先看书籍，后看论文；先读近期文献，后看远期文献；先读难度小的，再读难度大的；先看中文文献，后看外文文献；先读有新内容的，后读新内容较少的；先看摘要和结论部分，后看中间；先读主要、关键部分，后读次要、细节部分；先读重要期刊上的文献，后读次要期刊上的文献等。在实际阅读的过程中，阅读顺序是因人而异。

第三，批判性原则。阅读文献时要坚持用批判的眼光去看待其研究成果，多问几个为什么。例如，在阅读一篇论文时，应当注意文章的依据是什么，文章对原有理论有何发展与新贡献，它如何解决原有理论未能解决的矛盾等。目的是对文献的内容真伪、价值等有一个较为清醒的判断。

第四，同时性原则。同时性原则是指研究者将收集和阅读同步进行或交替进行，这样两者之间将会产生互补效应，有利于进一步推动文献的收集和利用。

二、研究文献阅读的方法

（一）浏览

浏览就是将收集到的文献资料粗略地翻阅一遍，也叫“扫描”或“一目十行”。通过浏览，研究者可以对收集到的文献的内容、价值有初步的认识和判断，并据此确定是否需要对该文献深入研读。

一般研究者可根据自己对某一研究领域的研究内容、研究方法及涉及的基本知识、基本概念、基本原理等的粗浅认识对所浏览文献做初步判定。凡是包含这些内容的文献就可以列为进一步阅读的文献。有时候也会利用文章标题所提示的一些信息，也可以通过阅读文献的摘要、关键词或论文的引言、结论等部分帮自己快速做出判定。

浏览的要领有四点。一是目的明确，大致了解文献的内容，初步判明其价值。二是善抓要点，快速了解概况。三是速度快，采用扫描或跳跃式阅读，要视读，不要音读。四是注意摘抄，记下题目或文章出处，以便日后查找。

（二）粗读

粗读就是为了了解一篇文章的基本观点，搜寻文献引用的主要事实或数据的一种阅读方式。其目的在于广泛阅读文献资料，把握文献的主旨与脉络，获取文献的基本观点与主要事实，明确该文献与研究课题的关系，以决定是否需要进一步精读。

粗读的要领有四点。一是着重搜寻表达文献基本观点的重点句子和主要事实、数据。二是在理解方面，要从宏观上把握文献的主旨和脉络。三是在联想方面，要把文献中的观点与观点、观点与事实、事实与事实之间的关系联系起来思考。四是在评价方面，一般只对文献的基本观点和主要事实做出初步的判断。

（三）精读

精读就是在粗读的基础上进行的一种深入探究，得其精髓的读书方法。其目的在于理解、鉴别、评价、质疑和创新。它是文献查阅中的关键一步。通过精读，不仅要全面掌握文献的实质内容，而且还要明确选出对课题有价值的资料、发现问题和提出新的见解。可以说，浏览、粗读都是为精读服务的。

精读的要领有三点。一是阅读时要眼到、脑到和手到。研究表明，一边读书，一边思考，一边提纲挈领地记下文献的要义、存在的问题、自己的见解有助于提高精读的质量。二是要深入思考和分析文献的每一个概念、判断和推理的过程，以及整个文献的逻辑结构，认真把握文献的全面思想。三是把文献引用、阐述的观点与客观事实、阐述的思想与研究课题之间的关系做出客观的判断和全面的评价。

文献阅读小窍门

在寻找课题阶段，可以重点阅读文献的讨论和结论以及展望部分。

在课题设计阶段，主要阅读研究材料和方法部分。若只需了解一下该研究的思路，可选取摘要及引文与结论进行泛读。

对自己熟悉的领域，最简单的阅读方法是看摘要，依靠背景知识通过摘要即可大致勾勒出文章内容，但有时这是不够的，相对省事的方法是细看摘要，略读前言，再看结果中的图表，最后读一下自己感兴趣的讨论部分。如果文章对自己很有意义，那就应该通读全文了。

三、研究文献记录的方法

对研究文献最基本的记录方法主要有标记法、批语法、摘录法、提要法、札记法、综述法等。

（一）标记法

标记法，即对文献中的重点、难点、精彩之处或自己感兴趣的内容画上各种符号，记号有许多种，如直线、双线、曲线、圆圈、括号、着重号、问号、感叹号等，最常见的是在文字下面加圆点或画线。研究者也可以按自己的习惯做标记。在阅读电子版本的文献时，标记法可以用编辑器标亮、改变文字颜色字体、使用下划线等方式实现。需要注意的是这种方法只能在自己的个人文献上使用，而且在使用时无论做什么样的标记，都不宜过多过密。过多过密的标记会让研究者找不到重点。

（二）批语法

批语法就是在所读文献的空白处简单写上自己对文献有关内容的见解、评语、解释、疑问等，其特点是简单、方便、可随读随写。在阅读电子版文献时，批语法可以用插入批注或使用编辑器编辑文字等方式实现。需要注意的是这种方法也只能在自己的个人文献上使用。

（三）抄录法

抄录法就是把阅读文献所得到有价值的信息抄录下来。抄录的方式有全录和摘录两种方式。全录就是一字不漏，全文照抄。如果全篇文献都有用，就可全录或复印。摘录就只将有价值的、自己需要的信息抄录下来。

对于那些整篇只有几段话有参考价值的文献，摘录法就很有效。摘录就是要记下原文的重要处、精彩处的内容，以作为今后写作时论证或引证的依据。一般来说，做摘录要求尽可能忠于原文，不要断章取义，不要改动原文的字句和标点。此外，还要标明出处，包括作者姓名、文献题目、出版单位、版本、出版时间、期刊年号和期号以及页码等，而且要查对无误，否则日后使用就没有价值了。

摘录一般是在活页纸或卡片上进行的，这样便于今后的查阅和使用。注意一条信息资料使用一张活页纸或一张卡片，并注明题目和所属问题类别。这样，在资料整理时才便于按题目归类。

（四）提要法

提要法就是对包含各种信息的文献资料进行总结。即根据研究的需要，把文献原文的基本内容、主题思想、观点、独到之处或其他数据和信息，用自己的语言进行概括和缩写。

提要法要注意四点。一是所概括的内容一定要忠于原文作者的观点；二是概括和缩写时，应力求全面、清楚、简明和准确；三是所做提要一般不破坏原文固有的顺序；四是可以在最后加上一些自己的点评或见解。

（五）札记法

札记法就是在阅读中随时记下自己读书时的心得、体会、感想、批评、疑点、意见等，以及日常生活中产生的“智慧的火花”。札记是带有了研究色彩的文献记录，是更高一级的记录形式。

札记没有严格的形式要求，可以随时随地、随心所欲地记录下自己在阅读时引发的联想，有时甚至寥寥几个字，可能就是日后研究的新颖思路与观点。为此，应善于对札记的内容进行整理与分析。

（六）综述法

综述法就是汇总查找的某一类别的资料，然后进行加工处理，内化自己的结构体系，写成报告的形式。每一份综述实际上就是一项研究某一时段的综合性的研究进展分析报告，具有一定学术价值，属于三次文献。后文会对其结构及撰写方法做详细说明。

此外，现在很多人更愿意使用电脑文件对文献做记录。下载电子版文献时（caj，pdf，html），一般把文章题目粘贴为文件名。这时要注意文件名不能有特殊符号，要把“\”“/”“：”“*”“？”“<>““|”以及换行符删掉。每次按照同样的习惯设置文件名，可以防止重复下载。对于下载的文献，要根据其研究内容、研究方法、研究时间等建立不同专题的文件夹。文件夹的题目要简短，重要文献根据重要程度在文件名前加 001、002、003 编号，然后按名称排列图标，最重要的文献就排在最前了。阅读、编辑过的文献要与原文献分开归入不同的子文件夹，对于阅读过的文献最好建立阅读日志，详细记录哪些文献需要仔细阅读并保存，哪些用处不大待删除，哪些需要阅读却尚未阅读，便于以后再读或使用时还能及时找到。

第三节　文献综述的撰写

本节主要介绍文献综述的特征和意义、形式与结构，详细说明了文献综述的撰写要求。应在选定研究课题，并对选题所涉及的研究领域的文献进行广泛阅读和理解的基础上，进行文献综述的撰写。

一、文献综述的特征和意义

文献综述是文献综合评述的简称，指在全面收集有关文献资料的基础上，经过归纳整理、分析鉴别，对一定时期内某个学科或专题的研究成果和进展进行系统、全面的叙述和评论。综述分为综合性的和专题性的两种形式。综合性的综述是针对某个学科或专业的；专题性的综述是针对某个研究问题或研究方法、手段的。

文献综述是依据对过去和现在研究成果的深入分析，指出目前的水平、动态、应当解决的问题和未来的发展方向，提出自己的观点、意见和建议，并依据有关理论、研究条件和实际需要等，对各种研究成果进行评述，为当前的研究提供基础或条件。文献综述具有内容浓缩化、集中化和系统化的特点。

文献综述的撰写对于课题研究具有重要意义。对于科研工作而言，一个成功的文献综述，能够以其严密的分析评价和有根据的趋势预测，为新课题的确立提供强有力的支持和论证，在某种意义上，它起着总结过去、指导提出新课题和推动理论与实践新发展的作用。

首先，文献综述为研究问题或研究假设提供方向。文献综述的首要功能是明晰既定研究领域中前人已经做了哪些工作，哪些相关文献中提出了特定的亟待解决的问题，该领域中还有哪些尚未研究而值得探索的方面等，从而为研究问题或研究假设的最终确定提供重要参考。

其次，文献综述为研究发现的结果进行比较奠定基础。在查阅并综述了与研究主题相关的文献后，可以将自己的命题与该领域重要作者的成果进行比较，进而准确把握自己所从事研究的恰当性、重要性和准确性，并对所参考的文献进行评价或批判。

最后，文献综述可为其他研究者的研究奠定基础。文献综述具有内容浓缩化、集中化和系统化的特点，可以节省同行科技工作者阅读专业文献资料的时间和精力，帮助他们迅速地了解到有关专题的历史、进展、存在问题，做好科研定向工作。

二、文献综述的形式与结构

文献综述的内容决定文献的形式和结构。由于课题、材料的占有和资料结构等方面的情况多种多样，很难完全统一或限定各类文献综述的形式和结构。但总体上，文献综述的形式和结构一般可粗略分为四个部分：引言、正文、小结、参考文献。

第一，引言。该部分主要说明写作的目的、必要性、有关概念的定义，综述的范围，阐述有关问题的现状和动态，以及目前对主要问题争论的焦点等。

第二，正文。该部分是文献综述的主要内容，也是文献综述的重点。正文包括某一课题研究的历史、现状、基本内容，研究方法的分析，已解决的问题和尚存的问题，重点、详尽地阐述对当前的影响及发展趋势，这样不但可以使研究者确定研究方向，而且便于他人了解该课题研究的起点和切入点，是在他人研究的基础上有所创新。

第三，小结。该部分是对综述正文部分做扼要的总结。

第四，参考文献。参考文献是综述的重要组成部分。一般参考文献的质量可体现作者阅读文献的广度和深度。另外，列出参考文献，说明文献综述所依据的资料，可增加综述的可信度，也便于读者进一步检索。

三、文献综述的撰写要求

（一）文献综述撰写的基本要求

一篇高质量的文献综述应符合以下标准：收集文献应当客观、全面；材料与评论要协调、一致；针对性强；提纲挈领，突出重点；适当使用统计图表；不能混淆文献中的观点和作者个人的思想。

为此，撰写文献综述时应注意以下几点。

第一，文献综述不是资料库，所选文献要紧紧围绕课题研究的“问题”。文献综述不是文献的大杂烩，研究者要紧紧围绕课题研究的“问题”选择有价值的文献进行分析，确保所述的已有研究成果与本课题研究直接相关，其内容是围绕课题紧密组织在一起，既能系统全面地反映研究对象的历史、现状和趋势，又能反映研究内容的各个方面。

第二，文献综述不是对以往研究成果的简单介绍与罗列。文献综述不是对已有文献的重复、罗列和一般性介绍，而是经过作者精心阅读后，系统总结某一研究领域在某一阶段的进展情况，并结合本国本地区的具体情况和实际需要提出自己见解的一种科研工作。因此，文献综述中要体现研究者对文献的梳理与分析，而不能简单罗列，堆砌材料。

第三，文献综述要用自己的语言把作者的观点说清楚。文献综述要文字简洁，尽量避免大量引用原文，要用自己的语言把作者的观点说清楚，从原始文献中得出一般性结论。

第四，文献综述的论据最好来自一次文献。文献综述要全面、准确、客观，用于评论的观点、论据最好来自一次文献，尽量避免使用别人对原始文献的解释或综述。

文献综述的目的是通过深入分析过去和现在的研究成果，对以往研究的优点、不足和贡献进行批判性分析与评论，提出自己的观点、意见和建议。因此，综合提炼已有的研究成果与作者自己的分析和评论两个方面缺一不可。

知识卡片

引言常用句式有：

……是……的重要研究内容

过去研究主要集中在……

（深度上）……

（广度上）……

（有争论的问题）……

鉴于……的工作将对今后……研究意义以及……的现实应用意义

作者就……的关键问题进行了系统的分析和综述

（二）文献综述各部分撰写的要求

1. 引言

引言要用简明扼要的文字说明写作的目的、必要性、有关概念的定义，综述的范围，阐述有关问题的现状和动态，以及目前对主要问题争论的焦点等。

2. 正文

正文主要包括论据和论证两个部分，通过提出问题、分析问题和解决问题，比较不同学者对同一问题的看法及其理论依据，进一步阐明问题的来龙去脉和作者自己的见解。也可从问题发生的历史背景、目前现状、发展方向等提出文献的不同观点。正文部分可根据内容的多少分为若干个小标题分别论述。

正文写法上没有固定的格式，一般写历史背景采用纵式写法，围绕某一专题，按时间先后顺序或专题本身发展层次，对其历史演变、目前状况、趋向预测作纵向描述；写目前状况采用横式写法，对某一专题在国际和国内的各个方面，如各派观点、各家之言、各种方法、各自成就等加以描述和比较。通过横向对比，既可以分辨出各种观点、见解、方法、成果的优劣利弊，又可以看出国际水平、国内水平和本单位水平，从而找到差距。撰写时要注意，作为论据的相关研究不必全部列举，每一个主题举 2 至 5 个有代表意义的研究即可。

3. 小结

小结是对综述正文部分做扼要的总结，一般应对各种观点进行综合评价，提出自己的看法，指出存在的问题及今后发展的方向和展望。

知识卡片

小结撰写常用的句式有：

综上所述，本研究领域在……已取得……成果

但是也应看到，目前还存在……问题

今后，尚需在……进行探索

4. 参考文献

一篇好的文献综述对参考文献的要求非常高，一般需要中文参考文献 15 至 20 篇，英文参考文献 20 篇左右，而且文献要新，所选用文献的 50%～80%应为最近 3 至 5 年内的文献。

要撰写好文献综述，除大量阅读、思考外，也需要反复实践，模仿、练习。

知识卡片

正文撰写的常用句式有：

了解……的成因及其影响因素对认识……有重要的意义

……的特征可用……来描述，其中常用的有……

由于……受……多种因素的影响，所以研究者通过……来描述各因素对……的影响

影响……的因素很多，下面就……进行论述

……不仅取决于……而且受到……的制约

……与……有关

……是……的重要影响因素之一

……对……的影响主要表现在……

研究表明……

产生……的原因有……

附录

常用科技引文索引简介

目前，在国际科学界，如何正确评价科学研究成果已引起越来越广泛的关注。而被科学引文索引、社会科学引文索引等收录的论文的多寡则被看作衡量一个国家的科学研究水平、科技实力和科技论文水平高低的重要评价指标。

一、科学引文索引

科学引文索引（Science Citation Index，SCI），是由美国科学信息研究所（Institute for Scientific Information，简称 ISI）创建的，收录文献的作者、题目、源期刊、摘要、关键词，不仅可以从文献引证的角度评估文章的学术价值，还可以迅速方便地组建研究课题的参考文献网络。SCI 创刊于 1961 年。经过几十年的发展完善，已从开始时单一的印刷型发展成为功能强大的电子化、集成化、网络化的大型多学科、综合性检索系统。

SCI 从来源期刊数量划分为 SCI 和 SCI–E。SCI 指来源刊为 3500 多种的 SCI 印刷版和 SCI 光盘版（SCI Compact Disc Edition，SCI CDE），SCI–E（SCI Expanded）是 SCI 的扩展库，收录了 5600 多种来源期刊，可通过国际联机或因特网进行检索。SCI 涵盖学科超过 100 个，主要涉及农业、生物及环境科学；工程技术及应用科学；医学与生命科学；物理及化学；行为科学。

二、社会科学引文索引

社会科学引文索引（Social Sciences Citation Index，SSCI），为 SCI 的姊妹篇，亦由美国科学信息研究所创建，是目前世界上可以用来对不同国家和地区的社会科学论文的数量进行统计分析的大型检索工具。1999 年 SSCI 全文收录 1809 种世界最重要的社会科学期刊，内容覆盖包括人类学、法律、经济、历史、地理、心理学等 55 个领域。收录文献类型包括研究论文、书评、专题讨论、社论、人物自传、书信等。选择收录期刊为 1300 多种。

三、中文社会科学引文索引

由南京大学研制成功的中文社会科学引文索引（Chinese Social Sciences Citation Index，CSSCI）是国家、教育部重点研究项目。2000 年该项目完成了 CSSCI 引文数据库的构建工作，相继研制成功了 CSSCI 数据库网络版和光盘版。经过数年的努力，现已开发的 CSSCI（1998—2004 年）7 年数据在国际互联网上和国内电讯网上向社会各界提供多种形式的查询服务，取得了明显的社会效益。该项成果填补了我国社会科学引文索引的空白，达到了国内领先水平。

目前，教育部已将 CSSCI 数据作为全国高校机构与基地评估、成果评奖、项目立项、人才培养等方面的重要考核指标。CSSCI 数据库已被北京大学、清华大学、中国人民大学、武汉大学、吉林大学、山东大学、南京大学等多个单位购买使用，并将 CSSCI 作为地区、机构、学术、学科、职称、项目、成果评价与评审的重要依据。

作为我国社会科学主要文献信息统计查询与评价的重要工具，CSSCI 提供多种信息查询、检索途径，可以为社会科学研究者提供国内社会科学研究前沿信息和学科发展的历史轨迹；为社会科学管理者提供地区、机构、学科、学者等多种类型的统计分析数据，从而为制定科学研究发展规划、科研政策提供科学合理的决策参考。目前南京大学 CSSCI 数据库已向社会开展服务，服务项目有网上包库（包库机构在限定的 IP 地址范围内的任何一台计算机上、任意时间段使用 CSSCI 数据库）、网上查询（非包库用户通过网络查询 CSSCI 数据库）；委托查询（用户委托南京大学代为查询 CSSCI 数据库，出具查询报告）、手机查询（中国移动手机用户通过发送手机短信形式查询 CSSCI 数据库），详情可登录南京大学中国社会科学研究评价中心网站查询。

四、工程索引简介

《工程索引》（*The Engineering Index*，EI）创刊于 1884 年，由美国工程情报公司出版发行。EI 是工程技术领域内的一个综合性检索工具，报道内容包括：电类、自动控制类、动力、机械、仪表、材料科学、农业、生物工程、数理、医学、化工、食品、计算机、能源、地质、环境等学科。

五、ISTP 简介

ISTP 是 Indexto Scientific & Technical Proceedings 的缩写，是美国科学情报研究所的网络数据库 Web of Science Proceedings 中两个数据库（ISTP 和 ISSHP）之一。专门收录世界各种重要的自然科学及技术方面的会议，包括一般性会议、座谈会、研究会、讨论会、发表会等的会议文献，涉及学科基本与 SCI 相同。ISTP 收录论文的多少与科技人员参加的重要国际学术会议多少或提交、发表论文的多少有关。我国科技人员在国外举办的国际会议上发表的论文占被收录论文总数的 64.44%。

【基础知识】

1. 简述文献的类型及特点。
2. 文献查阅的途径有哪些？
3. 简述文献综述的结构。

【实践演练】

1. 利用不同途径查阅相关文献资料。
2. 自拟一个课题名称，并尝试撰写该课题的文献综述。

第四章　研究的实施与成果

【内容概览】

本章对研究的实施与成果的定义和特点、类型、论文写作过程等理论问题进行了介绍和探讨，并具体介绍了在研究论文写作中容易出现的问题。

【知识地图】

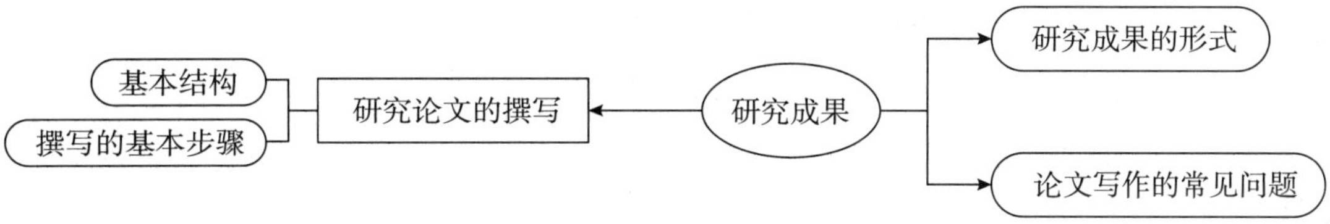

【学习目标】

1. 了解撰写研究成果的意义及研究成果的类型。
2. 掌握研究论文的结构及写作过程。
3. 了解研究论文写作中容易出现的问题。

第一节　研究成果概述

一、撰写研究论文的意义

教育研究论文是教育研究工作过程的反映，是教育研究结果的文字记载。研究论文写得好不好，关系到研究结果是否能全面、正确地反映出来。因此，认真撰写教育研究论文，具有十分重要的意义。

（一）研究论文记录教育研究的成果

研究论文是以文字的形式记录着教育研究的成果，展现着我国的教育研究水平，并永久性地保存于人类科学宝库之中。研究论文的数量和质量在一定程度上决定着一个国家的研究成果和水平。

（二）研究论文可以促进教育交流

研究论文是对教育研究成果的表述，一经发表便能广泛地进行传播，因而它是进行教育交流、促进教育发展和社会进步的最好工具。研究论文可以促进教育交流，促进教育理论的发展和教育实践的进步。

（三）研究论文可以检验教育研究成果

通过研究论文的撰写可以进一步检验已发现的教育研究成果，使之更加充实、完善，而且极有可能帮助教育研究人员根据现有的成果发现新的、有价值的教育研究课题，甚至开拓出一个新的研究领域。

（四）撰写研究论文可以锻炼教育研究人员的研究能力

通过研究论文的撰写，可以锻炼教育研究人员的逻辑思维能力，提高思维的系统性、明确性。教育研究本身不会自然而然地形成逻辑严密、说服力强的研究论文，它需要研究人员对研究成果加以整理，组织成论文。因此，撰写研究论文，是提高研究人员分析、归纳、演绎、判断、推理能力的一种好手段。

二、研究成果表述的主要形式

教育研究成果根据表达时所使用的符号系统不同，可以分为以下两大类。

（一）以文字为表达符号的教育研究成果

这一类教育成果主要包括研究报告、论文、教案、教材、案例分析等。教育研究人员在完成对某一个问题的研究之后，就要对整个研究过程做一个全面的回顾与总结。在此基础上，提出一个概括反映研究全过程以及所获得的知识的书面材料，以便向他人提供必要信息，达到相互交流、促进发展的目的。将研究过程和结果形成文字就是对教育科研成果的表述。教育研究成果的表述形式是多种多样的，研究的任务不同，研究成果的表述形式也不一样，但主要还是用书面语言来表达，这样既有利于成果之间的相互交流和讨论，更有利于成果的保存与继承。一般来说，教育科研成果的表述形式有两大类：一类是研究报告，另一类是学术论文。

1. 研究报告

研究者在教育研究活动中为了检验某个教育理论或假设，进行相关的实践探索，通过观察、分析、综合和判断推理，如实地描述和记录研究成果所形成的书面报告就是研究报告。教育研究报告是描述教育研究工作的进展或结果的文件，是报告情况、新发现和新成果的文献，其突出特点是用事实和数据来说明和解释问题。它是教育研究者经常使用的一种文体。根据教育研究的内容与方法不同，研究报告也有所不同，有教育观察报告、教育调查报告、教育实验研究报告、行动研究报告、个案研究报告等。

2. 学术论文

学术论文是教育研究者运用一定的研究方法对于特定的教育问题、现象、文献或理论进行系统的、专门的研究和探讨，得出新结论、提出新观点、做出新解释、进行新论证的一种理论性文章。它是以阐述对某一事物、问题的理论性认识为主要内容，要求能提出新的观点或新的理论体系，并做出解释和论证。这类论文用深刻的哲理和严密的逻辑论证来说明问题，一般应用于理论性研究成果。学术论文要求论点明确，论据确凿，论述严密，清楚地展示理论观点和体系的形成过程。

3. 研究报告和学术论文的异同

研究报告与学术论文为中小学教育科研成果的两种表述形式，既有联系又有区别。首先，研究报告与学术论文在内容的要求上存在着一定的差别。一般来说，学术论文比较简洁精练，它仅仅突出表达一项研究工作中最主要、最精彩和具有创造性的内容。学术论文含有新的见解或形成新解释、新论点、新理论，没有一般研究过程的叙述，也没有过多的具体材料；研究报告则可以将整个研究工作的过程、方法和环节都写进去。其次，研究报告与学术论文在创新性方面存在差别。在创新性方面，学术论文必须在充分占有大量文献资料的基础上提出新见解、新理论，以补充已有研究的不足，纠正流行说法偏差，填补研究的空白，达到现有研究的新高度；研究报告则注重陈述研究过程，用事实和数据来说明问题，不一定必须要有创新性观点的形成。再次，研究报告与学术论文在论证过程中存在差别。就论证过程来说，学术论文是以“论”成文的，作者要运用严谨规范的科学语言、形式和专业的术语概念，来论说所持的观点见解，论证所提出的理论模式，做到就事论理、以理服人，论述深刻且充分，论证严密、透彻，论断精当、公允，论据可靠、确凿，同时还要有较高的推理成分，具有较强的论理性；研究报告则注重用事实与数据来说明和揭示某一问题或现象，主要凭事实和数据说话。最后，学术论文和研究报告之间并不存在截然划分的界线。就它们的性质和作用而言，都是对教育研究成果进行的记录、分析、总结和判断，而且有时候以理论分析为主要研究方法的理论性科研报告，本身就是用事实和数据作为论证材料的学术论文。

（二）以图像和声音为表达符号的教育成果

随着现代科学技术的发展，在教育教学过程中越来越多地运用现代科学技术，因此，音像出版物越来越多地成为教育研究成果的表达形式。这一类教育成果主要指以磁带、录像、光盘为载体的教育情境实录、活动评析等。

除了上述两种形式的研究成果之外，在研究过程中，教师自制的与课题研究相关的、有一定价值的教具和玩具，也可视为教育研究成果。但作为课题研究的成果，研究报告和论文是主要的，其他形式的成果是教育研究成果的辅助形式。

议一议

还有哪些以图像和声音为表达符号的教育成果?

第二节　研究论文的撰写

一、研究论文的基本结构

（一）标题名称

论文标题应以最恰当、最简明的语词来反映论文中最重要的特定内容的逻辑组合，尽可能避免使用不常见的缩写省略词、字符、代号、符号和公式等。论文标题一般不超过 20 个字。

（二）署名

论文的署名主要包括参与选定研究课题和制定研究方案的人员、直接参与全部或主要部分研究工作并作出贡献的人员、参加撰写论文的人员。如果是两个或两个以上的人员联合完成的论文，应根据每个人员的贡献大小或根据约定排列名次。

（三）论文摘要

摘要是对论文内容的简短陈述，提示论文的主要观点、见解、论据或概括地介绍论文的主要内容。一般列于标题和署名之下，正文之上。摘要的文字要简明、确切，字数一般掌握在 200 ～ 400 字为宜。

（四）关键词

关键词是指用来表达论文主题内容信息的单词或术语，供资料查询之用。每篇论文的关键词一般选取 3 ～ 5 个词语。

（五）引言

引言是论文的起始部分，简要说明研究问题的内容、目的、方法和意义，阐明全文的主要观点，借鉴研究领域中前辈及他人的研究情况，知识布局和理论基础，提出作者本人对某个研究主题的继承与发展的研究设想以及研究方法，达到的预期成果和现实意义等。如果是调查报告还可以交代背景，说明调查方法。这部分内容具有“提纲挈领”的作用，意在概括与领起全文，文字以“少而精”为宜。

练一练

下列哪个选项不属于研究论文的基本结构中的内容（　　）。

A. 关键词　　B. 摘要

C. 作者出生日期　　D. 正文

（六）正文

正文是论文的核心部分，也是论文的主体部分，其功能是展开论题和分析论证。正文的内容就是深入分析文章引言提出的问题，运用理论研究和实践操作相结合进行分析论证，揭示出各专业领域客观事物内部错综复杂的联系及其规律性。正文撰写的内容反映出文章作者的逻辑思维性和语言表达能力，决定了论文的可理解性和论证的说服力。正文撰写必须做到实事求是，客观真切，准备充分，思维逻辑清晰，层次分明，通俗易懂。

（七）结束语

结束语要照应开头，体现全文的整体性。全文浑然一体，首尾呼应，既可以给人一种结构上完整的感觉，又可以收到概括全文，突出中心，加深读者印象的效果。

（八）参考文献

参考文献是撰写或编辑论著而引用的有关图书论文资料。凡引用前人或他人的观点、数据和材料等都要在文中出现的地方标明，并在文末或书末列出。

引用文献资料方式分为直接引用和间接引用两种。直接引用原文需要加上引号，间接引用只是转述大意，不需加引号。对于引用的文章内容，要忠实原文，不可断章取义，为我所用。

知识卡片

参考文献的格式主要如下：

[序号] 编著者．书名 [M]. 出版地：出版社，年代：起止页码．

[序号] 作者．论文名称 [J]. 期刊名称，年度，卷（期）：起止页码．

参考文献中的符号表示：

M—专著；C—论文集；N—报纸文章；J—期刊文章；D—学位论文；R—研究报告；S—技术标准；P—专利

二、撰写研究论文的基本步骤

一篇论文从构思到修改完成，最终定稿，其撰写过程大致可分为以下几步。

（一）确定题目

一般说来，在开始研究之时已经确定了课题研究题目，但课题题目和论文题目并不是完全等同的，尤其是一些周期较长、内容较广的教育科研课题，其研究成果往往需要通过几篇论文才能展示出来。因此，论文撰写的第一步就是要确定题目。

（二）拟定提纲

题目确定之后，就要根据题意，拟定写作提纲，对论文的基本框架和总体布局进行设计、安排。因此，提纲实际上是一篇论文的设计蓝图。

（三）论文写作

由于研究的内容不一样，研究者的写作水平不一样，因此，论文写作过程也是因人而异的。但多数论文写作中有四点共性问题应加以注意：一是立论、推论和表述的科学性；二是论点、论据和论述的逻辑性；三是数据和文字表述的有机统一；四是典型分析和一般分析的结合。

（四）推敲修改

论文写完后，写作者要对文章的立论、结构进行认真推敲，通过删芜就简，使论点更为突出，论证更为有力，文字更为精练。

（五）署名和致谢

论文的署名者应是积极参与整个研究过程，并对全文的观点和依据有全面而一致的认识，以及对论文承担学术责任者。有些集体研究的课题成果，可以用课题组署名、对执笔者加以说明。署名一般放在论文题目下面。有些集体署名的，可以在正文后面列出课题组参加者的名单。

最后，对在课题研究和论文写作中给以切实指导和帮助的老师、同行应该致谢，这既是一名科研工作者的学术道德，也是应有的礼貌。

第三节　论文写作的常见问题

一、题目不美观、不得体

研究论文的题目应该经过精心提炼，合理安排，既要醒目规范、准确地表达出论文的内容，恰当地反映所研究的范围和深度，又要做到美观得体。此外，论文的题目力求简明扼要，突出中心议题。在一些论文的写作中，经常会出现论文题目过于笼统、不贴切、题不扣文、语序错乱等问题。

二、摘要位置不正确、字数太多

内容摘要是建立在对论文进行总结的基础之上，用简明、确切的语言对全文内容加以概括，留主干去枝叶，提取论文的主要信息。这主要是为了阅读论文方便而对论文所作的不加注释的简单论述，不需太多，否则会“喧宾夺主”。

三、错误地使用层次序号

层次标题在结构形式上可使整篇内容层次分明。研究论文其结构层次序号要求：第一层用“一、”，第二层用“(一)”，第三层用“1.”，第四层用“(1)”。以上各层次的标题序号均居左空两格书写。再往下可用“①”“第一,”“A.”“甲”等层次，但一般万字以内的毕业论文最多用前四层，层次不宜过多。

在某些论文写作中会出现以下错误写法。

第一，乱加标点。在第二层和第四层（一）和（1）的后面加点，写成“(一)、”或“(1)、”。

第二，超前使用。有人使用层次序号时，第一层用“(一)”，第二层用“一、”。或者，有的第一层用“1”，第二层用“一”，这种超前使用层次序号是不正确的。

第三，层次混淆。当有的论文只有一、三两个层次时，有人容易受前者的影响，第一层次的内容用“一、”，而把本属于第三层次的内容，应该用序号“1.”的，仍然教条地使用序号“(一)”。更为荒谬的是，有的学生竟用“1、是……”，“2、是……”；“(1)、是……”，“(2)、是……”。这在前四个层次里使用是错误的。如果在正文内容里（非分段，不单列标题）出现层次时，可以用“一是……”，“二是……”。

第四，提纲与正文内容的小标题序号不符。有人在提纲里用序号“1.……”“2.……”“3.……”，而正文内容对应的却是“(1)……”“(2)……”“(3)……”。

四、结构不完整、不合理

论文应是按照“序论——本论——结论”的结构方式写作的，意思是这三个方面的内容一定要有，但这并不意味着一篇论文一定要分为三个部分，缺一不可。

绪论也称序、序言、前言、绪章等，是论文的开头，提出问题部分，即论点。此部分内容，有的在标题里直接体现出来，有的结合本论部分一起写，当然大部分还是单独成段。本论是论文的主体，即论据部分，是用理论依据或事实依据对开头部分提出的问题，进行辩证地分析，反复研究，亦即分析问题部分，是全文的精华所在。此部分内容较多，一般篇幅较长，可分为几个小部分来论述。结论也称结语，是文章的结尾部分，是对主体部分的分析得出一个结论，究竟是“红”的，还是“黑”的，是正确还是错误，作一个定论或结论，亦即论证部分。

在某些论文中会出现如下写作问题。

第一，缺少论点。有些论文缺少论点，致使阅读者必须通过论据和论证部分来总结出论点，这是论文写作基础知识不扎实的表现。

第二，缺少结论部分。有人在论文中用了大量的材料来分析证明自己观点的正确性，但缺少结论。

五、内容空泛

论文选题应选取具有科学价值或实用价值、具有现实可能性、大小适度的题目。有人在选择论文题目时，选择了“论小学语文教学模式”的题目，结果由于对小学语文教学没有多少实践的体会，无法进行深入细致的分析，造成论文内容的空泛。因此，在大小适度这方面，选题应强调以小为主，不能贪大。

六、材料和观点不统一

材料是要用来说明或论证意图及观点的。论文不能只有空洞的意图或观点而没有材料，也不能只有材料而没有意图或观点，因此，材料和观点要统一。不仅如此，论文写作还要求所掌握的材料要真实、系统。也就是说材料和数据的内容要符合客观实际，能够反映事物的本质和主流，能够证明自己观点的正确。在论文写作中容易出现以下问题。

第一，材料与观点不相干。有人在互联网上或在图书馆、资料室，经过七拼八凑凑够所需要的字数，但仔细一看，所用的材料与观点根本不相干。

第二，材料说明观点的力度不够。有些材料虽然也能够说明自己的观点，但力度不够，所用的材料不能充分说明自己的观点，即“论据不充分”。

第三，材料与观点相矛盾。在写作论文时，经常会发生使用的材料与要说明或论证的观点不相吻合的问题，出现只有意图没有材料，或意图与材料相矛盾的情况。我们在写论文时，一定要把观点和材料融合在一起，避免材料不能充分说明自己的观点、材料与观点无关甚至相反的现象。

七、材料内容陈旧

在写作论文时，由于对已有的研究文献不熟悉，有的作者会选择使用一些陈旧的甚至是错误的材料。一般而言，论文中所引用的文献应该多为 5～10 年内的较新文献。当然，对于一些经典的老旧文献也是可以使用的，但是比例不应过高。

附录

问卷调查研究报告的格式

一、标题部分

调查研究报告的题目类型主要是"……调查研究报告"或"……现状、问题与对策研究"。标题不仅简洁、明了，而且内容是确切的，读者通过题目就可以了解此项调查研究的主要内容是什么。

二、摘要部分

摘要要用最精练的文字概括地反映出研究的重要内容，即研究的问题、被试的特征、所用的方法、研究的结果及由此得出的结论。

摘要虽然放在研究报告的前面部分，但它往往是在研究报告成文之后撰写的。对摘要的要求是语言精练，内容完整。

三、引言部分

引言部分是研究报告的问题提出部分，主要包括两个部分的内容，即告诉读者本研究所要研究的是什么问题和为什么要研究这个问题。

（一）调查问题的提出

调查问题的提出主要说明为什么要进行这项调查研究。这一部分一定要详细指出学校或者课题负责人面对的教育、教学中的主要问题是什么，问题的阐述要清楚、具体、明确。

（二）该问题研究现状综述

在提出研究问题之后，就要对此问题的研究背景作一些阐述，以帮助读者更好地认识当前的研究。主要说明问题的缘起和该问题研究的现状。

撰写此部分内容，切忌简单堆积收集到的已有研究资料，而应在分析、整理的基础上，梳理出问题研究的脉络，指出以往研究者是如何认识这一问题的，采用何种方法来研究此问题，取得了什么样的结论。这一部分还要写明近年来关于此问题研究的动态是什么，有哪些进展，哪些争议等。

（三）该研究与已有研究的联系与区别

这一部分要阐述该研究在研究对象、研究内容、研究方法等方面与已有研究的联系和区别，区别之处就是该研究的创新之处。在阐述研究问题的联系与区别的基础上，指出当前研究要解决的具体问题。

（四）调查的目标与内容

研究目标就是通过研究该课题要达到什么结果。研究内容部分为了更清楚地说明问题，研究者还要把研究中的关键名词提出来给予界定，说明其在当前研究中的确切含义。

（五）研究的价值或意义

说明该项课题研究的主要价值是什么，与已有研究相比，该研究的独到之处是什么。

四、过程与方法部分

（一）研究过程

研究过程主要说明课题研究过程是如何分阶段进行的，各个阶段主要做了哪些工作，组织了什么研讨活动，进行了哪些研究，取得了哪些阶段性的研究成果。

（二）样本设计

样本设计主要是向读者交代清楚研究者在调查研究过程中调查对象的相关情况，说明调查对象的代表性如何。如调查对象来自何处，何种群体。选取调查对象的方法是什么，是随机取样还是分层抽样。发放了多少问卷，有效问卷是多少。调查对象的基本特征是什么，如性别、年龄、种族、职业、学历、经济地位等。有时候还要说明调查对象的身体健康状况、智力水平等。

（三）调查工具设计

调查工具设计主要说明研究者在调查研究过程中用来收集数据资料的测验、问卷等工具。调查工具一般可以分为两类：一类是标准化的测量工具（如智力测验、人格量表等）。对于标准化的测量工具，应说明其版本或修订版，基本构成与计分方法。另一类工具为自制或自编的。对于自己的量表、测验、问卷要说明编制原则（或理论依据）、程序、内容构成以及一些简单的标准化指标，必要时要附于附录之中。无论哪一类工具，一般情况下都要给出题目形式的样例，以帮助读者更为具体地了解工具的特征。

数据材料处理方法：对于已经量化的数据，一般报告使用何种统计软件处理即可，例如，社会科学统计套装程式、统计分析系统等；对于定性测量的分析，还要报告评判的指标体系，例如，柯尔伯格道德两难故事的材料处理，就有一整套评分规则系统。

（四）调查活动的组织

调查活动的组织包括以下内容：一是调查活动的实施过程，如调查时间、地点、方式等；二是进行调查研究的人员构成及各自职责，如何培训调查人员，避免因为调查人员导致的调查数据失真；三是调查阶段的划分、组织和管理。

五、结果与讨论部分

（一）结果部分

此部分以结果的呈现与分析为主，即把调查研究过程中通过问卷、访谈、测量等方法所收集到的数据资料按一定的格式罗列出来。对调查所获的数据资料进行加工整理，以统计表和统计图的形式呈现出来。呈现结果的顺序一般以研究假设或待回答问题为架构，即分别以研究假设或待回答问题为标题，然后辅以简要文字描述，之后紧跟图表。

（二）分析与讨论部分

分析与讨论部分是研究报告的最关键部分，不仅要对调查研究所得结果进行解释，同时还要对导致或产生这种结果的可能原因进行阐述和说明。撰写这部分内容，一方面必须以事实为依据，充分考虑本项研究所得的结果；另一方面也要充分发挥创造性，以理论思维为基础，揭示调查研究的深层次原因。一般情况下，讨论部分包括如下几部分内容。

第一，概括问题及其成因，说明出现调查结果的原因，对调查研究结果进行理论的分析和论证。

第二，提出改革建议，依据调查研究结果提出改进工作的建议或革新方案。例如，调查研究结果表明师范院校培养学生的课程设置方案与学校对教师素质的需求存在矛盾，可向师范院校提出建议，改革师范院校课程设置，为中小学培养合格的新教师。

第三，对研究方法上的科学性和局限性进行探讨。说明调查工具设计的合理性，同时对下一步进行同类调查研究应该注意的问题，指出当前调查的不足之处，指出进一步研究应注意的问题，或应当进一步研究的相关问题。

六、结论部分

经过分析与讨论后，就可把研究所获得结果归纳、概括出来，即研究结论。撰写结论应当注意以下几点。

第一，文字要简练概括，通常是研究假设验证结果的表述，或待答问题的答案。

第二，切忌主观臆测，只交代结果，不包括原因分析、探讨与推测。

第三，避免结论概括化程度过大，小样本或特殊样本得到的结论不能推论到总体上。

七、参考文献部分

这一部分主要指研究报告中所引用的文献资料来源。

【基础知识】

1. 简述研究论文的基本结构。
2. 研究成果的主要形式有哪些?

【实践演练】

查找并研读不同形式的研究成果，学习其写作方式。

下　编

教育研究资料的收集与分析

第五章　访谈法

【内容概览】

本章主要介绍了访谈法的特点和类型，并详细阐述了访谈法的设计和实施过程，对访谈过程中的提问、追问、倾听和回应技巧进行了重点撰写。

【知识地图】

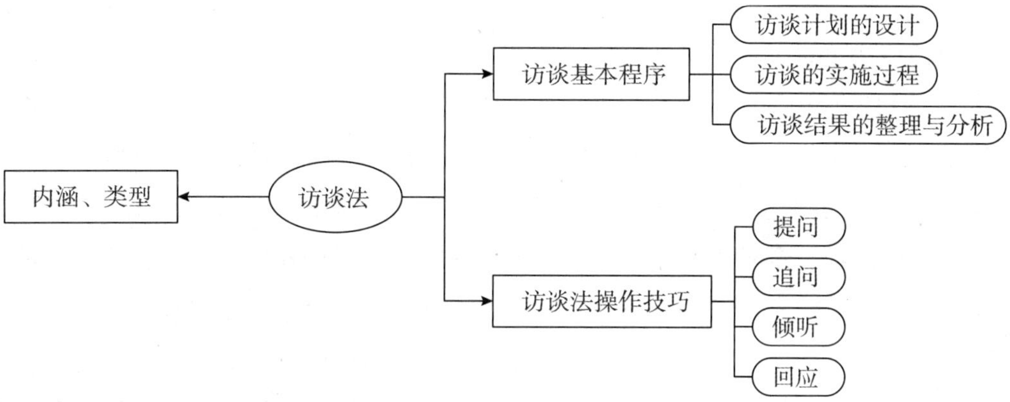

【学习目标】

1. 了解访谈法的基本特点和类型。
2. 熟悉访谈法的设计和实施过程。
3. 能结合具体课题要求选择适当的访谈类型。
4. 会独立设计访谈提纲。
5. 掌握访谈过程中的提问、追问、倾听、回应技巧。

第一节 访谈法的概念及类型

访谈法是心理与教育科学研究中使用最广泛的基本方法之一。当前质性研究取向日益引人关注的背景下，甚至有人说使用“访谈法”已成为当前社会科学研究的一种热潮。

一、访谈法的概念及特点

（一）访谈法的概念

“访谈法”不同于日常生活中的谈话，是研究者“寻访”“访问”被研究者并且与其进行“交谈”和“询问”的一种活动，是一种研究性交谈。访谈法是研究者通过与研究对象进行口头交谈的方式来收集对方有关心理特征和行为数据资料的一种研究方法。访谈法因具有很多其他方法无可比拟的优势，因此常用于教育调查、心理咨询等领域。例如，适用于向被访者了解心理体验、情感以及对某一事物的意见、态度、评价等方面的信息，既有事实的调查，也有意见的征询。具体来说，运用访谈法可以了解受访者的所思所想，包括他们的价值观念、情感感受和行为规范，了解受访者过去的生活经历以及他们耳闻目睹的有关事件，并且了解他们对这些事件的意义解释；运用访谈法可以对研究的现象获得一个比较广阔、整体性的视野，从多重角度对事件的过程进行比较深入、细致的描述。访谈法可以为研究提供指导，事先了解哪些问题可以进一步追问，哪些问题是敏感性问题，需要特别小心。访谈法还可以帮助研究者与被研究者建立人际关系，使双方的关系由彼此陌生变成相互熟悉、相互信任，可以使受访者感到更加有力量，因为自己的声音被别人听到了，自己的故事被公开了，因此有可能影响到自身文化的解释和构建。访谈法尤其适用于在研究比较复杂的问题时需要向不同类型的人了解不同类型的材料。但是只有研究者做好了充分的准备，对应用访谈法方方面面的问题都有所了解并进行周密的思考，才能发挥出访谈法的巨大优势。

访谈法概念可以从以下几个角度来理解。

第一，访谈要包括两个或两个以上的当事人即访谈者和访谈对象。在特殊情况下，一个访谈者也可以面对多个访谈对象进行访谈。

第二，访谈中的双方当事人的地位不同。访谈者是主动者，访谈对象是被动者，即访谈者主动约请访谈对象进行访谈。

第三，访谈是出于一定的研究目的而进行的谈话。访谈者试图通过访谈得到某种有利于研究的信息，通过访谈得到某种能够对研究者的理论假设进行验证的信息。

第四，访谈是按照预定计划进行的谈话。首先，访谈者按照整个研究计划的需要实施访谈，通过访谈所得到的信息是访谈者通过其他方式难以得到的。因此，访谈是访谈者研究计划中必要的组成部分。其次，访谈者按照访谈计划实施访谈。访谈者在与访谈对象进行约定的前提下，按照研究计划实施访谈。访谈者在实施访谈之前，需要精心设计访谈的每个环节。

（二）访谈法的特点

第一，访谈者和被访谈者互相影响、互相作用。访谈法的整个访谈过程不仅是访谈者通过提问方式作用于被访谈者的过程，而且是被访谈者通过回答等方式来反作用于访谈者的过程。因此，在访谈过程中，访谈者应努力掌握访谈过程的主动权，积极影响被访谈者，尽可能使他们按照预定的访谈计划来回答问题。同时，由于访谈者和被访谈者都是有思想、有感情、有心理活动的活生生的人，因此，访谈过程首先是人与人之间的交往过程。只有在访谈者和被访谈者的人际交往过程中，双方建立起了基本的信任和一定的感情，并根据对方的具体情况采取恰当的方式来进行访谈，才能使被访谈者积极配合。因此，要取得访谈的成功，访谈者要善于进行人际交往，熟练地掌握访谈法技巧，并有效地控制整个访谈的过程。

第二，访谈法具有特定的科学目的和一整套设计、编制和实施的原则。在心理与教育科学的研究中，访谈一方面是根据研究课题的需要，为了解决一定的问题而进行的，其目的在于直接获取有关访谈对象心理与行为方面的资料；另一方面，访谈计划的编制、访谈问题的设计、访谈过程的实施、访谈活动的记录、访谈结果的整理与分析等都需要按照一定的科学原则来进行。这就在很大程度上保证了访谈法的科学性、有效性、访谈结论的客观性，使访谈法完全不同于一般的交谈或日常生活中的“聊天”。

在一定程度上访谈法能比观察法获得有关研究对象更多、更有价值、更深层的心理活动情况和心理特征方面的信息，同时，也比观察法更复杂、更难于掌握。事实上，大量的心理学研究表明，通过访谈法获得的有关人的心理活动的信息，常常比其他传统心理学方法获得的信息更加丰富、完整和深入。

二、访谈法的类型

访谈法可以根据不同的标准划分为不同的种类。按访谈内容的标准化程度，可以将访谈法分为结构式访谈和非结构式访谈。

（一）结构式访谈与非结构式访谈

1. 结构式访谈

结构式访谈又称标准化访谈，指按照统一的设计要求，按照有一定结构的问卷而进行的比较正式的访谈。这种访谈的特点是：整个访谈是严格控制和标准化的。访谈对象按照统一的标准与方法选取，访谈中所提的问题及其顺序、提问的方式、对疑问的解释以及调查结果的答案纪录都严格遵守问卷的要求或访谈任务书的要求，甚至连访谈的时间、地点、周围环境等外部条件，也要求同访谈任务书保持基本一致。结构式访谈的结果易于统计，可做定量分析，便于对不同被访谈者的回答进行对比研究。

另外，因为访谈者必须当场与调查对象直接交流，所以结构式访谈能够较好控制调查环境和调查过程，避免他人代替或几人商量填写问卷等弊端，还可以随时督促和核对访谈对象的回答，也可以对某些特定问题进行深入调查，从而最大限度地提高问卷的有效回收率，降低来自访谈对象的误差，提高调查结果的信度和效度。

此外，它还能通过直接观察，获得一些对访谈对象的经济收入、身份、能力等方面的感性认识，访谈者可以分辨其回答的真实程度，对所获资料和答案进行信度评估。

结构式访谈的局限性有以下几点。

第一，访谈内容缺乏弹性和灵活性。事先设定的问卷有时难以恰当地反映复杂多变的社会现象。

第二，访谈形式比较呆板。访谈双方的活动被严格限制在一定范围之内，难以临场发挥，被调查者的回答也比较被动，不利于充分发挥访谈双方的主观能动性。

第三，不利于研究的深入。结构式访谈法的标准化使之利于定量分析，但是不太适于定性分析。

第四，访谈的质量较难控制。结构式访谈多用于大规模社会调查，需要访谈者数量较多，访谈者之间对问题的理解和处理方式往往难以保持一致，因此对访谈者的挑选和培训要求极高，如果稍有闪失，就会严重影响访谈的质量。

2. 非结构式访谈

非结构式访谈是一种无控制或半控制的访谈，事先没有统一问卷，只有一个大致范围或一个粗线条的问题大纲，由访谈者与访谈对象在这一范围内自由交谈，具体问题可在访谈过程中边谈边形成边提出。对于提问的方式和顺序、回答的记录、访谈时的外部环境等，也没有统一要求，可根据访谈过程中的实际情况作各种安排。

同结构式访谈相比，非结构式访谈的最突出优点是弹性和自由度大，能充分发挥访谈者和访谈对象的主动性、积极性、灵活性和创造性，有利于适应千变万化的客观情况，有利于发现原设计方案中没有考虑到的新情况、新问题，有利于对社会问题进行较深入的探讨。

在非结构式访谈中，双方可以围绕所定题目就有关问题进行无拘无束的、深入广泛的交谈和讨论，访谈者会得到许多不曾预料到的、给他很大启发的资料，能获得与调查研究问题有关的丰富的社会背景材料和调查对象生活与行动的生动感受，从而对所研究的问题可以有较结构式访谈更深入、更全面的了解。

非结构式访谈有一定的局限性。这种访谈易受访谈者自身的影响，因此对访谈者的要求较高。由于这种访谈的自由度很大，访谈者常常会自觉不自觉地将主观意见带入访谈过程中，访谈者的态度、素质、经验也会影响访谈结果。另外，这种访谈较难控制访谈结果，而且比较费时，访谈调查的结果也不宜用于定量分析。因此，它多用于个案调查、典型调查，常和观察法一起在田野研究或实地研究中使用。

总体来说，非结构式访谈与结构式访谈相比，有优有劣，可以互补，因而在实际调查过程中，两种方法往往结合使用。

（二）直接访谈和间接访谈

按访谈者接触受访者的方式，可以将访谈法分为直接访谈和间接访谈。

1. 直接访谈

直接访谈，又称面对面的访谈，即访谈者与被访谈者进行面对面的交谈。直接访谈的突出特点是访谈双方直接相互影响、相互作用。

直接访谈最大的优势在于访谈者不但能广泛、深入地探讨问题，了解被访谈者的思想、态度、情感和其他各种情况，而且还能亲自观察被访谈者的有关特征和他们在访谈过程中的很多非语言信息，从而加深对谈话内容的理解，利于判断访谈结果的真实可靠性。

2. 间接访谈

间接访谈就是访谈者通过一定的中介物和被访谈者进行非面对面的交谈。当前，访谈者可以凭借的主要途径有电话、QQ、微信等通信工具。由于访谈通常是一种即时性谈话，邮寄问卷一般被认为是问卷调查法，而不属于间接访谈法。

练一练

下列关于访谈法的分类，不正确的是（　　）。

A. 依据双方的接触程度，分为直接访谈法和间接访谈法

B. 依据被访者人数，分为个别访谈法和集体访谈法

C. 依据是否有访谈法指引，分为结构式访问和无结构式访谈法

D. 依据访谈法者身份，分为专业访问和非专业访谈法

一直以来，电话访谈是最主要的间接访谈法，其优点是收集数据资料时间快，研究费用省，对访谈者的要求不高，保密性较强。最近一些研究者开始尝试用QQ、微信等聊天工具，对某些特殊人群进行网络访谈。QQ访谈法有以下优点。

第一，能获得较多的实情。在传统的现场访谈法中，被访者常因怀疑调查者的动机，存有较大的“戒备心理”，对素不相识的来访者常不敢透露真情，或因无意误解、其他人在场、调查者访谈技巧不佳等原因而造成信息的失真。在QQ式访谈中，由于调查者与被调查者不是直接接触，这就在较大程度上避免了被访者的“戒备心理”，可得到较为真实的信息。

第二，访谈可以灵活安排。QQ式访谈减少了时间、地点因素对访谈的限制，交流双方可以在彼此方便的任何时候、任何有互联网连接的地点进行交流，这是直接访谈法所不具备的优点。

第三，时间、财力的消耗相对较少。运用QQ访谈法，时间上较为灵活，且消费较少，只要有网络即可。

第四，可以真实、完整地保留访谈记录。无论是纯文本聊天，还是语音聊天都可以保留访谈记录。访谈记录对调查者来说非常重要，因为这是调查人进行质化分析的原材料。在现场访谈中，为了得到这样的记录，调查者不得不匆忙记笔记或者谨慎录音，但其效果远逊色于QQ式访谈留下的记录。特别是现场记笔记或录音易引起被访者的戒备心理，被访者由于害怕给调查者留下证据，不但在说话方面小心翼翼，而且往往会言不由衷或言犹未尽。然而，通过QQ式访谈留下的记录则有力地避免了这种弊端的出现，因为被访者不但看不到调查者手中的笔或录音设备，

也不存在调查人身份、地位、技巧等因素的影响。QQ 式访谈记录的内容也比较清晰，不需进行较多的文字整理。

QQ 访谈法优点很多，但也存在自身的局限性。主要表现在访谈的对象并不广泛。能够使用 QQ 聊天的群体以年轻人居多，较少涉及中老年人，这就使访谈所得信息有一定的局限性。

议一议

1. 哪些情况适用于个别访谈？
2. 哪些情况适用于集体访谈？

（三）个别访谈和集体访谈

按照访谈过程中的受访者人数，可以将访谈法分为个别访谈和集体访谈。

1. 个别访谈

个别访谈指访谈者对访谈对象逐一进行单独访谈的访谈方法。这种形式使访谈双方易于沟通，在访谈过程中，访谈双方也便于根据具体情况灵活地处理问题。个别访谈形式常用于个案研究以及对一些敏感问题的调查之中。

个别访谈既可以采取结构式，也可以采取非结构式；既可以是访谈者与被访谈者面对面口头的直接调查，也可以是电话或网络的间接调查。

个别访谈的实施一般包括访谈准备、接触访谈对象、正式访谈、结束访谈四个环节。其中最重要的也是最难把握的是在访谈过程中如何做到有效控制无关因素干扰的问题。

2. 集体访谈

集体访谈是指一名或者多名访谈者同时对一组访谈对象进行访谈的方法。访谈对象以 10 ～ 15 人一组为宜，座位安排以圆形为佳，访谈对象的背景相近为好。

集体访谈实际上是个别访谈的一种扩展形式，同个别访谈一样都属于双向传导的互动式调查。它既可以是有结构访谈，即按统一提纲回答问题，也可以是非结构访谈，即自由访谈；既可以是访谈者与被访者面对面口头的直接调查，也可以是书面咨询或电话会议、网络会议的间接调查。目前最常用的是面对面口头的集体访谈，在某种特殊情况下也会采用书面咨询式的集体访谈。

按照调查目的不同，集体访谈可分为两类。一是以了解事实为主的访谈，着重于对事实的客观描述与揭示，而不去探讨深层的问题；二是以研究问题为主的访谈，着重于对已知的事实进行深入的分析和探讨，发现其原因，认清其性质和规律，提出相应的对策。

按照调查的内容不同，集体访谈可分为综合性和专题性访谈。综合性访谈是包含许多问题和内容的访谈，比较全面、系统，但不够深入。专题性访谈内容比较单一或集中，探讨问题较深入。

集体访谈是比个别访谈更高一个层次的调查方法，也是一种更复杂、更难掌握的调查方法。集体访谈的具体实施方式和方法与个别访谈大体相同。但集体访谈参与人员较多，安排和组织较麻烦，会议时间也有限，因此，做好会前各项准备工作非常重要。它所面对的不是单个被访者，而是同时面对多个被访者，因此，它不仅是访谈者与多个被访者之间互相作用的过程，而且是若干个被调查者之间互相影响、互相作用的过程。因此，访谈者在集体访谈中不但要注意被访者对访谈者言谈举止的反应，还要注意被访者之间的相互影响和反应。这就要求访谈者不仅要有熟练的访谈技巧，而且要有驾驭会议的能力。集体访谈对访谈过程的控制要求比个别访谈更高，这是访谈成功与否的关键。

总之，访谈法各有各的优缺点，我们在使用的过程中要根据实际情况来选择最适合的方法。

第二节 访谈法的基本程序

案例：如何走近被访者

初春晴朗的质感中，竹子、银杏、桂树的翠嫩围笼着村庄，沐浴着温和的阳光在房前屋后洒下阵阵轻柔的沙沙声。村后绿色满坡的山陵，隔着晌午微薄的霭气，映衬着天空纯净的蓝……

近处，村旁半亩见方的水田里，一头忽闪着耳朵的水牛不慌不忙地套拉着铁钯。一位花白头发的50多岁农民，挽着袖管和裤脚、扶着钯犁，褐色的面庞一脸的专注。斑斑泥点点缀着浅黄色的衣衫，田里的泥浆几乎没过了他结实的小腿。清晰地凸现在手臂上的肌肉和筋络，张显着长年劳作的结实和精干。

浸足水分的泥块松软软的，在明媚的阳光下闪闪发亮……

北方某大学一讨论“访谈法”的课堂上，幕布上呈现出这幅南国的田耕照片。

老师的问题是：如果你是访谈者，要以“农村妇女生活情况”为主题进行访谈，怎样开始与画面上这一邂逅的老人进行交流，更具体地说，进行这次非正式访谈的第一句话应怎么说，才能为后面的访谈工作做好铺垫？

A学生：“老人家，您耕地呐！我们能不能和您聊聊？”

B学生：“大爷，耕地很累吧，您歇歇吧。”

C学生：我会直接问：“老人家，我们想了解一下咱们村里妇女的生活情况，您能不能跟我们说说？”

D学生：“老人家，你辛苦了，来喝口水吧。”

E学生：“老伯，您的牛真壮呀！”

——刘继萍：《追寻“真实”——教育访谈法中需澄清的几个问题》

访谈法基本可以分为三个阶段，即设计访谈计划阶段、访谈法的实施阶段和访谈结果整理分析阶段。

一、设计访谈计划阶段

设计计划阶段主要包括：明确访谈目的、确立访谈提纲、准备访谈所需资料、确定访谈对象并与其确立研究关系。

（一）明确访谈目的

一般来说，研究目的是指明了研究所要达到的总目的，因而也就是对研究的范围、对象等做出了一些限定。因此，进行访谈研究设计时，首先需要将一个比较笼统的、大的研究目的和问题变成一个比较具体、限定的研究目的和问题，并提出自己对研究问题的各种具体假设。然后，再进一步明确回答研究问题、检验研究假设需要收集哪些方面的信息。

（二）确定访谈提纲

1. 设计访谈问题类型

访谈问题的设计是访谈法研究设计中的核心内容，研究者需要考虑选择访谈问题的具体类型、拟定具体的访谈问题和反应方式、确定访谈问题的编排顺序等。在访谈研究设计中，访谈问题的类型主要有开放式问题和封闭式问题两种。开放式问题是一种非限定性的回答式问题，访谈人员提出一个问题，由访谈对象根据自己的实际情况作答，一般不做任何限制。封闭式问题的备选答案是访谈人员事先设定的一些标准化的答题选项。这些选项要相互排斥，不能相互交叉或包含，同时要能穷尽访谈目的所涉及的各种现象。另外，问题设计要意义明确，不能似是而非，也不能做出多种解释。

2. 拟定具体的访谈问题和反应形式

要根据访谈目的来拟定具体的访谈问题。问题的措辞要有技巧，一般表现在以下三个方面：一是问题的提出。提问时不能提带有引导性的问题，也避免提被访谈者难以回答的问题。二是问题的表达。要清晰明确，不能含糊不清、模棱两可，也要避免使用专业术语。三是问题的说明尽量使用统一的指导语，对某些特殊用语也要进行解释和说明。

同时，需要考虑让被访谈者以何种形式对每一个问题做出反应。例如，下面是研究某地区一位名师“成长史”的部分访谈提纲内容。

了解校长对其的评价：×× 老师的道德素质如何？

了解同事对其的评价：×× 老师是否能带动全教研室的科研？

了解学生对其的评价：×× 老师经常和你们一起做游戏吗？

了解其本人的教育特色或模式：您有哪些教育思想？教学中您有哪些独特的教学模式？

显然，以上设计的问题过于宽泛，让人无从下手，或者与研究相关度不高，或者让受访者只能正面肯定，充分显示出访谈者对研究对象和受访者的不了解。

3. 确定访谈问题的编排顺序

访谈问题的编排顺序要有利于不同问题的过渡，使交谈自然地从一个话题转移到另一个话题，逐步深入探讨访谈人员所关心的重要问题。问题过渡要自然平稳、逐步推进，前后顺序应有一定的逻辑性。一般都应遵守“漏斗顺序”的编排原则，即先由一般、非限定的问题，逐步过渡到具体、有限定的问题，由较大的笼统问题过渡到较小的实际问题。

4. 试谈与访谈提纲的修订

试谈是访谈设计中不可缺少的、重要的组成部分，其主要目的是检验拟定的访谈问题和有关设计安排的合理性、可行性，存在哪些问题，并在此基础上对访谈设计进行修订，形成正式的访谈问题和访谈程序。试谈工作结束后，就应及时根据试谈情况对访谈设计进行修订。

（三）准备访谈所需资料

充分做好访谈前的一系列准备工作，是保证访谈成功的重要前提。这些准备工作主要包括充分熟悉访谈内容、尽可能了解访谈对象的信息、协商访谈相关事宜、选择好合适的访谈时间和地点等。

1. 协商相关事宜

访谈者在访谈开始之前就应该向受访者介绍自己和自己的课题，并且就语言的使用、交谈规则、自愿原则、保密原则和录音等问题与对方进行磋商。

2. 确定访谈时间地点

访谈的时间和地点应该尽量以受访者的方便为主。研究者在与受访者初次接触时，还应该就访谈的次数和时间长短与对方进行磋商。一个充分收集访谈资料的过程应该是多次以上的访谈，每次访谈的时间应该在一个小时以内，尽量使用受访者的母语进行访谈。

（四）确定访谈对象并与其确定研究关系

在第一次接近访谈对象时访谈者应注意如下问题。一是访谈者的衣着打扮应干净整洁。二是在自我介绍和研究说明阶段，访谈者应该沉着自信，不能给人盛气凌人的感觉。三是要使用正面肯定语气邀请访谈对象参加访谈研究。四是应通过适当方式让访谈对象放心，对谈话的内容保密。

二、访谈法的实施阶段

（一）访谈内容的记录

访谈记录是需要特别注意的专门工作。结构式访谈的记录比较简单，只需按照规定的记录方式，把被访者的答案记录在事先设计好的表格、问卷上即可。无结构式访谈的记录方式一般有笔记和录音两种。

在做访谈记录时需要注意如下问题。

第一，受访者的谈话最好能够一字不漏地记录下来，如果可能的话，访谈者应该对访谈进行现场录音或录像。一般来说，在访谈初期，访谈者很难知道哪些资料有用，哪些资料没用，因此，最好的预防措施是记下所有的事情。访谈者在事后进行补充记录时一定要注意将自己放回到访谈的情境之中，身临其境地回忆当时受访者所说的原话。

第二，关注非言语行为。访谈中交谈双方除了言语行为，还有各种非言语行为，如外貌、衣着、打扮、动作、面部表情、眼神、人际距离、说话和沉默的时间长短、说话时的音量、音频和音质等。受访者的非言语行为不仅可以帮助访谈者了解对方的个性、爱好、社会地位、受教育程度以及他们的心理活动，而且可以帮助访谈者理解他们在访谈中所表现出来的言语行为。因此，访谈记录过程也需要关注受访者的非言语行为。访谈者本人的非言语行为也会对访谈产生十分重要的影响。

（二）访谈进程的控制

在访谈中，访谈者可以通过自己的一定行为影响被访者，从而实现对访谈过程的控制。礼貌、谦虚、诚恳、耐心是访谈者自始至终都必须具有的最重要的表现，例如，当被访者的回答跑题或啰嗦时，访谈者都不能表现出厌烦，应该用引导方法改变局面。这种表现可以获得被访者的好感，对于访谈的顺利进行意义极大。

访谈者要善于运用表情控制访谈进程。如果访谈者呈现的是一张毫无表情的脸，受访者可能会认为自己不被访谈者重视，从而失去谈话的兴趣；但是如果访谈者的表情过于严肃，也会使被访者产生紧张感，从而影响对问题的回答。因此，访谈者的表情一定要生动，能够根据被访者所谈情境而变化。例如，谈到被访者的挫折、不幸时，要有同情和惋惜的表情；谈到被访者遭遇的不平之事时，要有义愤的表情；谈到被访者一些难以启齿的隐私时，要有理解的表情；谈到被访者的成绩或得意之事时，要有高兴的表情等。

访谈者还要注意运用一些动作细节控制对被访者的影响。例如，访谈者提问后一直目不转睛地盯着对方，往往会使被访者局促不安。如果在被访者侃侃而谈时，访谈者不看对方，则会使对方误以为他的谈话令人厌倦，从而中止陈述。再如，访谈者在被访者陈述时连连点头，匆匆记录，这些动作都可以鼓励对方谈下去。如果被访者的回答离题太远，则可以停止记录，这会起到制止作用。如果在被访者回答后感到内容不完全，可以停止发问，用期待的表情示意对方继续说下去等。

（三）访谈的结束和再次访谈

访谈活动的最后一步是做好访谈的结束工作，如果需要还应为再次访谈做好安排。因此，访谈者对结束访谈和告别一定要有所重视，争取给被访者留下一个关于访谈的整体的美好回忆。这不仅是对访谈者职业道德和素质的基本要求，而且对研究工作具有直接意义。

通常的建议是尽可能以一种轻松、自然的方式结束访谈。访谈者可以有意给对方一些语言和行为上的暗示，表示访谈可以结束了，促使对方把自己特别想说的话说出来。如果必要的话，访谈者还可以做出准备结束访谈的姿态，如开始收拾录音机或笔记本。为了给结束访谈做一些铺垫，访谈者也可以谈一些轻松的话题。

三、访谈结果整理分析阶段

结构式访谈的结果便于整理。非结构性访谈的结果相对而言比较难以整理分析，因为其内容是描述性的，且可能比较分散，因此量化分析比较困难。

大部分情况下，为深入分析研究结果，需要首先使用编码系统对访谈内容进行编码，然后在此基础上再进行深入的分析。在对访谈结果进行整理和分析的基础上，就可以做出结论和推论，并将其以研究报告的形式呈现出来，至此，整个访谈研究也就圆满结束了。

第三节　访谈法使用的操作技巧

案例："穷追猛问"是为何

以下为以"代课教师的生存状况"为研究主题的一个访谈片段。

访谈者：作为山村教师，又是代课老师，和别人干得一样多拿到的却很少，付出这么多，您心里会不会埋怨？

受访者：说实话没觉得有别人经常说的那些苦恼，工资低、教学条件差、和外界接触不多的确是事实，但是我感觉还行，不算差。

访谈者：可听说你在学校一个月才100多块钱呀，你不会觉得心理不平衡吗？（没有对第一轮回答"……但是我感觉还行，不算差"进行追问）

受访者：有时有，但我喜欢当老师，我不像报道中说的一些老师，一提到自己是代课的就心酸流泪。

访谈者：那家里急需用钱时，你会不会为自己是代课的觉得难过？

受访者：这样的事我还没有遇到，如果遇到我会想办法，虽然正式老师好，但代课我也不觉得多痛苦。

访谈者：可当有些待遇只有正式老师才能拿到时，你会不会觉得不公平？

受访者：以前会觉得，现在不这样想。

访谈者：为什么？

受访者：因为我喜欢当老师。（有些不耐烦）

访谈者：哦。为什么喜欢？

……

——刘继萍：《追寻"真实"——教育访谈法中需澄清的几个问题》

一、提问

在提问时，应该做到如下几点。

第一，从简单问题入手。被访者开始回答问题时总有一个心理酝酿过程，因此访谈者的提问应从简单逐渐向复杂过渡。为了营造融洽的访谈气氛，访谈者也可以在进入正题前先和被访者聊聊家常。比如，被访者的籍贯、住房、家庭、爱好等。

第二，提问有序。如果是结构式访谈，就应该严格按照访谈之前拟订的提问提纲，由简至繁地按顺序进行访谈。对于非结构式访谈，则要注意根据所谈问题的内在逻辑结构提问，例如在谈论变迁问题时，应按事件先后发生的顺序提问，否则容易影响所谈问题的系统性，遗漏某些重要的内容。

第三，注意引导。访谈中被访者有时重复同样内容，有时会跑题，这就需要调查者及时进行引导，使访谈步入正确的轨道。引导时切忌使用生硬的、刺激性的语言，以免使对方产生抵触情绪。

在引导中还有一种特殊的形式，就是复述。在访谈时出现两种情形时复述就成为必要的行为。一种是当被访者的回答支支吾吾，似乎对所提问题不甚理解或未听清楚时，就要对问题进行复述。这种复述的节奏要慢，使被访者有反应、理解的余地。另一种是访谈者对被访者的讲述不明其意或未听清楚时，就要复述被访者的答案，以引导出被访者对答案的纠正、解释或准确、完整的内容。

第四，保持客观中立。访谈中要尽力做到客观公正和不偏不倚，提问不能带有明显的倾向性，不能对被访者的答案进行诱导，例如说“您看这个问题是不是应该这样理解……”，也不要夹杂带有情感的字词，如先进、落后、自由、保守等，这样才能保证访谈结果的真实可靠。

第五，特殊问题特殊处理。对一些难以启齿的敏感性问题或涉及被访者隐私的问题，一般不要直接提问，否则容易刺激对方，致使访谈破裂。比较可行的方法是请被访者站在第三者的角度回答有关问题，或者事先设计出几种回答写在纸上，让被访者选择。如果经多方努力，被访者仍不愿谈论这些问题，就不要一味强求。

二、追问

追问是访谈者就受访者前面所说的某一个观点、概念、语词、事件、行为进一步进行探询，将其挑选出来继续向对方发问。

追问是访谈的一项重要技能。在访谈中，有时被访者的陈述会存在一些疑点；有时对问题的回答含糊不清甚至前后矛盾，不能自圆其说；有时出于顾虑对问题避而不谈或轻描淡写；有时回答不够完整或未能充分阐明某些重要内容；有时访谈者希望被访者谈出未涉及的新的内容，这些都需要进行追问。追问可以使访谈者和访谈对象真正互动起来，使访谈更加全面和深入。它的掌握对访谈者来说有一定难度，不仅要求访谈者思维敏捷且发散性强，而且要求访谈者对追问时机的分寸感把握得要好。因此，追问一般可能基于以下几点原因。一是访谈者需要被访者做出更详细的回答；二是访谈者在被访者的回答中得到了未预期到的与研究目的相关的内容，希望能就此更加深入地交谈；三是验证访谈者是否正确地理解了被访者的回答。

追问的确有利于挖掘出更多有价值的内容，访谈过程中，访谈者应当多注意被访谈者的神情和力求分析访谈者语言中的深层含义，以判断是否适合追问。在开放型访谈中，追问的一个最基本的原则是：使用受访者自己的语言和概念来询问受访者自己曾经谈到的看法和行为。需要注意的是当被访谈者的回答与访谈者预设的答案不一致时，访谈者往往进行追问甚至是逼问。

追问中需要注意追问的时机与度的问题。“追问的时机”指访谈者就有关问题向受访者进行追问的具体时刻。一般来说，在没有进入较为深层次的访谈时最好不要追问，否则会使被访者产生抵触的情绪。“追问的度”指访谈者向受访者追问问题的合适程度。追问要讲究适度，访谈者在追问时要考虑到受访者的感情、访谈者本人与受访者之间的关系以及访问问题的敏感程度。追问适时和适度的一个具体办法是注意捕捉受访者在谈话中有意或无意抛出的言语“标记”。访谈中最忌讳的追问方式是访谈者不管对方的表达，只是按照自己事先设计的访谈提纲把问题逐一抛出去。

三、倾听

倾听可以分为三种层面的“听”。

第一，行为层面的“听”。访谈者在行为层面上的“听”指一种听的态度，有可能表现为“表层的听”“消极的听”和“积极关注的听”三种状态。“表层的听”指的是访谈者只是做出一种听的姿态，并没有认真地将对方所说的话听进去。访谈者此时可能在想自己的事情，或者在对受访者的容貌或衣着评头论足。“消极的听”指访谈者被动地听进了对方所说的一些话，但是并没有将这些话所表示的意义听进去，当然更不用说理解对方的言外之意了。“积极关注的听”指访谈者给予受访者最大的、无条件的、真诚的关注。在这样的倾听中，访谈者给予对方的不仅是一种基本的尊重，而且为对方提供了一个探索自己的宽松、安全的环境。

第二，认知层面的“听”。认知层面上的“听”可分为“强加的听”“接受的听”和“建构的听”三种情况。“强加的听”指访谈者将受访者所说的话迅速纳入自己习惯的概念分类系统，用自己的意义体系来理解对方的谈话，并且很快对对方的内容做出自己的价值判断。“接受的听”指访谈者暂且将自己的判断“悬置”起来，主动接受和捕捉受访者发出的信息，注意他们使用的本土概念，探询他们所说语言背后的含义，了解他们建构意义的方式。“建构的听”指访谈者在倾听时积极地与对方进行谈话，在假设的同时与对方进行平等的交流，与对方共同建构对“现实”的意义。

第三，情感层面的“听”。情感层面的“听”可以分成“无感情的听”“有感情的听”和“共情的听”。“无感情的听”指访谈者在听的时候不仅自己没有感情投入，而且对对方的情感表露也无动于衷。“有感情的听”指访谈者对对方的谈话有情感表露，能够接纳对方所有的情绪反应，而且表现出自己可以理解对方的情感表达方式。在这种情况下，受访者会受到对方的感染，比较愿意接触和表达自己的情感。“共情的听”指访谈者在无条件的倾听中与受访者在情感上达到了共振。

需要注意的是，访谈者要能够容忍受访者的“沉默无语”。造成受访者沉默的原因有很多，如无话可说、不好意思、有意拒绝回答访谈者的问题、在建设性地思考问题等。通常访谈者在受访者沉默时，首先要提高自己容忍沉默的能力。访谈者要相信自己对所探讨的问题有一定的了解，对访谈的情境有一定的判断。这样，受访者也会相应地感到轻松，也就会比较自然地表现自己，包括沉默地思考访谈者所希望了解的一些问题。

四、回应

回应指访谈过程中访谈者对受访者的言行做出的反应，其中包括言语反应和非言语反应。回应的具体方式一般有认可、重复、重组和总结、自我暴露、鼓励对方等。

“认可”是访谈者对受访者所说的话表示已经听见了，希望对方继续说下去。“重复”是访谈者将受访者所说的事情重复说一遍，目的是引导对方继续就该事情的具体细节进行陈述，同时检验自己对这件事情的理解是否准确无误。“重组”则是访谈者将受访者所说的话换一种方式说出来，检验自己的理解是否正确，邀请对方及时做出纠正，同时起到与对方进行高级共情的作用。“自我暴露”是访谈者对受访者所谈的内容就自己有关的经历或经验做出回应。

常见的不恰当的回应方式主要有“论说型回应”和“评价型回应”。论说型回应指访谈者利用社会科学中一些现成的理论或者访谈者个人的经验对受访者所说的内容做出回应。评价型回应指访谈者对受访者的谈话内容进行价值上的判断，其中隐含有“好”与“不好”的意思。

【基础知识】

1. 访谈法的基本特点和类型。
2. 访谈过程中的提问、追问、倾听和回应技巧。

【实践演练】

1. 自拟一个访谈题目，设计访谈提纲。
2. 使用自编的访谈提纲对某个研究对象进行访谈。

第六章　问卷调查法

【内容概览】

本章主要介绍了问卷法的特点和问卷类型，并对问卷设计的基本原理以及一般步骤进行了阐述，使用各种案例对问卷设计中需注意的问题进行了分析。

【知识地图】

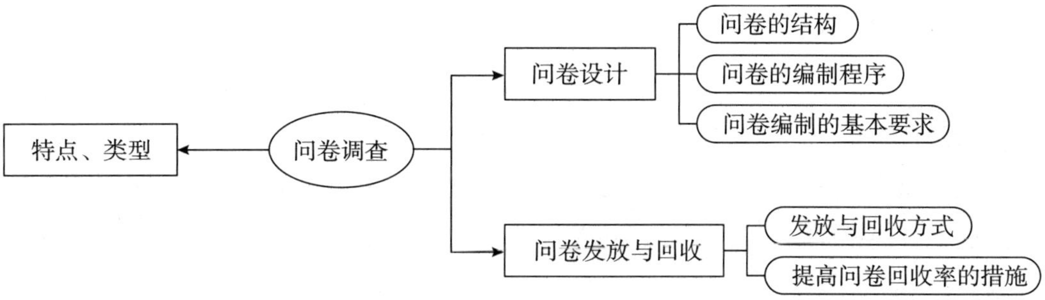

【学习目标】

1. 了解问卷法的概念、意义。
2. 掌握问卷设计的基本原理。
3. 掌握问卷调查的一般步骤。
4. 能设计并实施问卷调查。

第一节　问卷法概述

问卷调查法是调查研究中最常用的一种方法。它是有关个人行为、态度、意见和看法的主要测量技术之一，是以书面提出问题的方式收集资料的一种研究方法，也是教育和社会科学研究中最常见、最重要的一种方式。

一、问卷法的概念、特点与缺点

（一）问卷法的概念

问卷法是调查者运用统一设计的问卷向调查对象了解情况或征询意见的调查方法。研究者将所要研究的问题编制成问题表格，以邮寄方式、当面作答或者追踪访问方式要求被调查者填答，从而了解被调查者对某一现象或问题的看法和意见，所以又称问题表格法。

（二）问卷法的优点与缺点

1. 优点

（1）节省时间、经费和人力

问卷法是由被调查者根据问卷的提问自行作答的一种调查方式，运用这种方式，研究者与被调查者可以不直接见面，因而它可以不受时间、地点和人数的限制，可以由很少的调查者在很短的时间内，同时调查许多人，也可以通过邮寄等手段在异地进行实施。这会极大地提高研究的效率，降低研究的费用和人力的投入。

（2）具有较好的匿名性，易于收集到真实的信息

由于社会调查的对象是现实生活中有思想、有情感、具体而生动的人。所以，不同的调查方法必然会对他们产生不同的影响，引起他们不同的反应。在问卷调查中由于被调查者在回答问题时，并没有其他人在场，问卷本身又不要求署名。所以，问卷调查的方式可以减轻被调查者心理上的压力，便于他们如实地回答有关个人隐私、社会禁忌或其他敏感性问题。这有助于客观地反映社会现实的本来面貌，更能收集到真实的社会信息。

（3）可以避免偏见、减少调查误差

在问卷调查中，由于每个被调查者所得到的都是完全相同的问卷，因而无论是在问题的类型、问题的表达，还是在问题的次序、问题的回答方式等方面，都具有高度的一致性。每个被调查者受到的刺激和影响都是相同的。这样就能很好地避免各种由于人为的原因所造成的偏见与误解，减少调查资料中的误差，更真实地反映出不同被调查者的不同情况。

（4）便于比较和定量分析

问卷法采用同一种问卷以同一种方式发放与回答。因此它既可以反映同一地区具有某种社会同质性的被调查者的平均趋势与一般情况，又可以对不同地区具有某种社会异质性的被调查者的情况进行比较分析，有时还可以对同样一些被调查者进行跟踪调查。另外，由于问卷中的问题

是研究者把所研究的概念、变量进行操作化处理的结果，而且各种答案又都进行了编码，使用这种标准化工具所收集到的原始资料很容易转换成数字，有利于进行定量分析和计算机处理。

2. 不足

（1）对被调查者的文化水平有一定要求

问卷调查是一种书面形式的调查手段，所以被调查者必须具有一定的文化程度，必须能够阅读和理解问题的含义，能够领会填答问题的要求和方法。这使其在年龄较小的儿童、文化程度较低的群体中的使用受到了限制。

（2）有时不能保证填答问卷的质量

在问卷调查时，由于研究者无法对被调查者的填答进行观察和控制，因此研究者是无法知道被调查者是否在外界干扰的情况下填写，是否受人诱导或指使，是否敷衍了事，是否清楚问题与答案的意义。当被调查者对问卷中的某些问题不清楚时，也无法向调查者询问，往往容易产生误答、错答和缺答的情况。因此，问卷调查所得资料的质量常常得不到保证，这也是问卷调查法所面临的最大难题。

（3）回收率往往难以保证

在调查研究中，当有调查者在现场时，被调查者一般都能顺利完成并交回问卷，可以保证有较高的回收率。但在邮寄问卷的调查中，问卷能否完成，能否收回，主要取决于被调查者。如果被调查者对该项调查的兴趣不大、态度不积极、责任心不强、合作精神不够，或者被调查者受到时间、精力、能力等方面的限制，他就有可能放弃填答问卷，使问卷的回收率受到影响，而一定程度的回收率是保证调查资料代表性的必要条件之一。

练一练

使用问卷法的好处，下面哪些表述是不正确的（　　）。（多选）

A. 样本大，效度增加

B. 不受访问员的影响，又可以避免找不到人

C. 不会受其他因素的影响

D. 问卷回收率最高

二、调查问卷的类型

从要求回答问题的形式来看，问卷可分为开放型问卷、封闭型问卷和综合型问卷三种类型。

（一）开放型问卷

开放型问卷也称非结构性问卷，它在问题的设置和安排上，没有严格的结构形式，被调查者可以依据本人的意愿用自己的语言自由陈述和作答。例如，“你毕业后最想从事的职业是什么？”“你认为新一轮课程改革应该如何实施才最有效？”

一般来说，在以下两种情境下适合采用开放型问卷。一是在研究的初期，研究者不太了解所研究的问题或研究对象的有关情况等。这时可采用开放型问卷，在小范围内进行调查，以便对研究问题和研究对象有个初步的了解，以帮助进一步地设计封闭型问卷并进行较大规模的调查和

定量分析。因此，从一定意义上来说，开放型问卷调查是封闭型问卷调查的基础。二是面临较深层次的研究问题时，被调查者可以自由阐述个人观点，不受研究者的限制，能如实地反映出被调查者的态度、特征、对有关情况的了解程度以及所持看法的依据等，它能收集到较为丰富、具体的材料，得到许多意想不到的很有价值的资料。因此在探讨某些较复杂的只能进行描述性分析的问题，或者获得有关人士对某些问题的深度看法时，需要采用这种开放型问卷法。不过，这种方法由于答案不集中、材料分散，因此采用这种方法所获得的资料不易进行统计处理，难于进行横向比较。

（二）封闭型问卷

封闭型问卷也称结构式问卷，它是指在问卷中把问题和可供选择的答案一起列出，调查对象只能在问卷所提供的有限答案范围内进行回答。

“你的学历是____。”

A. 小学　B. 初中　C. 高中　D. 大专　E. 大学本科　F. 硕士以上

“你喜欢教育科研方法这门课吗？”（　　）

A. 喜欢　B. 一般　C. 不喜欢

封闭型问卷提供了设计好的标准答案以备选择，因而有利于被调查者正确理解和回答问题，也便于对结果进行统计处理和比较。但其设计过程复杂，填答方式受到局限，不仅难以发挥调查对象的主观能动性，而且容易使调查对象随便选择或猜答，这会降低回答的真实性和可靠性。

（三）综合型问卷

综合型问卷是指在一张调查问卷中，既有封闭型问题，又有开放型问题。

综合型问卷一般以封闭型问题为主，根据需要适当增加若干开放型问题。也就是说，将研究者比较清楚、有把握的问题作为封闭性问题提出，而对那些调查者尚不十分明了的问题作为开放性问题放入，但数量不能过多。这样既能发挥开放型问卷和封闭型问卷的优点，又能弥补它们的不足。同时，问卷中的某些开放型问题经过调查之后，在积累一定材料的基础上就有可能转变为封闭型问题，这也为下一步的研究奠定了基础。

第二节　调查问卷的设计

一、问卷的结构

使用问卷法收集资料最难的是问卷的设计。一份完整的问卷由标题、前言和指导语、个人特征资料、问题和答案、结束语五部分组成。

（一）调查标题

问卷的标题可以明确地概括出调查的目的，但有时为了获得真实的信息，在问卷标题中可以不说明调查的真正目的，或者把标题写得笼统一些、模糊一些。

（二）前言和指导语

每个问卷的前面都必须有一段前言和指导语，主要是简单向被调查者介绍此次问卷调查的主要目的、意义、施测方的身份、填写要求等。前言的主要目的是用于拉近和被调查者的关系，赢得被调查方的信任与合作。

亲爱的×××：

您好！

本课题目的是对农村新课程改革试点工作进行调研，该调研将对新课程改革的效果具有重要意义，希望能得到您的支持。您只需要在问卷的题目答案上画“√”即可。

本次调查只供研究之用，不需要署名，希望您不要有任何顾虑。

对您的合作与支持表示衷心的感谢！

×××大学×××课题组

年 月

指导语是用来解释和指导被调查者填写问卷的一组说明。对于简单的问卷，指导语可以在前言中一并说明。对复杂一些的问卷，可以先在前言中总体概括阐述，再在问卷正文部分每种题型之前给出具体的答题指导。指导语应该明确答题的具体要求和注意事项，并应放在突出、易见之处，经常用不同的字体或方框标出，以示与问题的区别。对于复杂、困难的内容，还可以举例说明。

知识卡片

【前言部分的指导语】

①本问卷每页右边的数码及短横线是供计算机用的，您不必填写；

②如果所列问题答案项不适合您的情况，请在问题下的空白处填写您的具体情况；

③……

④请您按自己的实际情况填写，请不要与他人商量。

【正文部分的指导语】

请从下列四个答案选项中，选出一个最符合您情况的答案，并将答案标号填在题前的括号里。

请将以下所列的项目，依您喜欢的程度，由1到5排列（其中，1代表喜欢的程度最低，5代表喜欢的程度最高）。如，最喜欢的选5，比较喜欢的选4……

（三）个人特征资料

在调查研究中，个人特征资料往往是作为一种自变量来考虑和使用的。在原因的分析与特征的比较中需要对其加以控制。一般教育调查研究所需要的个人特征资料包括：个人基本状况（年龄、性别、工作所在地、职业、岗位或职务、工作年限等）、受教育状况（教育程度、就读学校、在学年级、成绩等级、业余爱好等）、家庭环境状况（家庭人口总数及构成、父母职业、父母教育程度、家庭经济状况）等。

（四）调查问题和答案

问卷的正文主要有调查的问题及答案，它们是问卷的中心部分，也是获得所需信息的关键部分。如前所述，根据问题的作答方式，可以将调查问题划分为封闭型问题、开放型问题和综合型问题。开放型问题是一种自由作答的问题，对答案没有限制。封闭型题目又可以根据备选答案的提供方式分为单选题、多选题、判断题、赋值题等。

（五）问卷结束语

问卷结束语主要表示对被调查者合作的感谢，记录下调查人员姓名、调查时间、调查地点等。结束语要简短明了，有的问卷也可以省略。

二、问卷的编制程序

问卷编制是研究者根据调查研究目的和内容的需要，编写问题并形成问卷的过程。具体编制程序如图 6-1 所示。

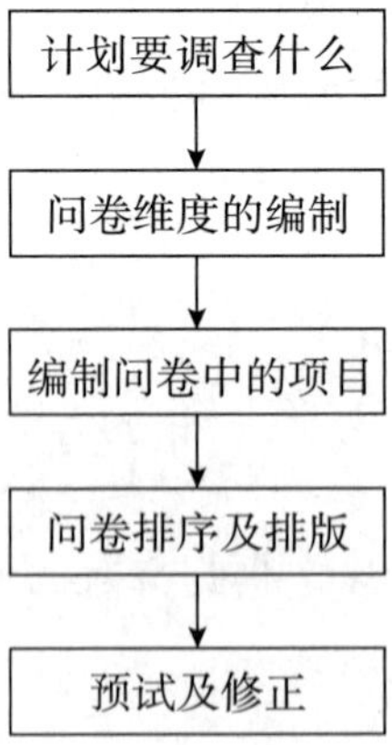

图 6-1　问卷编制的基本程序

三、问卷编制的基本要求

（一）问题设计的基本要求

1. 要与研究目的和任务相一致

问卷里所提的问题必须与该课题研究的目的和假设相关，并且所列项目要有较好的覆盖面，能够全面反映所要收集的信息。

2. 要避免双重含义的问题

一个句子只能提及一个问题或观念，应避免双重含义问题的出现。双重含义的问题就是在一个问题中，询问了两件事情，或者说是一句话中实际上询问了两个问题。比如："您的父母是教师吗？"这一问题中实际包含了"您的父亲是教师吗？"和"您的母亲是教师吗？"这两个问题。这样的问题往往使一部分回答者无法填写。

3. 问题要尽量简短

问题越短，产生含糊不清的可能性越小。在设计中要尽可能不使用长问句，要使问题尽可能清晰、简短，使回答者很快看完，很容易看懂。

4. 问题不要带倾向性

人们对问题的回答在一定程度上会受到问题措辞所表现出来的倾向性的影响，也称诱发性的影响。因此，问题不能带有倾向性，应该保持中立的态度。要避免提问方式对回答者形成诱导，即避免使回答者感到研究者提该问题是想得到某种特定的回答，或是在鼓励、期待他作出某种回答。比如，要了解被调查者是否抽烟。一般问："您抽烟吗？"如果把问题改成"您不抽烟，是吗？"这样就带有一种希望被调查者回答"是的，我不抽烟"的倾向。在问题中引用或列举某种权威的话，也会使问题带有倾向性，比如，"医生认为抽烟是有害的，您的看法如何？"另外，在问题和答案的用词上也要注意保持中性的原则，不要用贬义和褒义的词语。

5. 不用否定形式提问

由于用否定形式提问容易产生误解，所以问卷设计中要避免用否定形式提问。比如，当提出"您是否赞成高考大纲不进行调整？"很多人审题时容易漏掉"不"字，并在错误审题的情况下进行回答。这样实际态度与答案选择正好相反的情形，在问卷的答案中丝毫看不出来，研究者无法知道谁是真赞成，谁是误填赞成。

6. 不问回答者可能不知道的问题

要使问卷中提出的每一个问题都有意义，十分重要的一点就是回答者必须具备回答这个问题的知识，如果我们提出这样的问题："您对我国教师教育的质量保障体系是否满意？"那么很多人都将无法回答，因为他们并不了解教师教育的质量保障体系包含什么。对自己不知道、不了解、不熟悉的事物又怎么可能做出客观的评价呢？要提这样的问题，必须先提一个过滤性的问题，如"您了解我国教师教育的质量保障体系吗？"然后仅对那些回答"了解"的被调查者提出前面的问题。

7. 不直接问敏感性问题

在问卷里应避免提出容易使人敏感或让人不喜欢回答的问题，对于这些问题，如果直接提问，往往会引起很高的拒答率。因此，对这类问题最好采取间接询问的方式，并且语言要特别委婉。

8. 问题的参照框架要明确

所谓参照框架，是指问题相对于什么背景而言，在什么范围内或对什么方面而言。如果一个问题的参照框架不清楚，人们往往难以回答。比如，如果提出"你居住的城市属于哪种类型？"

这样的问题，那么，下列任何方面的回答都是适合的：人口规模、气候风景、舒适程度、生活消费、政府的效率、就业机会、社会治安等。只有给出了明确的参照框架，比如“就人口规模而言，这个城市属于哪种类型？”问题的意思才清楚，也才能正确回答。

9. 尽量用简单的语言提问

设计问题和答案时，要尽可能寻找简单通俗的字词。不要使用专业术语、行话，如“社区、核心家庭、社会角色”等，也要避免使用抽象的概念，如“政治体制、经济体制、教育体制”等。

10. 问题的数量要适当

问题数量的多少要以能保持被调查者对应答问卷的兴趣和认真态度为准。一份问卷作答时间一般以30～40分钟为宜。问题太多，作答者容易产生厌倦情绪，导致敷衍搪塞或不予回答；问题若太少又不能得到有关研究的基本事实材料以致影响研究结论。

（二）问题排序的基本要求

问题的前后次序及相互间的联系，会影响到被调查者对问题的回答，甚至影响到调查的顺利进行。一般来说，问题的排序有下列常用的规则。

第一，被调查者熟悉的、简单易懂的问题放在问卷的靠前位置，比较生疏、较难回答的问题放在问卷靠后位置。问卷的头几个问题一定要相当简单，回答起来相当容易，这样就可以给回答者造成较好的感觉，让其觉得完成这份问卷很方便，有利于他们继续填答下去。

第二，把能引起被调查者兴趣的问题放在前面，把容易引起被调查者紧张和顾虑的问题放在后面。如果开头的一批问题能够吸引被调查者的注意力，引起他们的兴趣，问卷调查工作将会十分顺利，质量也会比较高。反之，则容易导致被调查者产生自我防卫心理，甚至产生反感，使调查难以进行下去。

第三，把开放式问题放在问卷的结尾部分。由于开放式问题需要回答者较多地思考和书写，所以，回答开放式问题所用的时间要长一些。如果问卷一开始就提出开放式问题，当回答者发现回答问卷前几个问题就花了较长时间，他会产生厌倦感。

第四，先问行为方面的问题，再问态度方面的问题，最后问有关个人的背景资料。问卷中的问题大致包括行为、态度和个人背景资料三个方面的内容。行为方面的问题主要是有关客观的、已发生的、具体的事实，这类问题容易回答。态度方面的问题涉及回答者的主观因素，需要回答者进行思考后回答，因此最好放在问卷靠后的位置呈现。个人背景资料问题虽然也是事实性问题，但由于它们是有关回答者本人特征的全部信息，若放在问卷开头部分，人们的潜意识中难免会产生一种本能的防卫心理，会影响到问卷资料的真实性。

第五，按一定的逻辑顺序排列问题。从时间框架来说，一般按时间先后顺序来提出问题。既不要颠倒也不要打乱。即把询问同一方面事物的问题尽可能地排在一起。否则会破坏回答者的思路和注意力。

（三）答案设计的基本要求

1. 要保证答案具有穷尽性和互斥性

一方面，我们所列的答案要能包括所有可能的回答，不能有遗漏，不能使某些回答者无答案可填。但是，要将某些问题的答案全部列出，有时也十分困难，这种情况下调查者可以列出“其他”一项供调查对象作答。另一方面，问卷所提供的答案不能相互重叠或相互包含，不能使某些回答者可以填写一个以上的答案。

2. 要根据研究的需要来确定变量的测量层次

不同测量层次的变量具有不同性质，而且，高层次的变量可以转化成低层次的变量来使用。因此，我们在设计问题的答案时，先要看问题所测的变量属哪个层次（是定类的、定序的还是定距的），然后根据研究的要求和变量的层次来确定答案所应具备的特征，再根据这种特征决定答案的形式。比如，要测量“每月的工资收入”，当研究者希望准确了解每一个回答者相互之间的差别和比例关系时，可采用填空形式。即“您每月的工资收入是多少元”。若研究者希望了解的是总体中人们每月工资收入处于不同等级的分布情况，就可把月工资收入转化成定序变量来测量。例如：“您每月工资收入处在下列哪个范围内？（1）5000 元以下；（2）5000—10000 元；（3）10001—20000 元；（4）20001—50000 元；（5）50000 元以上。”

第三节　问卷的发放与回收

调查问卷的发放与回收不是简单的发出去、收回来的问题，还要考虑被调查者在总体中的代表性、问卷的回收率，以及实施问卷调查的成本问题等。

一、调查问卷的发放与回收方式

问卷发出与回收的主要方式有邮政投递式、集中填答式、网络填答式。

（一）邮政投递式

邮政投递式即研究者通过邮局向被选定的调查对象寄发问卷，并要求被调查者按照规定的要求和时间填答问卷，然后再通过邮局将问卷寄回给研究者。

邮递问卷有利于控制发放问卷的范围和对象，有利于提高被调查者的代表性，回答质量较高，可节省时间。但问卷的回收率较低，在 30%～60%。

（二）集中填答式

这种方法是研究者亲自到被调查对象的单位，将调查对象集中起来，由研究者向被调查对象说明调查的目的和填答问卷的方法，被调查者即时填答，然后由研究者把问卷收集起来。

集中填答式的回收率可高达 90% 以上，有效率也高。但是，这种方式费人、费时、费钱，只适用于特定的场合，如对在校学生、教师进行调查常用此法，这种方式下被调查者的填答容易受研究者的主观因素的影响。

（三）网络填答式

运用网络技术进行问卷调查属于新的方式。网上提交问卷的优势是减少了印刷和邮寄问卷的时间，缩短研究过程的时间，也节约了邮寄问卷的费用。而且，数据能直接进入问卷开发者设定的数据库，能方便地转到数据统计软件包，进行数据统计分析，这就节省了数据输入的费用。因此，这种方式越来越受到教育研究者的青睐。然而，这种方式可能遇到的最大问题是问卷的回收率低。

无论上述哪种方式，问卷的回收率达到 70% 以上才可进行下一步的深入探讨。

表 6-1 三种方式的比较

方式	调查特点	调查对象	调查范围	回收率	效率	回收时间	费用
邮政投递式	有一定的控制和选择	较广泛	难以控制和判断	30% ～ 60%	一般	较长	一般
集中填答式	可控制和选择	较窄	易受研究者的影响	90% 以上	很高	很短	较高
网络填答式	不可控制与选择	最广泛	难以控制和判断	难以确定	较低	很短	很低

二、提高问卷回收率的措施

（一）提高问卷回收的方法

如上所述，采用不同的分发方式有不同的回收率。除了这种通过选择分发方式来提高问卷回收率之外，还可以采取如下一些措施来提高问卷的回收率。

想一想

这三种问卷发放回收方式分别适用于哪些情况?

1. 慎选研究问题与调查对象

研究者所选择的问题如能让被试者感到很重要，很有价值，且对个人、社会很有意义，由此会引起被试乐意花时间去填答，回收率会相应地提高。

2. 鼓励被试填答问卷

鼓励被试者填答的最好诱因是使他们相信研究的价值及他们参与的重要性。如果是国家级、省部级的研究项目，指出项目的重要性，也能激发被试填答的意愿。有时，也可使用附赠小礼物作为奖励，以鼓励填答；或者可向被试者承诺寄送研究结果摘要，作为填答的奖品。

3. 问卷调查的时间安排

进行问卷的时间是否适当，会影响收回率。重要的假日、学校学期开始、结束及学校考试期间等，均不适宜让被调查者填写问卷。

4. 适时发出催复信函

在邮寄或网上的问卷调查中，总有相当一部分被调查者没有填写问卷。其中相当一部分人是因为遗忘的因素，或者是工作太忙而顾不上，因此，在问卷发出一段时间后（通常两周左右），需发出催复信函，并再附上一份问卷，提醒被试填答寄回。在两周以后，如果还是没有收到回复，可再发一次温馨提醒，并再附上问卷表，请被调查者填写。

5. 提高问卷的设计质量，采取回复率较高的问卷调查方式

（二）对无效回答问卷的处理

在问卷回收过程中，常常会有一些被调查者省略掉一道或几道题目，或者没有按照作答要求回答问题。研究者对这些现象必须要加以分析，找到可以解释的原因。如果被调查者仅仅省略了少数几道题，且被省略的题目又不具有统一的模式，这种情况一般对研究结果不会有太大的影响，但省略数量过多，有可能使研究结论出现偏差，因此对无回答和无效回答的研究是正确评价调查结果的需要，也是总结和改进调查工作的需要。

附录

学校发展状况调查问卷

尊敬的老师：

您好！非常感谢您参与此次的调查研究项目！本项目是北京市教委委托的项目，旨在调查和了解北京市小学的发展状况，请您根据实际情况作答，调查过程匿名进行，调查数据只做研究使用，不会公开，请您放心作答！

再次感谢您的支持和参与！

学校发展调查项目组

2013 年 11 月

第一部分 背景信息

1. 个人信息

年龄：____岁；性别：□男 □女；任教时间共____年

科目：①语文 ②数学 ③英语 ④科技 ⑤信息 ⑥美术 ⑦音乐 ⑧体育 9 品德 10 综合实践（单选，请在选项上画“√”）

是否班主任□是 □否

职称：①未评级 ②小学二级 ③小学一级 ④小学高级 ⑤其他____（请填写）

职衔－级别：①区级 ②市级

类型：①骨干教师 ②学科带头人 ③科研管理带头人 ④德育管理带头人 ⑤班主任带头人 ⑥其他（请填写）

2. 工作量

2-1 目前，您平均的课时量约为____课时 / 周；您认为一名教师至少要完成____课时 / 周；而____课时 / 周就超出负荷

2-2 除了教学工作之外，你还承担：①行政管理工作 ②课题研究 ③班主任 ④其他（请填写）（多选，请在选项上画"√"）

2-3 教学之外的工作大约占据____小时 / 周，这部分工作约占您平时工作总量的____%。

第二部分　学校发展状况

3. 目前这份教师的工作能带给您（　　）。

①子女就学的机会　②相对安稳的生活　③他人的尊重

④个人能力和价值的实现　⑤教育理念的实现；　⑥其他　（请填写）

4. 您目前的工作状态是（　　）。

①各项工作太多太杂，疲于应对　②工作安排很紧凑，但还可以应对

③只能完成本职工作，没有精力学习和成长　④完成本职工作外，还能有时间学习和成长

5. 下列对学校教师工作状态的描述，您觉得比较贴切的是（　　）。

①大多数人都很忙很累　②有的人总是很忙，有的人总是很闲

③忙的时候大家都忙，有点过于忙碌　④有忙碌的时候，但总体上节奏还可以

⑤其他____（请填写）

6. 根据学校目前的实际情况，您最希望家长做到哪点？

请排序第一____第二____第三____第四____

①保证自己孩子的基本教养，生活方面能自理

②在遇到问题时能保持客观理性，不要一味归咎于老师和学校

③为学校的建设，贡献人脉和资源

④直接参与到学校的管理和教学中

7. 请您简要描述一下贵校未来的发展规划：____

____

8. 如果您知道学校的发展规划，规划内容对您的实际工作有多大影响？（　　）

①没有直接和明确的影响

②会有影响，但不明确

③有较大作用，能帮助老师了解学校的状态，并相应地调整自己的工作

④有非常大的激励作用，成为全校教师共同工作的愿景

⑤其他____（请填写）

9. 贵校的发展规划是如何制定的？（　　）

①不太清楚　②校长制定的　③校长和中层管理干部制定的

④教师代表团队和领导共同制定的　⑤教师代表团队、领导和专家共同制定的

10. 您认为贵校在未来五年内实现其发展潜能的可能性有多大？（　　）

①完全不可能　②可能性较小　③可能性较大　④完全可能

11. 您认为自己目前在学校中实现个人发展的可能性有多大？（　　）

①完全不可能　②可能性较小　③可能性较大　④完全可能

12. 总体而言，普通教师在学校事务的决策过程中有多大的话语权？（　　）

①几乎没有权力　②很少　③有一部分　④比较大的权力

13. 贵校内部的管理制度是如何产生的？（　　）

①完全由校长决定　②由校长和副校长共同商议

③校长、副校长及中层干部共同商议　④校长、副校长、中层干部及教师代表共同商议

14. 在选拔教师参加区县或市级比赛时，参赛人选如何产生？（　　）

①校长定夺　②中层推荐　③校长与中层共同决定

15. 在选拔教师参加区县或市级比赛时，校长倾向于选择（　　）。

①与自己亲近的老师，作为奖励　②有资历或能力的老师，确保得奖

③有潜力的新教师，加以锻炼　④年轻的老师，并指定有经验的老师予以帮助

⑤年轻的老师，并组建团队给予帮助　⑥其他____（请填写）

16. 在指派教师外出考察培训时，校长倾向于选择（　　）。

①与他关系亲近的人　②年轻的新教师，以增长见识

③对学校有贡献的老师，作为奖励　④有资历的教师，才能服众

⑤其他____（请填写）

17. 如果校长要外出考察或学习两周，您觉得（　　）。

①老师们会轻松一点

②校长在与不在，工作上不会有明显差异

③校长提前安排好工作的情况，不会有太大变化

④校长依然不断地叮嘱和安排，进行远程操控

18. 总体而言，在任校长任职后，学校发生了什么变化？（　　）

①有了明显的改善　②有了一定的改善　③没有太大变化

19. 如果要设计一堂关爱残疾人的德育课，您倾向于选择哪一种设计方法？（　　）

①讲解残疾人的主要类型、人群分布，以及生活中的不便和需要得到的帮助

②聚焦具体的类型，让学生分别扮演残疾人和普通人，达到深刻的领悟和体会

③让学生扮演不同类型的残疾人，体会残疾人的不便，从而在必要时提供帮助

④讲解残疾人的不便及需要得到的帮助，并树立关爱残疾人的榜样，让学生学习

⑤其他____________（请填写）

20. 在设计课程时，您最看重的是哪些因素？请排序____________

①内容的完整性和系统性　②学生的知识基础和兴趣

③学生发展的需要　④教师的专长和优势

21. 您认为什么样的课堂教学比较出彩？（　　）

①老师发挥得淋漓尽致　　②学生有所生成

③课堂互动热烈　　④学生掌握了课堂知识

注：以上引用问卷引自首都师范大学刘慧教授主持的北京市教委委托项目《学校自主发展状况的调查》所使用的调研问卷，主要编写者为首都师范大学初等教育学院张俊老师，在此表示感谢。

【基础知识】

1. 简述问卷的基本结构。

2. 简述问卷发放和回收时需要注意的事项。

【实践演练】

就自己所感兴趣的某个调查题目设计一份问卷。

第七章　观察法

【内容概览】

观察法是教育研究中应用最为广泛的方法之一。本章的内容主要包括三个部分：首先，从整体上描述观察的定义、特点和类型，以及不同类型观察的适用条件；其次，结合实例，重点介绍几种常用的观察策略，如参与观察策略、时间取样观察策略和事件取样观察策略等；最后，完整地阐释观察法的设计和实施过程（准备阶段、实施阶段、结果整理与分析，以及观察结果的评价）。

【知识地图】

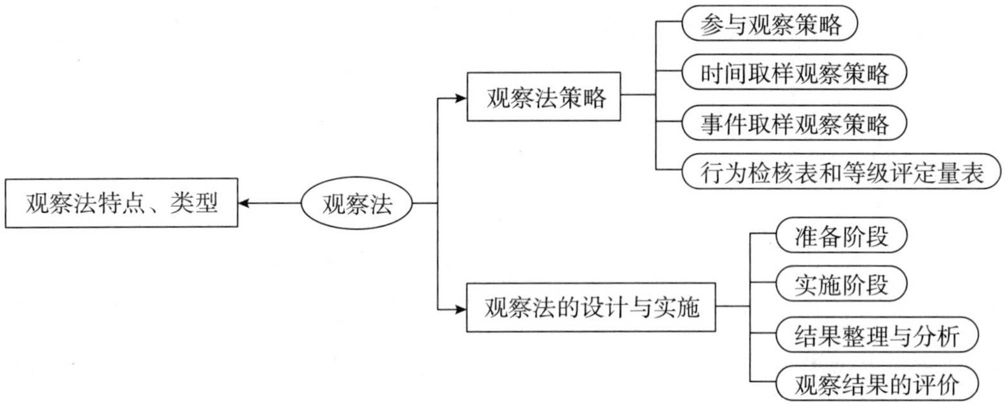

【学习目标】

1. 理解观察法的类型、特点及适用条件。

2. 掌握观察法的主要策略，能设计行为检核表和等级评定量表进行观察记录。

3. 能运用观察法，完整、有效地对教育中的现象进行观察、记录、整理和分析。

第一节 观察法概述

【案例】

李梅老师是某小学的教学副校长，学校正在筹备三年一度的“优秀主讲教师”评比活动。以往学校都采用赛课的方式，让老师们精心准备一堂课在比赛周集中展示，再由各学科教研室进行评价。活动设计的初衷是为了通过相互交流，提高和促进教师的教学水平。但是在实际操作过程中，需要耗费老师们的时间和精力，而且还逐渐暴露出一些其他问题，最突出的就是教师的临场发挥并不一定能真实地反映其教学水平，比如有的老师平常教学很好，但是听课的学生对老师不熟悉，不适应老师的上课方式；有的老师为了呈现出“完美”的课堂，提前让学生演练，评课中的表现就像一场表演。要考查教师的长期教学效果，也不能直接评比期末考试的成绩：一方面班级之间存在差异；另一方面，成绩不能完全体现出教师的教学效果，只看重成绩也违背了素质教育的初衷。李校长在听取了众多老师的意见之后，决定结合过程性评价，除了赛课之外，还在一学期中随机选听某位老师的两节课（即所谓的“推门课”）进行观察、记录，从而对老师的教学水平进行评价。

案例中老师所用的方法就是观察法。那么什么是观察法，观察法包括哪些类型，在实践中如何操作呢？下面，我们将详细进行描述。

一、观察法的定义

观察法是人类认识周围世界的一个最基本的方法，也是从事科学研究（包括自然科学、社会科学、人文科学）的一个重要手段。它是指研究者根据一定的目的、要求，通过感官或借助于一定的科学仪器收集观察对象在一定条件下言行的变化，作出详细的记录，然后进行分析、处理，从而对教育现象进行分析、判断的方法。

观察法有广义与狭义之分。广义观察法包括自然观察法和实验观察法。狭义观察法特指自然观察法，即观察者在自然条件下，对观察对象不加干预和控制的状态下考查其活动和行为表现，以收集研究资料。与此相对，实验观察法中观察者会人为创设情境诱发观察对象表现出特定的行为，或对观察对象的行为进行一定的干预与控制。例如，在经典的“延迟满足”实验中，研究者为了测查儿童抵御诱惑的能力，创设了一个情境，即将儿童带入实验室中，给他们每人一颗诱人的棉花糖，告诉他们如果能克制住自己，坚持到成人回来，那么就能得到两颗糖果；如果不能，就只有一颗糖果。在这个例子中，研究者采用的就是实验观

练一练

有目的地观察被试的外部表现，从而了解其心理活动发生、发展过程的方法，叫作（　　）。

A. 发展法　　B. 实验法

C. 系统法　　D. 观察法

察法，因为观察中的情境是由观察者创设的，而非自然发生的。有关实验法的内容会在后续章节中详细阐述，因此本章中的观察法采用了狭义的概念，主要指自然观察法。

观察法是人们收集事实和资料的基本途径。由观察得来的大量的材料是人们发现问题、提出问题的前提，也是教育科学研究的基础。初等教育主要面向小学阶段的儿童，观察法在儿童研究中具有悠久的历史，许多著名的教育家、心理学家都曾采用观察法来研究儿童。例如，教育学家裴斯泰洛齐早在18世纪下半叶就开始用观察法记录他3岁半儿子的发展情况；教育家苏霍姆林斯基曾对3700名学生作了观察记录，并据此撰写了大量著作；瑞士心理学家皮亚杰通过详细观察和记录，揭示了许多儿童认知发展的规律；我国著名幼儿教育专家陈鹤琴用日记方式记录了其子陈一鸣自出生起的发展状况，观察历时808天，并于1925年发表了《儿童心理之研究》一书。时至今日，观察法依然是应用最为广泛的研究方法之一，教育工作者非常有必要了解和掌握这一方法。

二、观察法的特点

观察法在我们的日常生活和科学研究中被广泛地使用，与日常观察相比，科学的观察具有以下三个方面的特点。

第一，科学的观察具有明确的目的性。观察者自觉、主动地将注意力集中和保持在观察对象上，排除其他无关刺激的干扰。

第二，科学的观察需要借助一定的仪器。在实施观察的过程中，观察者除了要调动自己的视觉、听觉、触觉等感觉器官以外，还需要借助一定的仪器设备。如在课堂观察过程中，观察者观察、记录的角度都非常有限，此时借助于录像机进行多方位的摄影、录像则能弥补人工观察的不足。

第三，科学的观察具有一定的理论支撑。科学的观察在一定教育科学理论的指导下进行，结果的解释也以有关理论为前提。研究者能否观察、理解眼前现象，取决于他运用了什么样的理论。比如，对于7岁的小伟在课堂上随意走动的行为，如果缺乏教育科学知识的话，只会对小伟的行为进行阻止。这种情况下，观察者只关注行为的线索及小伟的外部表现，而非行为的原因。如果观察者学习过行为主义学习理论，则不仅会关注诱发行为的刺激线索，还会关注行为的后果，比如在小伟走动以后，同学和老师有何反应？如果老师批评或同学“哄堂大笑”以后，小伟走动行为更加频繁，那么他所谓的违纪行为只是为了吸引大家的注意罢了。如果观察还具备儿童异常心理学方面知识的话，可能还会进一步关注小伟在上课听讲甚至在游戏时是否能集中注意力，平时是否脾气暴躁，无法控制自己的冲动？如果几个月内，小伟的这几种行为都频繁地出现，那么观察者会推测小伟可能患上了注意缺陷多动症。

总体而言，科学的观察是感知与思维并存的过程，观察者有明确的目的性，在一定的教育科学理论的指导下，边观察，边记录，并分析行为现象的原因。此外，观察法还有其自身的优点和缺点。

（一）观察法的优点

1. 真实自然

这是观察法最大的特点之一。观察者能观察和记录到观察对象在自然情境中的真实行为，尤其是在观察对象不知道的情况下。在访谈或问卷调查的过程中，研究对象为了给研究者留下好印象，或多或少会掩饰或美化自己，这样就影响了数据的真实可靠性。

2. 直接性

观察者与观察对象能够直接接触，不需要通过其他中间环节，因此观察到的结果和所获得的信息资料，都是第一手资料。而且，如果在观察过程中，观察者有不明白的地方，可以直接与观察对象进行沟通和交流。

3. 历时全面性

观察者可以对观察对象作较长时间的反复观察与跟踪观察，对观察对象的行为动态的演变过程可以进行全面的观察、记录和分析。

4. 适用范围广

第一，使用观察法能获取其他方法难以获取的资料。例如，研究对象的言语表达能力有限，年龄较小的婴幼儿、聋哑人以及文化水平比较低的人群，针对这些人群，我们很难通过访谈或填写问卷的形式获得研究资料。第二，观察法不需要研究对象的参与，能在不打扰研究对象的情况下进行。第三，观察法可以与其他方法（如问卷法、访谈法等）结合使用，获取更加广泛的资料。

（二）观察法的局限

观察法有很多突出的优势，被广泛运用于教育研究中，但是，观察法也有其自身的局限和不足。

1. 被动

观察法尤其是自然观察法，要求研究者在真实自然的情境中，对观察对象在不加控制的条件下进行。因此，研究者只能被动地等待观察对象的出现。如果研究现象出现的频率较低，运用自然观察法就非常费劲。比如，观察儿童攻击行为，如果现实生活中儿童很少遭遇冲突和争执的情境，攻击行为就很难出现，观察也就难以实施。

2. 研究成本较高

首先，观察法比较耗时费力，研究者通常需要对观察对象进行较长时间的观察，短则数小时，长则数天、数月甚至数年。比如，陈鹤琴对自己儿子的观察就长达 808 天。同时，由于观察法比较耗时费力，在实施过程中，观察者通常只能选取少量的样本进行观察。这就在一定程度上限制了观察结论的推广性。

3. 不适合研究复杂的心理活动

观察法只适用于外在行为，不适用于隐蔽的行为以及态度、信念、思维等内部心理活动，究者只能根据被观察对象外部的行为谨慎地推测其态度。

4. 对观察对象不加控制，难以揭示变量之间的因果关系

观察法尤其是自然观察法，通常对观察对象不加以干预和控制，它只能告诉我们"是什么""怎么样"，而不能回答"为什么"这样的问题。

此外，观察法还受到研究者的主观限制。第一，人的感官都有一定的生理限度，超出这个限度就很难直接观察，所以观察往往难以精确化。比如，人体的听觉阈限在16～20000赫兹，超出这个范围，人耳就不能感受到听觉刺激；人体的视力范围有限，超出一定距离，就难以看清。此外，人的注意范围有限，难以同时捕捉到多个现象，比如在课堂观察中，只能关注到课堂上一部分同学的某些行为现象，难以兼顾全局。第二，个体的观察受主观意识的影响，不同的人有不同的意识背景与理论框架，因此，对同一事物的观察，往往带有各自的主观性，难以做到客观化。

三、观察法的主要类型

根据观察过程获取资料的途径、观察的目的性，以及观察者的角色等因素可将观察法划分为不同的类型。

> **议一议**
>
> 举例说明不同类型的观察法的优缺点是什么。

（一）直接观察与间接观察

根据观察时是否借助有关仪器，可以将观察法分为直接观察法和间接观察法。

直接观察法是指研究者不用任何仪器，只凭自己的感觉器官所进行的观察，如随堂听课，查看学生作业，边听、边看、边作记录。直接观察法的特点是身临其境、感受真切，给观察者留下具体、生动和完整的印象。但是，由于观察者各自的素质、条件的差异，各人的感受也不尽相同。直接观察法的不足之处是观察者必然受到人体自然器官的限制，被观察的现象不可能被完整地保存下来。因此，直接观察所得到的资料可能比较粗糙，且无法作重复观察。

间接观察法以某一种物体为中介而获得关于研究对象的资料信息，可以细分为两种方式：既可以使用仪器设备来代替观察者，也可以通过观察行为的结果来代替行为本身。

借助于仪器的间接观察法主要是通过闭路电视、观察屏或者设置专门的观察室用仪器进行。这种方法除克服了直接观察法的不足之外，还能确保观察者的观察活动本身不影响观察者的活动，避免因观察者在现场出现而影响观察对象的情绪，致使观察到的现象与常态发生偏差。另外，所获得的录像资料还可以使观察者反复观察，更全面地掌握观察资料，以保证分析研究的客观性和准确性。

有时候行为发生的时间和空间过大，观察者难以完整地观察行为本身，便可以观察行为本身留在物质上的痕迹，并由此推断行为。这种间接观察包括腐蚀测量和累积测量两种形式。腐蚀测量主要是根据物体损坏的程度来间接推断相关行为，如观察幼儿对图书的兴趣，可以从书刊的

破旧程度来推测儿童最喜欢的书；累积测量主要根据物品积存的程度来推测相关行为，如通过观察记录图书馆中阅读人次的累积数据的大小来推测学生学习风气的好坏。这种通过对行为结果的间接观察来推测行为的方式，克服了时空的限制，但是也存在着明显的不足。因为导致行为的原因较多，推测也就存在着风险，比如图书破损程度，可能是众多儿童翻阅导致的，也可能是某个儿童偶然的破坏行为导致的。因此，根据这一指标来推测儿童的阅读兴趣，并不一定准确。

（二）结构观察与非结构观察

根据观察内容是否有统一设计，是否有一定结构的观察项目和要求，可以将观察法划分为结构观察和非结构观察。

结构观察要求观察者事先设计好观察的内容和项目，制定出有关的观察表格，并在研究过程中严格按照表格进行观察、记录。比如课堂观察中，制定听课和评课的记录表，根据表格的条目和要求观察特点的内容。结构观察可获得大量确定和翔实的观察资料，并对观察资料进行定量分析和对比研究，但缺乏弹性，而且比较费时。

非结构观察是指观察者只有一个总的观察目的和要求，或一个大致的观察内容和范围，但没有详细的观察项目和内容，也没有具体的记录表格。因此在实际观察活动中非结构观察常常是根据当时的具体情况而有选择地进行观察。与结构观察相比，非结构观察法比较灵活，适应性强，简便易行；但同时，观察所获资料比较零散，难以进行定量分析和比较严格的对比研究。

（三）参与性观察与非参与性观察

根据观察时观察者是否参与观察对象的活动，可将观察法分为参与性观察法和非参与性观察法。

参与性观察法是指研究者通过参与观察对象的活动而达到观察目的的方法。例如，要观察学生在课外兴趣小组中的活动情况，研究者就可以参与到兴趣小组中，与同学们一起活动，一边交谈，一边观察。通过这种方式，研究者可以亲身体验到活动参与者的内在感受，更真切地领会、理解活动的内在价值与吸引力，发现非参与性观察所不可能发现的问题。需要研究者注意的是：研究者要把握好参与的尺度，要客观地去进行观察，要尽量减小自己的参与对观察对象的影响。比如，当学生意识到自己被评价和观察时，他们的行为可能会发生变化，可能会过于拘谨，不敢表现自己；也有可能过多地参与和表现。这些现象都会导致观察的结果偏离真实、自然的情况。

非参与性观察法是以不介入观察对象正常活动为原则的观察法。这种观察要求观察者只作客观观察。为了达到严格意义上的不参与，观察者可采用不出现在活动现场而进行观察的方法，如同间接观察法。如果观察者必须在现场观察，又不想影响观察对象的活动，可在正式观察前就与观察对象开始接触，直到观察对象已习惯于观察者在场的情况下正常进行活动后，再开始作正式观察。例如，在观察儿童时，陌生的成年观察者可能会导致儿童紧张、胆怯，观察者可以在正式观察之前与儿童熟悉并建立良好的关系，让儿童适应、习惯，保持其真实自然的状态，从而提高观察数据和结论的可靠性。

（四）叙述观察法、取样观察法与评价观察法

根据观察内容是否连续完整以及观察记录的方式的不同，可将观察法划分为叙述观察法、取样观察法和评价观察法。

1. 叙述观察法

叙述观察法是指观察者详细观察和记录观察对象连续、完整的行为表现，从而收集研究资料的一种观察方法。叙述性观察的主要目标是详细、客观地描述行为，而不是进行推论、解释或评价。其具体方法有实况记录法、日记描述法、轶事记录法等。

（1）实况记录法

实况记录法即把观察对象在某种场景下某段时间内的所有行为动作、言谈表现，包括其与环境及他人的相互作用和交往等实况全部记录下来的观察方法。该方法所获资料详尽、真实、原始，不仅可供研究本次观察目的所用，而且可供研究多种观察目的所用。如果一次实况记录所得资料不足以满足某个观察目的的需要，则可进行多次实况记录观察，通过大量实况记录资料去获得关于观察目的所需要的材料，以实现观察目的。

（2）日记描述法

日记描述法，即对同一个或同一组观察对象长期跟踪进行反复观察，以日记的形式记录其行为表现的观察方法。日记的内容有两种：一种是综合性的，即把观察对象各个方面的行为表现都如实记录下来，一般为全面研究该观察对象或研究一类观察对象的某种共有特性所用；另一种是指定性的，即只记录观察对象某一方面或者某几方面的行为表现，一般为专项研究观察对象某种特征所用。该方法是最古老的观察方法，也是使用范围最广的方法。该方法记录材料真实、详细且具有连续性、发展次序性，可长期保留和反复研究利用。采用日记描述法要求不是很严格，只要有观察的需要和条件都可以实施观察。但日记描述法要求观察者要有足够的时间和耐心，在相当长的一段时间内连续地进行记录，最好不要间断或停止。使用该方法的观察者与被观察者必须在较长时间内天天有机会观察，不具备这个条件的不宜采用。比如，对婴幼儿的观察，如果不是父母或监护人，观察就难以实现。

此外，日记描述法被用于个别或少数对象的日常观察，观察所得的结果缺乏代表性，不能就此推而广之。

（3）轶事记录法

轶事记录法，即观察者在观察过程中以记事为主，从事件或行为刚发生到结束，全过程都要完整地按顺序记录下来的观察方法。该方法着重记录某种有价值的行为，可以是有主题的，也可以是没有主题的，随时记录感兴趣的问题，不受任何时间条件限制，事先也不需要作特别的编码分类。轶事记录法具有日记描述法的某些优点，记录详细、具体、真实，能够反映观察对象的发展过程，有长期保留反复利用的价值，又回避了日记描述法每天都要观察记录一定时间的严格要求，是一种最常用的方法。但它对观察者的要求较高，要求观察者有较高水平和较强能力，并

能控制主观因素的影响，保证观察材料的真实性和科学性。

2. 取样观察法

取样观察法是根据一定的标准选取被观察对象的某些行为表现进行观察，或在特定的时间内进行观察记录来收集研究资料。取样观察不像叙述观察那样遵循行为发生的自然顺序，而是按事先选定的程序进行。具体观察策略包括时间取样观察法和事件取样观察法。

（1）时间取样观察法

时间取样观察法，即专门观察和记录在特定时间内发生的特定行为，包括行为是否出现、出现的次数、持续时间。比如，观察儿童的攻击行为，则制定一个观察表格，规定观察的时间间隔和时间单位，记录行为出现的频率和持续时间。

时间取样观察法要求所观察的行为是经常表现出来的外显的行为，频率较高，一般不低于每 15 分钟 1 次。同时，时间取样法比较关注行为出现的频率和持续时间，对行为出现的前因后果关注较少。当我们需要描述事件的前因和后果，全面地描述行为时，就要采用事件取样观察法。

（2）事件取样观察法

事件取样观察法，即预先选取行为或事件作为观察样本，等待所要观察的事件或行为的发生并记录下来。比如，同样是观察儿童的攻击行为，事件取样观察着重记录攻击行为出现时的表现和后果，以及哪些情境因素导致了儿童的攻击行为。

练一练

在 5 分钟时间内，记录教师对学生回答问题时的反馈方式。

总体而言，取样观察法只选定特定时间段内的行为或特定行为发生的完整情节进行观察，并记录行为发生的原因及频率等信息，极大地节省了观察花费的时间和精力，提高了观察的效率。取样观察法能记录的信息以行为的频率和前因后果为主，不关注行为的性质。比如，骂人、用手推或用脚踢其他儿童都属于攻击行为，但是从性质来看，后者要严重得多。因此，为了在观察过程中对行为进行等级划分，研究者提出了评价观察法。

3. 评价观察法

评价观察法，按事先制定好的量表对被观察对象的行为表进行观察并作出评价来收集资料。评价观察法包括行为检核表法与等级评定量表法。

（1）行为检核表法

观察之前预先列举出观察对象在所要研究的特定情境中可能出现的行为或发生的反应的项目表格，观察者对照表中列出的项目进行记录，主要用于核查有重要意义的行为或事件是否出现。

（2）等级评定量表法

对行为或事件做出评估而不是描述，对行为事件如何呈现，及其在程度上的差别做出判断，确定等级。例如，儿童分享物品这一行为，根据程度不同，可分为“总是”“常常”“一般”“较少”“从不”5 个等级。研究者根据观察判断某个儿童属于哪个等级。

表 7-1 观察法的分类及特点

<table>
<tr><th>分类标准</th><th colspan="2">类型</th><th>定义</th><th>优点</th><th>不足</th></tr>
<tr><td rowspan="2">是否借助于中介物</td><td colspan="2">直接观察</td><td>运用感官在现场对观察对象进行直接的观察</td><td>身临其境、真实</td><td>感官的限制；不可重复</td></tr>
<tr><td colspan="2">间接观察</td><td>其一是借助于仪器的观察；其二是对事物留下的痕迹进行推测的观察</td><td>可重复；客观</td><td>间接推测可能不准确</td></tr>
<tr><td rowspan="2">观察的计划性与目的性</td><td colspan="2">结构观察</td><td>事先设计好观察的内容和项目，制定表格，按照表格进行</td><td>确定；翔实；量化</td><td>缺乏弹性；费时</td></tr>
<tr><td colspan="2">非结构观察</td><td>大致的观察目的和内容范围，无观察记录表格</td><td>灵活；简单易行</td><td>零散，难以量化</td></tr>
<tr><td rowspan="2">是否参与观察对象的活动</td><td colspan="2">参与观察</td><td>观察者参与到观察对象的活动中，边活动，边观察分析</td><td>切身体会；深度理解所观察的活动</td><td>影响观察对象</td></tr>
<tr><td colspan="2">非参与观察</td><td>不介入观察对象正常活动</td><td>客观；真实自然</td><td>对观察活动的理解有限</td></tr>
<tr><td rowspan="7">观察内容的完整性以及记录的方式</td><td rowspan="3">叙述观察</td><td>连续法</td><td>完整客观地、可永久保留地对所发生行为作描述性记录</td><td>资料翔实、丰富</td><td>难以量化；费时</td></tr>
<tr><td>轶事法</td><td>记录典型新行为、反应和一切可表现个性的行为事件</td><td>简单易行</td><td>只记录有价值行为，相对省力</td></tr>
<tr><td>日记法</td><td>记录个别或少数对象详细而长期的资料</td><td>资料翔实，丰富</td><td>费时费力；推广性低</td></tr>
<tr><td rowspan="2">取样观察</td><td>时间取样法</td><td>辨别、记录事先选定并详细定义的具体行为的发生，或归入已准备好的某种类别</td><td>量化</td><td>缺乏对事件前因后果的描述；只适用于高频行为</td></tr>
<tr><td>事件取样法</td><td>记录预先选定的某特定类别事件的发生</td><td>定性描述；
因果推论</td><td>难以量化</td></tr>
<tr><td rowspan="2">评价观察</td><td>行为检核表</td><td>检测预定行为项目出现与否</td><td>简单易行</td><td>适用范围小</td></tr>
<tr><td>等级量表法</td><td>按某特性为某人、某事评定等级</td><td>定性与定量资料</td><td>相对主观</td></tr>
</table>

第二节 观察法的主要策略

一、参与观察策略

参与观察策略是指观察者参与到被观察者的活动当中，在互动中了解被观察者的一种方法。一般而言，采用参与观察的目的是进行探索性研究，对研究现象发生、发展的真实情况有全面、直接的了解和比较深入的理解。

使用参与观察法，对观察者、被观察者和研究目的有诸多的限制。第一，观察者要有充足的时间参与到被观察者的活动中。观察者要有较高的社会交往能力、熟练的观察技巧，既能与观察对象和谐相处，成为其中一员，又能客观、中立地进行观察记录。第二，被观察者及其团体对观察者开放，或与观察者有一定程度的相似性，允许其进入。第三，研究的目的是对某一特定现象或观察对象做全面、综合的了解，打算在自然情景中从事研究工作。

采用参与观察法得到的资料非常丰富、生动，而且很有深度，但比较费时费力，容易影响被观察者的行为表现。例如，在教学中观察者走进课堂去听课、评课就是常用的参与观察法。通常在有他人在场的情况下，授课教师和听课学生的表现都会异于平常，导致观察结果不够真实。所以在使用参与观察中，非常重要的环节就是融入被观察对象中。美国社会学家怀特就扮成“街角帮”的一员，融入波士顿的意大利的贫民窟中，与他们一起生活，一起参加活动，最终于1943年出版了著名的《街角社会——一个意大利人贫民窟的社会结构》。

二、时间取样观察策略

时间取样观察法是美国明尼苏达大学儿童发展所儿童心理学家沃尔森教授在20世纪20年代研究儿童神经性习惯时提出来的。它要求观察者事先确定所要观察的维度，然后据此有选择地在某些时间段内观察某一特定的行为或发生的事件，并把所观察到的结果记录到事先拟定的记录表上。通常而言，时间取样观察过程中观察者需要收集三个方面的内容：某一行为或事件是否出现或发生；该行为或事件出现或发生的频率；该行为或事件出现或发生的时间有多长。

> **议一议**
>
> 这位老师是根据什么界定的问题？

例如，某老师想采用时间取样观察法，那么在具体实施过程中，需要经历以下步骤。

第一步，界定问题与对象。某老师希望了解班上同学认真听课的情况（界定问题）。全班有30名学生，该老师一个人无法顾及全班同学，所以经过一段时间的了解后，她决定选择比较害羞的文文、爱走神的天天等6名有代表性的学生作为观察对象。

在界定问题时，小于老师需要将“认真听课”进行操作化，即到底什么是认真？它包括哪些子类？与“认真”相对，不认真的行为又有哪些？这些问题都需要在实施观察之前，做预研究，予以确定。

第二步，编制记录表格。该老师发现，自己一边要观察，一边要做文字记录，非常费神。为了简化观察过程，小于老师制定了表7-2。

表 7-2 学生听课行为的时间取样记录表

听课行为		观察时段							
		情境引入（热身）			导读	对话	情景剧		
		1	2	3	…	…	28	29	30
被动听课	注视（老师、黑板或讲义）								
主动参与	做笔记								
	举手								
	发言								
	参与活动（如朗读、对话等）								
分心	低头做小动作								
	发呆（如盯着窗外）								
	窃窃私语								
	随意走动								
注：选定的时间间隔为观察 30 秒，记录 15 秒，等待 15 秒再观察下一个学生									
被观察的学生 ①文文 ②天天 ③小涛 ④豆豆 ⑤小丽 ⑥阿雷									

从表 7-2 中可以看出，时间取样记录表格包含的记录要素为：时间段、观察行为、观察对象，出现频率。

第三步，记录资料。制定好观察记录表格后，就可以到课堂中实施观察，并记录资料。

第四步，分析资料。时间取样观察法的优点是，观察记录的资料比较量化，易于分析。假设该老师观察到的结果如下（只截取 1 号文文与 2 号天天的部分观察结果）。通过统计频次发现，在情境引入与导读环境中，害羞的文文比较认真，而天天则分心了。在对话环节中，文文分心，而天天比较认真。情景剧环节中，两名同学都比较认真。说明可能前三个环节针对不同的学生各有利弊，而情景剧则能吸引大部分的同学（注意，这只是假设的研究结果和结论）。见表 7-3。

表 7-3 假设某学生听课行为的时间取样记录结果

听课行为		观察时段与对象							
		情境引入（热身）		导读		对话		情景剧	
		1 号	2 号	1 号	2 号	1 号	2 号	1 号	2 号
被动听课	注视（老师、黑板或讲义）	√						√	
主动参与	做笔记	√							
	举手								√
	发言								
	参与活动（如朗读、对话等）			√			√		√

续表

听课行为		观察时段与对象							
		情境引入（热身）		导读		对话		情景剧	
		1号	2号	1号	2号	1号	2号	1号	2号
分心	低头做小动作		√			√			
	发呆（如盯着窗外）		√		√				
	窃窃私语				√				
	随意走动								
统计	认真听课	2		1			1	1	2
	分心行为		2		2	1			

从上述的案例中可以看出，时间取样观察法比较简单易行，能在短时间内收集大量的数据资料，而且观察结果量化，易于统计和分析。

但是，这种观察方法也存在局限，首先，它只适用于发生频率比较高的行为，至少要每十五分钟出现一次。而且还要是外显行为，比如学生在听课过程中是在思考还是走神，就难以确定。其次，时间记录法通常难以记录行为发生的前因后果等情境信息。比如，在学生听课行为的时间取样记录表中，研究者将课程划分了不同的阶段，才为行为提供了部分的背景信息。但是行为的其他线索和结果，除非特别注明，否则难以记录。比如，调皮的天天同学是在何种情况下主动发言的，问题的难度如何，老师的态度如何，他发言的结果如何等信息都难以记录。

总体上，时间取样观察法缺乏连续性、背景信息、自然性，特别是当时间区间和单位很少时，更是如此。

三、事件取样观察策略

事件取样观察法与轶事记录法有相似之处，都关注选定的特定行为或事件。不同的是，轶事记录法是事后追忆的，而事件取样观察法与行为事件并行。此外，事件取样观察法与时间取样法一样，都是抽取特定的样本进行观察，不同的是，在时间取样法中，“时间”是核心，而在事件取样观察法中“事件”是核心，观察者需要详细记录事件发生的前因后果和场景等信息。

与时间取样观察法相同，在使用事件取样观察法时，第一步，要确定观察的对象，即行为，并对行为下一个操作性定义。一旦行为发生，就将其记录下来。例如，小于老师想要知道李老师是如何调动课堂气氛，让大部分同学都积极参与课堂活动中的，那么她就要对“调动课堂氛围”下一个操作性定义。例如，李老师说了或做了什么之后（即调动），全班有 50% 以上的同学很快就参与到李老师要求的活动之中（即活跃程度）。第二步，确定观察的时间与地点。第三步，确定所要记录的信息，设计记录表格。通常而言，事件取样观察法所需要记录的信息包括事件发生的时间、地点、场景、发生的行为、行为持续时间、行为的结果，以及观察者对行为的评论或注释。第四步，实施观察记录（见表 7-4）。第五步，分析观察结果。与时间取样观察法的结果相比，事件取样观察法结果比较偏文字描述，需要观察者进行深入的归类整理。如在表 7-4 中，于老师可以总结出调动课堂气氛的方法的类别，各种方法适用的情境等信息。

表 7-4 调动课堂气氛行为取样观察记录表

<table>
<tr><td colspan="7">观察者姓名：于兰
被观察对象：李老师及听课的学生（30 人）
观察情境：李老师的课堂上（人教版教材三年级上 Unit One Hello）
观察地点：教室
观察日期：2013.9.2 开始时间：8:50 结束时间：9:30</td></tr>
<tr><td>序号</td><td>时间</td><td>场景</td><td>行为</td><td>时长</td><td>结果</td><td>评论</td></tr>
<tr><td>1</td><td>8:50</td><td>上课铃响后</td><td>戴着课本上 Sarah 的头饰说，“Hello，I'm Miss Li.”</td><td>30″</td><td>30 人抬头，其中 20 人瞪大眼睛</td><td>用新奇的打扮吸引学生的无意注意</td></tr>
<tr><td>2</td><td>9:05</td><td>语言运用</td><td>介绍“击鼓传花”，分小组边听音乐，边传递面具，音乐停止后，拿着面具的同学自我介绍</td><td>8′</td><td>30 人都与活动中，被选中的 10 名同学中 8 名正确使用语言</td><td>寓教于乐，用游戏的方式活跃课堂气氛</td></tr>
<tr><td rowspan="2">3</td><td rowspan="2">9:15</td><td rowspan="2">语言运用</td><td rowspan="2">分配 4 人小组，要求两两进行自我介绍，“Hello”“Goodbye”</td><td>3′</td><td>28 人流利对话，2 人相对无言</td><td rowspan="2">与自我相关的活动，引起学生的兴趣，但重复练习后，学生的兴趣有所下降</td></tr>
<tr><td>2′</td><td>21 人继续对话；4 人摆弄文具；2 人中文聊天；2 人用橡皮做游戏；1 人敲桌面，对搭档无回应</td></tr>
</table>

通过上述的案例可以看出，事件取样观察法可以将行为与行为发生的情境分离开来，既注意到行为本身，又注意到该行为发生的情境信息，能连续地观察到引起行为的原因，行为的内容以及行为产生的后果，因此可以做因果推论。此外，事件取样观察法几乎能用以研究任何一种行为或事件，比较省时、省力。但是，事件取样观察法所收集到的是文字资料，不易进行量化分析。

四、行为检核表和等级评定量表

（一）行为检核表

检核表是标记某事物是否出现的记录。在生活和教学中，最常用的检核表有购物清单和学生名册等。根据购物清单，就可以确定所需物品是否购买齐全；根据学生名册，就能判断学生出勤的情况。

行为检核表是用以标记某种特定的行为是否在特定的情境中出现的记录。其中，特定的行为则是研究需要考察的目标行为，在实施观察之前，观察者就必须清晰地界定目标行为包含的子类别。特定的情境是指，检核表中至少有一些行为会发生在特定的场景和情景下。

在制作行为检核表时，第一步，要确定观察内容；第二步，列出所要观察的目标行为，将观察内容进一步具体化；第三步，按一定的逻辑关系组织、排列目标行为。通常按项目的难易程度循序渐进地组织。

比如，要观察某老师在课堂中运用赏识教育的过程，首先确定具体的赏识教育行为，例如可以确定为“对学生错误所作出的反应”。然后，将李老师所有可能的反应都罗列出来，根据李老师反应的积极程度进行排列（见表 7-5）。

表 7-5　教师对学生错误的反应检核表

反应类别	频次	典型行为记录
鼓励，如“你能想到……，非常好”		
引导，如“再想想……”		
换其他学生作答		
教师自己指正，如“你刚刚说的……不对，应该……”		
进行解释和说明，如“你可能认为……但其实是……”		
由学生评价，如“大家说，他 / 她回答得对吗？”		
由同伴补充完善，如“哪位同学来进行补充？”		
批评，如“你怎么还没掌握？大家都明白了”		
忽视或视而不见		

（改编自沈毅、崔允漷：《课堂观察：走向专业的听评课》，上海，华东师范大学出版社，2008）

（二）行为等级评定量表

与行为检核表相比，行为等级评定量表更加结构化，它不仅要记录行为出现的“量”（频次），还要区分出不同行为在“质”（程度）方面的差异，即对不同的行为划分等级。这是行为等级评定量表编制的重点，也是难点，因为很多时候，难以确定明确的标准来区分行为的不同水平或程度。

以“教师对学生错误所作出的反应”为例，教师不同类别的反应之间存在差异，同一类反应方式中的具体行为也具有不同程度的适宜性。例如，教师的批评，可以分为较适宜的批评、一般的批评、不适宜的批评。“较适宜的批评”即教师客观地描述事实，并表达了学生的积极期望，如“这个部分的知识点，你可以掌握，不应该出错的”“这个部分，你刚刚没有认真听”。“一般的批评”，如“你说得不对”等。而“不适宜的批评”则否定了学生的差异性和发展阶段，固化学生消极的经历，上升到人格特点，如“就你还不会”“你怎么那么笨”。

表 7-6　教师对学生错误的反应等级评定量表

反应类别	反应水平	频次	典型行为记录
鼓励	较适宜		
	一般		
	不适宜		
批评	较适宜		
	一般		
	不适宜		

行为检核表和等级评定量表都是相对比较量化的记录表格。相比而言，行为检核表易于操作，但所记录的信息量较小。使用等级评定量表操作较复杂，不仅要实现对行为的不同程度制定明确的划分标准，在实施过程中，也要严格依据标准进行记录，虽然信息更加丰富，但观察者的负担也随之加重。

第三节　观察法的设计与实施

观察法的设计与实施主要包括准备、实施、结果整理与分析以及观察结果的评价等阶段。

一、准备阶段

（一）界定研究问题，明确观察目的和意义

上述案例中，于老师进入李老师的课堂以后，发现李老师的教学过程中有许许多多值得借鉴的地方，比如教育理念（赏识教育）、教学设计、课堂管理、特殊学生的处理等。于老师觉得自己仿佛置身宝藏之中，岂能空手而归，因此什么都想观察，什么都想记录。听完 2 次课以后，发现自己已经非常疲惫，而且记录的资料也很凌乱。在进一步查阅了观察法的资料以后，于老师决定分阶段进行，并且将当前的观察内容聚焦于李老师在课堂上与学生的互动，包括教师任务布置的有效性、讲解行为，学生的错误及教师的处理。这样就可以总结出特级教师组织高效课堂时采用的互动策略，在自己观摩和学习之余，也可以与同事分享。

（二）根据观察目的，初步拟制观察计划

在确定观察目的和内容以后，于老师发现，虽然自己已经缩小了观察的范围，但要在一节 40 分钟的课堂中，从多个角度观察课堂互动，也绝非易事。何时观察？如何观察？具体观察哪些行为、事件或人物？由此，拟制一份详细的观察计划就非常有必要。

一个完整的观察计划应该包括确定观察内容与对象，选择观察方法、观察范围等。回答以

下几个问题，可以帮助我们拟制观察计划。

1. 观察什么

观察的内容是什么，观察什么事件或现象，观察对象。尤其要细化观察事件或现象，它的内涵是什么？外延是什么？以上文所述的课堂互动为例，它具体包括哪些内容，哪些事件一旦出现就可以列入课堂互动的范畴？在实施观察之前，就需要对观察事件下一个操作性定义。

2. 在哪观察

在哪儿进行观察？观察的地理范围有多大？观察者与被观察对象之间距离多远？是否进入观察对象的视线，甚至加入他们的活动中？

3. 观察的时间

何时观察？一次观察多长的时间？总共观察几次？

4. 确定观察的方式与手段

第一，考虑观察的工具有哪些，是否借助于仪器设备？如果需要摄像机、录音笔，则要提前准备。第二，确定观察的策略与方法。是否参与观察对象的活动之中？采取何种记录方式，叙述观察法、取样观察法，还是评价观察法？

5. 谁在观察

由谁来实施观察？观察人员是否具备观察的知识与技能？

此外，还需要考虑如何考查观察的信度与效度？采用哪些指标来证明观察是可信的，有效的？观察中的伦理问题，如何减少对观察对象的影响？在观察过程中，可能会出现哪些突发事件，该如何应对？

（三）确定观察计划

结合前期的预观察与充分思考之后，于老师制订了如下观察计划，见表 7-7。

表 7-7　观察计划范例

观察者姓名：于兰
被观察对象：李老师及三一班的学生（30 人）
观察情境：李老师的课堂上
观察地点：教室
观察时长：每次 40 分钟，共 6 次
观察工具与仪器：摄影机 2 台（教室前后各 1 台，隐藏摄像头，带扩音话筒）；照相机；自制观察记录表
注意事项：（1）实施观察前 2 周进入课堂，坐在教室后方，让学生熟悉自己的存在。
（2）课前掌握教案（熟悉课堂互动环节、了解课堂提问及答案）。
（3）课前掌握学生成绩表，进行成绩分组，并选定 6 名学生。

观察内容		观察对象	观察方式	备注与说明
任务布置的有效性	教师行为（如，指令的清晰度）	李老师	间接观察等级评定	在课后观看录像内容，进行记录和分析
	学生行为（如，学生对指令的理解）	6 名（总成绩分组高中低 3 个组男女生各 1 名）	间接观察等级评定	

续表

观察内容		观察对象	观察方式	备注与说明
教师的讲解行为		李老师	直接观察 等级评定	课堂上重点关注此内容，边观察边记录
学生的错误及教师的处理	学生的错误	课堂上所有回答错误的学生	直接观察 事件取样	课堂上关注此内容，一旦出现就记录（教师讲解与提问互动环节通常不会同时出现）
	教师的处理	李老师	直接观察 事件取样 等级评定	

注：（1）观察计划的呈现方式可以用表格，也可以用文字或图形。此案例中，存在二维交叉的情况，用列联表更清晰。

（2）对“教师布置任务的有效性”和“教师的讲解行为”感兴趣的读者，可进一步阅读：沈毅、崔允漷：《课堂观察：走向专业的听评课》，111~115 页，上海，华东师范大学出版社，2008。

（四）制定观察记录表格

如果采用叙述观察法，则可以不用指定表格；如果是采用评价观察法、取样观察法，事先准备的表格可以简化观察记录的过程以及后续数据资料整理等方面的工作。

在上一节的观察策略中，已经分别介绍了不同表格的制作，这里再简要说明一下表格制作的原则：一是全面，表格要尽量涵盖观察的维度，相似或相关的话尽量放到一张表格中；二是简明，表达简略；三是有弹性，预留空间，填写观察中的感悟等内容。根据这些原则，假设于老师要设计表格来观察“学生的错误及教师的处理”，那么如何评价教师的处理方式是否恰当呢？前提是要了解学生错误反应的类别，因此这一表格的设计需要采用事件取样观察法和等级评定量表法相结合的方式，内容要涵盖学生和教师的处理。如表 7-8 是对表 7-7 进行的修改和扩充。

表 7-8　学生的错误及教师的处理记录表

观察者姓名：于兰
被观察对象：李老师及听课的学生（30 人）
观察情境：李老师的课堂上（人教版教材三年级上 Unit One Hello）
观察地点：教室
观察日期：2013.9.2　开始时间：8:50　结束时间：9:30

事件序号	时间	提问或指示（场景）	学生的错误反应（因）		教师的反应（果）		备注
			反应行为	反应方式	反应行为	反应方式	
1	9:05	请用英语介绍你自己	I … I … Wenwen	知识性错误（不知道）	微笑，你应该说“I'm”	接纳√	
2	9:20	请两位同学来展示对话	I … I … Tiantian	不合理的错误	不悦，“练习一节课后，你应该知道的”	气愤√	天天在对话练习时敲桌面

注：备注中的内容为观察者的评价及学生们对教师反馈的反应；反应等级中“√”表示适宜，“×”表示不适宜，“0”表示一般。

二、实施阶段

在制定好观察计划与表格之后，就可以具体实施观察过程。在实施过程中需要注意以下几点。

第一，严格执行既定观察计划的内容。像于老师一样，进入情境开始实际观察后，可能会发现很多值得研究和探讨的现象，但是一定要注意，任何一个研究都不能解决所有的问题，所以在观察时要严格执行既定计划中的内容，如果想要拓展，可以用仪器设备记录下来，在后续研究进一步挖掘。

第二，积极、灵活执行观察计划。所谓积极的观察是指，观察者要调动多重感官通道，看、听、问、思、记相结合，充分、细致地进行观察。观察者可能带着自身的经验，甚至理论假设进入情境中实施观察。但有时候，观察者会错误地解读或不理解所观察到的现象，这就要求观察者不要拘泥于自己所用的观察法，将观察与访谈结合起来，对有分歧或疑惑的现象，及时提问，进行客观的分析和解释。

经过一段时间的观察，于老师发现，在李老师的班上有一个很害羞的文文同学，在课堂上变得活泼起来，老师提问的时候，她也经常举手，而且每次老师让她起来回答问题，她都能回答正确。多次成功尝试以后，她变得逐步开朗和主动。于老师对此很好奇，就询问了李老师。李老师解释道，文文很害羞，害怕回答错误被人嘲笑，所以很少举手。李老师就私下跟她约定，如果她肯定自己知道答案时就举右手，不肯定或不知道时就举左手。只有在她举右手的时候，李老师才会叫她。这样，其他同学见她总是举手，而且每次都回答正确，就会认为她很厉害。

第三，及时准确记录。在实际观察过程中，要做到及时准确记录其实非常难，尤其是观察对象之间存在互动，观察内容比较多的情况下。通常随堂的观察对观察者的速记能力是一项大的挑战。为了在观察中做到及时、完备和准确，需要利用一些图形、符号等来简化记录方式。

符号的使用：比如，数学符号，“+”或“↑”表示增加，“–”或“↓”表示减少，“0”表示持平；“√”表示正确、适宜；“×”表示错误、不适宜；“0”表示一般、中立。物理单位符号，如时间单位分、秒。

简易图形：表示情绪的脸谱，^_^ 表示微笑；⊙ _ ⊙表示困惑等。表示关系的箭头、流程图，如“→”“←”表示因果推论或“指示”。

中英文缩写：如用 Error 中的“E”表示错误；用 2 人来表示 2 个学生等。

根据上述的方法，可以将表 7-8 中事件 2 的记录方式就可以简化为图 7-1。

2	9:20	请 2 人来展示对话	I … I … Tiantian	不合理 E	不悦，“练习后，你应该知道”	气√	练习时敲桌面

图 7-1　简化记录范例

同时，为了避免遗忘或者他人阅读的不便，在记录材料后应该注明简化记录的格式。

三、结果整理与分析

第一，对资料进行检核。将资料中可能出现的错误及时进行修正，对来不及记录的部分也要查漏补缺，以确保资料的准确性和完整性。比如，在表 7-6 中，观察者可能来不及将学生和老师的反应进行分类，那么就可以在课程结束后，依据录像、记录的行为反应等资料，再填写分类方式。

第二，对原始资料进行归类。比如，在设计观察方案时，观察者将教师对学生错误的反应划分为 9 类，在实际分析时会发现，由于类别过多，而观察的样本有限，有些子类别的频次并不高，就可以根据反应的性质提取更抽象的类别，以便以后进行分析。如表 7-9 所示。

表 7-9　原始资料归类范例

积极引导	转移话语权	错误纠正	评价	忽视
✧ 鼓励 ✧ 引导	✧ 换其他学生作答 ✧ 由同伴补充完善	✧ 进行解释和说明 ✧ 教师自己指正	✧ 由学生评价 ✧ 批评 ✧ 表扬	✧ 忽视或视而不见

上述的事件取样原本就比较量化，相对容易分析，而纯粹文字的记录资料则需要花费更多的时间和精力。但为了后续分析，研究者也需要从文字中逐步抽取概念类别，简化分析过程。比如，在前文事件取样法表 7-4 中，李老师采用了不同的方式来调动课堂气氛。对于事件 1，就可归纳为“利用面具这种新异刺激吸引无意注意”，上一级概念为新异刺激，再上一级概念则为无意注意法。

第三，确定分析单位和进一步分析的工具和框架。质性研究资料归类整理的过程可能会比较烦琐，研究者通常会经历反复或循环。以事件取样为例，观察者可能需要先抽取出几次观察的资料，对事件的原因、结果进行粗略归类，将新的研究资料纳入进来。很多时候原有的归类方式并不适合新的材料，研究者需要调整和扩充分类方式和类别命名，然后总结出分析的框架。

第四，对资料进行量化处理，并根据分析结果建构理论。其一，并不是所有观察资料都可以做量化分析，如前文提到的叙述观察法相对难以量化；其二，对于行为核查法、等级评定量表法等可以进行频次统计的观察资料，则可以做进一步的量化分析。

以“课堂中学生的错误及教师的处理”观察为例，研究者可以比较不同条件下，教师反应频次的差异。比如，学生犯下哪类错误时，老师更可能做适宜的回应，而哪些错误则相反？如表 7-10。

表 7-10　量化分析范例（假设的学生错误及教师处理结果）

学生反应类型	教师反应				
	积极引导	转移话语权	错误纠正	评价	忽视
知识性错误	15	5	3	1	0
表达性错误	6	2	4	1	3
不合理错误	0	0	0	5	3
思考不全面	3	1	2	2	1

注：表格中数据为虚拟数据，并非真实的研究结果，因此基于该数据所做的分析也并不确切；此外，仅仅依靠观察表格中的数据也很难做出相关推论，考察变量之间是否存在关联，还需要做深入的统计分析。

根据于老师观察到的 57 次关于错误的互动现象来看，对于学生知识性的错误，教师较多给予积极引导，而对于学生不合理的错误，则更多地采用评价和忽视。

第五，撰写完整的观察报告或研究论文。将观察设计方案、观察过程、结果分析部分整合起来，并依据相关理论文献对结果进行分析讨论，最终形成完整的报告或论文。

四、观察结果的评价

（一）观察误差及防治措施

任何一项研究都必须考虑研究过程中是否有效地控制了无关变量的影响，即将研究误差降到最低。相对于其他研究方法，观察法更加主观，也更加容易出现误差。在观察研究中主要存在以下几种类型的误差。

1. 来自被观察者的偏差

当观察对象知道自己被观察时，其行为也会有所改变。正如前文所述，教学研究中常用的听课、评课会对上课的老师及学生都会产生影响，例如，成人对儿童的观察，会让儿童感到被关注，而改变其自身的行为。为了减少此类误差，研究者可以采用隐蔽的方式进行间接观察，如摄像机、单向玻璃等；如果需要参与到被观察者的活动中，那么可以提前预热，让研究者自然介入。

2. 来自观察者的偏差

在实施观察的过程中，研究者本人就充当了观察工具，那么其自身的观察技术、理论基础等因素都会对观察的结果产生影响。观察者可能对所要观察的行为不明确，观察方法、技术不熟练，记录不熟悉而记错或遗漏主要细节等都会对观察结果产生影响。比如，对课堂环节与内容不了解，当学生出现错误而老师又忽视的情况下，可能就会出现漏记。对于此类误差，可以事先对观察者进行培训，了解观察的目的与内容，熟练掌握观察记录表格及速记方法等。

除了观察者自身的理论、技术水平之外，观察者对研究结果的期望本身也会影响到观察结果。案例中，由于于老师非常崇拜李老师，那么她对课堂上所发生的一些模棱两可的现象，作出积极的解释。比如，李老师对学生的错误可能是中性的反应，既无笑容，也无生气或愤怒，于老师可能会解读为李老师态度柔和，略带微笑，将其反应归于“鼓励”而非“忽视”。

对于此类观察误差，可以采用双盲设计，即观察者与研究者角色分离，观察者并不清楚研究者的假设，从而保持客观与中立。

3. 来自设计缺陷的误差

在观察研究设计中，观察项目过于繁杂、记录表设计不当等都可造成观察误差。因此，要简化观察项目使研究内容聚焦于特定的问题，同一时空内只考察一种现象。简化观察表格，内容相关的表格尽可能地纳入一个表格中，避免让观察者带着好几份表格进入场景中，当某一事件出现时，还要先从一堆表格中进行搜索。简化记录方式，且比较形象，符合日常工作生活中常用的表达方式，如用“↑”表示增加，“↓”表示减少。

（二）观察结果的信度评价

在观察研究过程中，如果有效控制了上述几项误差，就能在很大程度上提高研究的信度与效度，那么有什么具体的方式来表达研究的信度呢？为了有效地控制来自观察者的主观误差，并且及时发现研究设计的缺陷（如不同类别之间的交叉重叠，或者观察现象的界定不够清晰导致的误差），可以邀请两名以上观察者对同一现象或材料进行评价、归类或者编码。以两名观察者为例，可以根据二者的一致性程度来计算评分者信度，计算公式如下。

$$评分者信度 = \frac{一致项目的数量 - 不一致项目的数量}{项目总数}$$

计算所得结果介于 0 至 1 之间，越接近 1 越好。

【基础知识】

1. 观察法有哪些具体的分类方式？
2. 不同观察法的适用情境是什么？
3. 观察研究过程中存在哪些误差？如何控制？

【实践演练】

选择一个自己感兴趣的现象或行为，并有针对性地设计观察研究方案。

第八章　实验法

【内容概览】

本章主要介绍了实验法的基本思想，实验设计中涉及的各种变量，以及各种实验设计的类型。本章辅以大量的实验案例以供理解。

【知识地图】

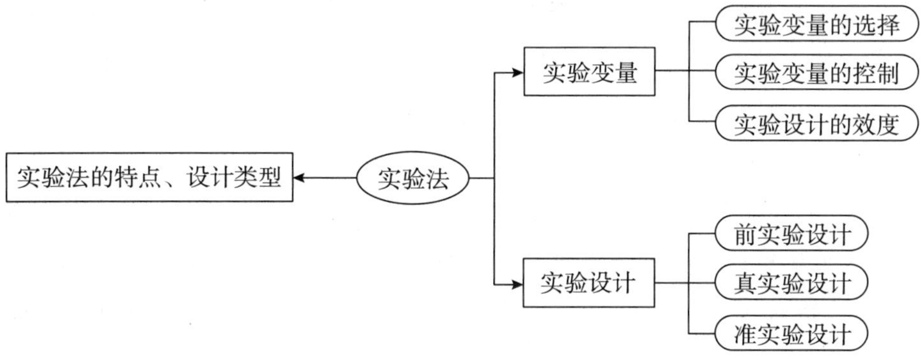

【学习目标】

1. 掌握实验设计的基本思路。
2. 了解实验设计中的各种变量。
3. 了解实验设计的类型，以及各种实验类型的基本特点。
4. 能初步设计一个实验。

第一节 实验法概述

【案例】

沃坦阿贝、黑尔和洛马克斯（P. Watanabe, V. C. Here & R. G. Lomax, 1984）等人对8年级学生进行调查，发现他们平时感兴趣的报纸栏目主要是：有趣的连环画、电影、体育比赛，以及其他文娱性报道。因此很多学生包括许多优秀的学生也难以做到根据报纸标题预测新闻报道的内容。而多数教师却希望学生能更多地阅读新闻报道，了解当前国内外政治动向。由此，研究者认为，如果确定一种训练课的程序，教会8年级学生如何更好地理解报纸标题，这将是很有意义的。

他们设计的实验方案是：通过一系列教学程序和方法的训练，来培养学生根据报纸标题预测所报道内容的能力。在实验实施过程中，沃坦阿贝等人随机抽取了46名8年级的学生，随机将他们分为两组，随机布置其中一组为实验组，接受标题阅读教学，而另一组为控制组，仍接受常规阅读教学。在实施实验前，对两组学生进行了一个前测，要求两组学生阅读20个标题，并预测其所述内容。然后对实验组进行了3周时间的标题阅读教学，同时对控制组进行常规阅读教学。3周教学结束后，同时对两组学生进行后测，要求学生阅读类似于前测验的20个标题，并预测其所报道内容。

记分方式：对前测和后测中所预测内容实施五点量表的客观记分标准，计算得分作为因变量指标。0分表示对标题所含内容未正确预测任何内容，4分表示预测标题所含内容完全正确，满分为80分。统计分析方法采用协方差分析，前测分数作为协变量。统计结果表明，经过标题阅读教学训练的实验组成绩显著高于控制组。

——参见郭春彦主编:《教育科学研究方法》，北京，人民教育出版社，2011

一、实验法的概念

实验法是指研究者按照研究目的，合理地对研究中的某些变量进行操纵或控制，人为地变革研究对象，以探求教育现象中各个变量间的因果关系。一般来说，在实验过程中，研究者通过引入（或操纵）一个变量（即自变量），以观察和分析它对另一个变量（即因变量）所产生的效果。

从方法论上看，实验是定量研究的一种特定类型，实验法比其他几种教育科学研究方法更直接地基于实证主义的背景和原理之上，尤其是在检验变量之间的因果关系方面，实验研究具有最突出的效用。

实验法分为实验室实验和现场实验：实验室实验是在人造的隔离环境中进行的实验，对变量的控制比较严格；现场实验是在自然条件下实施的，研究者往往选择在实际环境中进行，对变量的控制不太严格。

练一练

有目的地严格控制或创设一定的条件，主动地引起或改变某种心理活动，从而进行分析研究的客观方法叫作（　　）。

A. 发展法　　B. 观察法

C. 系统法　　D. 实验法

二、实验法的特点

（一）实验法的优势

第一，需要人为地创设一定的情境，操纵或者控制变量。通过对变量的控制，可以简化和纯化心理现象，重复和检验某些理论观点和研究结果。相比而言，实验室实验比现场实验对变量的控制更严，也更有利于因果结论的得出。

第二，由于实验法事先有较为严格的实验设计，保证了取样的随机性、实验条件的严密性、实验结果记录的客观性等。对变量，尤其是无关变量的控制较严，使得实验的各个环节具有严谨性和科学性，因此相比其他研究方法而言，实验研究更容易揭示变量之间的因果关系。

第三，能观察到自然条件下遇不到的情况。实验法可以在控制了生活中的某些干扰因素后，再探讨所要观察的变量之间的关系，因此容易看出在自然条件下观察不到的某些现象。实验使研究者有可能准确地、精细地、分别地研究事物的各方面或组成部分，比较容易观察某些特定因素的效果。进行实验时，可以有计划地控制现象和环境，创建便于精确测量和运用机械方法记录的条件，使研究更为精密。

第四，可以重复验证实验结果。在实验中，通过人为改变条件，可多次获得同一状态下的某些现象，因此它比采用观察法、调查法等能更加确切地研究这些现象。

（二）实验法的缺陷

第一，它需要花费较多的人力，有时受到实验设备，以及其他实验条件的限制。

第二，对实验所需要的环境的控制难度大。教育实验的对象是活生生的人，要像自然科学的实验室实验那样实行严格的控制是不可能的。

第三，它对实验人员的素质有一定要求，需要进行一定培训后才可以实施。

正是由于这些限制，在教育研究中，实验法的应用不如其他研究方法广泛。

三、实验研究设计的类型

实验研究按照不同分类标准，可分为不同类型。根据实验情境的不同，可以分为实验室实验和现场实验；根据实验控制条件的严密程度不同，可以分为前实验、真实验、准实验；根据研究样本的选取特点，可以分为组内设计、组间设计、混合设计；根据实验中控制变量的多少，可以分为单因素实验和多因素实验；等等。以上这些类型可以相互交叉，出现更复杂的类型。下文简要介绍一下前实验、真实验、准实验。

前实验也叫非实验，是最原始的一种实验类型。它是一种对现象的自然描述，一般用于识别和发现自然存在的一些变量及其关系，这种实验设计对无关变量的控制最不严格，因此它可以作为正式研究的前期积累资料的手段。前实验设计有三种模式，即单组后测设计、单组前后测设计、固定组比较设计。

真实验设计对实验条件的控制程度要求最高，实验者严格地操纵实验变量，以及各种无关因素的影响，使实验结果更能客观地反映实验处理的作用。真实验设计由于对变量的高度控制，很难将实验结果推广到现实生活中，因此研究者们开始重视在自然环境中进行实验研究，由此产生了另一个问题，即无法很好地控制无关变量的干扰。因此，研究者们提出了准实验设计。

准实验是指在无须随机地安排研究对象时，运用原始群体在较为自然的情况下进行实验处理的研究方法。准实验设计是介于前实验和真实验之间的实验设计，它对无关变量的控制比非实验要严格，但又不如真实验控制得充分和广泛。

四、实验研究设计常用的概念和符号

（一）常用概念

1. 实验处理

实验处理就是教育实验中所要操纵的自变量的变化。研究人员需要确定实验处理的数量及其具体表现，一个实验中要有两种以上的不同实验处理。

2. 前测与后测

在一项实验设计中，有时需要对因变量进行前后两次相同的测量。第一次测量是在给予实验处理之前，称为前测。第二次测量则在给予实验处理之后，称为后测。研究者通过比较前测和后测的结果来衡量因变量在给予实验处理前后所发生的变化，反映实验处理（自变量）对因变量所产生的影响。

3. 实验组与对照组

在实验设计中，有时会采用实验组和对照组两个组进行对比研究。实验组是实验过程中接受实验处理的那一组，对照组也称控制组，是在实验过程中并不给予实验处理的那一组。除了不给予实验处理，对照组和实验组在其他各方面都相同。对照组的作用是揭示在不存在实验处理的时候会发生什么情况，与实验组的结果形成比较，从而来说明实验处理的作用。

（二）常用符号及其意义

在实验设计中，常使用各种符号表示实验模式及其意义。

X：表示研究者操纵的自变量，即实验处理。

O：表示因变量，即测量结果。

R：表示随机选取和分配研究对象。

------：表示由虚线隔开的各组研究对象的能力并不相同。

例如，

模式：　　X　　O_1

　　　　　　　O_2

表示有两个组，但是非随机分派，只是从自然的教育情境选择来的，即两个自然班（整组）。对第一组（实验组）实施了一个实验处理（X），并得到了观测结果 O_1；对第二组（对照组）没有实施实验处理，得到了另一个观测结果 O_2。

第二节　实验变量的识别与控制

一、实验变量的选择

实验变量的种类较多，下文主要介绍一下自变量、因变量、无关变量。

自变量是由实验者掌握、操纵的条件。在教育研究中，自变量主要是指教育教学过程中的教学方法、教学模式、教育改革措施等。研究者也常把自变量称为实验处理，用字母 X 表示。

因变量是自变量造成的结果，是实施实验处理后，研究人员观察到的结果。自变量常用字母 O 表示。例如，一项关于“小学生的阅读训练时间对其阅读能力的影响”的研究中，自变量为“阅读训练时间”，因变量为“阅读能力”。

无关变量是指与实验目的无关但又会影响实验结果的变量。在实验过程中，由于无关变量的出现以及对它缺乏有效的控制，常会使得实验研究半途而废或不能达到预期的效果。因此，需要有效地控制无关变量，使得实验能够顺利进行，并得到较准确的实验结果。

研究人员在实验设计过程中，需要预先识别哪些是无关变量。一般来说，研究者通过对以往文献的查阅和与自己实验有关论文的研究，来确定本实验研究应该控制的无关变量。不同的实验有不同的无关变量，有的变量在某个实验中是自变量，而在另一个实验中它可能就是无关变量。例如，智商在一些实验中需要作为无关变量进行控制，但在研究不同智商的学生解决数学问题的思维特点时，智商就是自变量。

二、对变量的控制

控制是指对实验条件的限制。在教育、教学研究中需要控制的因素很多。例如，在对各类考试、测验进行命题时，要控制试卷中各个题目的难度，还要控制整个试卷的平均难度等。

> **议一议**
>
> 控制变量的意义是什么？

在实验中，控制变量的方法主要有以下几种。

第一，利用随机化原则对变量进行控制。从理论上说，随机化是控制无关变量的最佳方法。因为根据概率理论，各组研究对象所具备的各种条件机会均等。在实际使用时，随机化可分为两个步骤：第一，用随机方法将参加实验的所有人员分组；第二，再以随机方法决定哪一组为实验组。也就是说，随机化意味着对研究对象的选取和分配都是随机的。

第二，使用控制组（对照组）对变量进行控制。在实验中，设置控制组，可以将控制组的结果和实验组的结果相比较，获取实验组中实验处理的效果，这样对实验结果的评价是很有利的。

第三，恒定法。使无关因素在实验前后保持不变，从而不影响实验效果的前后比较。例如，实验班在人数、教材、教师等方面保持不变。

第四，平衡法。此方法指在实验组和对照组的比较实验中，要使两个组在无关因素上相同，这样可以把实验组与对照组的差别归结为实验处理的不同。

练一练

在实验设计中，对实验对象的选择和部署以及对实验程序的先后顺序应做出随机安排，使无关变量的效应受到控制，尽量避免其对实验结果的影响。这遵循了（　　）。

A. 随机化原则　B. 局部控制原则

C. 客观性原则　D. 可控制性原则

在实际的教育教学实验中，还应该采取一些适应教育实验特点的控制方法，主要有以下几种。

第一，对实验进行重复验证。由于研究对象的复杂多变，教育实验规模应由小到大，逐步扩展，在不同地区、不同学校反复验证，保证实验结论的可靠性。

第二，采用统计控制法。运用统计控制方法对实验数据作技术性处理，以消除无关因素在实验结果中的影响。例如，进行几种教学方法对学习成绩的影响的实验时，学生的智力因素作为无关因素会和自变量——教学方法混淆在一起，对实验结果产生影响。对此，可以采用协方差分析技术，把智力因素作为一种协变量，将协变量的影响从实验总效应中分离出来，从而有效地控制智力对实验结果的干扰。

第三，控制选取研究对象的代表性。控制实验地点、对象选择、实验主试等诸多因素的代表性，如在普通学校、普通教师、普通儿童、普通教材的条件下开展实验。

第四，开展辅助实验系列。在进行主体实验的同时，进行一些相关的辅助性实验，以深化研究重点，诊断实验疑点，丰富主体实验的内容。

第五，对实验作详细说明。在一些规模较大的实验中，实验者不可能对所有无关变量作全部控制，常常只能控制其中最主要的几个变量。对其他一些无关变量必须在实验过程中加以记录，在实验报告中加以说明。这样使实验结论更符合事实，也便于提醒他人重复实验时不要忽略这些因素的作用。

三、实验设计的效度

效度是指实验的有效性，即实验是否有效地测量到了目标，包括内在效度和外部效度。在教育科学研究中，常有一些无关变量与实验变量相混淆，影响实验的结果，就会影响实验设计的效度。下面了解一下哪些因素会影响实验的内部效度和外部效度。

（一）影响内部效度的因素

内部效度指研究结果能被明确解释的程度，即实验者所操纵的实验处理（自变量）对因变量所造成的影响的真正程度。内部效度的高低，取决于对无关变量控制的程度，控制得越好，实验结果就越能解释为是由实验处理所造成的。反之，如果对无关因素控制不充分，使得无关因素与实验处理（自变量）混淆在一起，就难以确定实验结果是由实验处理引发的，还是由其他无关因素所导致的。

一般来说，下面的这些因素常会与自变量相混淆，影响实验的内部效度。

1. 特定事件的影响

在实验过程中与自变量同时发生的一些特定事件会对实验结果产生影响，使得研究者无法判断实验结果是由自变量引起的，还是由特定事件引出的。例如，研究者想试验一种探究式教学法的效果，先对一个班的学生进行了学科测验，获取了他们的现有水平，然后经过一个学期的探究式教学后，再使用等值的测验题目测量了学生的学科成绩。结果发现，后一测验分数显著高于前一测验的分数。因此，研究者就下了这样的结论：探究式教学方法是较好的方法。这个结论正确吗？答案是可能不正确。因为在实验期间，一些影响因变量（即学科成绩）的事件可能和实验处理同时发生作用，从而混淆了实验结果。例如，学校在实验期间组织了一些课外的科学探究活动，引发学生对探究活动本身的兴趣，学生的兴趣就会和自变量混淆。

一般来说，实验时间越长，实验处理以外的其他事件的影响的可能性就越大。

2. 身心自然发展的影响

研究对象在实验期间，不论生理还是心理都会产生变化，比如，变得更成熟、健壮，或者变得疲劳、饥饿或没有兴趣等，对象的身心变化都会影响实验结果，因此很难确定实验结果是由实验处理引发的，还是身心自然发展引发的。前文提到的探究式教学法实验的例子中，学生可能是因为年龄增长而在认知能力上有了提高和发展，从而提高了学科成绩，这样学生的身心发展就会干扰实验处理的效果，学科成绩的提高难以单纯归因于新的探究式教学方法上。

3. 研究对象的选择

在实验过程中，如果没有采用随机化的方法选择和分配研究对象，会在实验处理前就造成各组的研究对象的不相等。在实验处理之前，各组的研究对象就存在差别，那么实验结果的差异就不能说是单纯由实验处理造成的。所以，在采用两组或多组的实验研究中，研究者必须考虑不同组别的研究对象在各项因素上是否一致。

4. 前测验的影响

在许多研究中研究者为了取得实验前研究对象的初始水平，常常对研究对象实施一个前测验，但是研究对象在经过前测验后，会获得有关测验的技巧和内容等经验，从而有助于后测分数的提高，尤其是前测和后测的题目基本相同时更会如此。所以，后测分数的提高也可能是前测验导致的。

5. 统计回归

统计回归指研究对象在进行第二次测量时其成绩有向团体平均数趋近的倾向，即高分组的对象在第二次测量时，其分数由于向平均数趋近而有降低的趋势，但是低分组的对象，其分数却有升高的趋势。

在有前测和后测的实验中，若以极端分数（如高分组和低分组）的学生为对象，容易出现统计回归现象。

6. 仪器的使用

在实验过程中，使用测量工具（如试卷、仪器等）不当、测验材料出现问题、研究者的身心发生变化（如评卷者在评价后测验成绩时，会比评价前测时更疲劳等）等因素都会影响实验结果。例如，上述探究式教学法的实验中，如果前测的学科测验试题比后测的容易，则成绩的提高有可能是测量工具不同引起的结果，而非实验处理的效果。另外，同一个研究者在对前测验和后测验进行评价时，评价尺度可能会发生改变，从而导致实验效果受到影响。

7. 选择和成熟的交互作用及其他

在实验设计中，如果研究者缺乏对变量的精确控制，上述诸因素常会产生交互作用的效果，这一效果与实验处理的效果相混淆，使研究者无法确定实验结果的来源，而误认为所产生的效果就是实验处理的作用。在诸因素的交互作用中，研究对象的选择因素与身心自然发展因素之间的交互作用是最常出现的。

（二）影响外部效度的因素

外部效度指实验结果能被推广的程度或范围。例如，某些教学改革实验是在条件较好的重点学校进行的，那么实验结果就不一定适用于普通学校，这个实验的外部效度就低。

一般来说，影响一个实验研究的外部效度有下列因素。

1. 前测验的反作用效果

在采用有前测和后测的实验设计时，前测验的作用有可能增加或降低实验结果的效度。在这种情况下，用这类有前测的实验设计所得到的结果，就不能直接推论到无前测的实验中去。

2. 研究对象的选择偏差与实验处理的共同作用

实验中，如果研究者所选择的研究对象都具有某种特征，而这种特征与实验处理发生相互作用，就会对实验结果产生积极或消极的影响。这种具有样本选择偏差的实验在其结果的推广范围上可能会受到限制。例如，如果选择一些高智力的学生，进行探索式教学和传统教学法的比较实验，结果发现探索式教学法的效果优于传统教学法。但是，由于参与实验的学生具有高智力特征，因此实验结果不能推论到其他学生中去。

3. 实验安排的反作用效果

在某些实验中，研究对象知道自己正在参加实验，他（她）可能为投实验者所好，而改变正常的行为方式，努力表现实验者所期望的行为，以获得实验者的欢悦。由此可见，这种实验结果可能和自然情境下的结果大不相同，因此，也就不能适用于一般性的日常情境中。

4. 重复实验处理的干扰

当同样的被试重复接受两种以上的实验处理时，几项实验处理之间会产生干扰作用。因此，这种实验的结果无法应用于只有一种实验处理的情况。例如，让同样的一组学生分别接受了探究式教学法、发现式教学法、传统教学法后，如果发现探究式教学法的效果最好，研究者也不能将这种结果推论到仅仅接受探究式教学法一种方法的实验情境中，因为实验中的探究式教学法之所以取得良好效果，很有可能是和其他两种方法共同作用的结果。

总之，研究者在选择实验设计时，要对实验情境进行必要的控制，以提高实验的内部效度和外部效度。实验的内部效度越高，其实验结果就越能确认是由实验处理所造成的；而实验的外部效度越高，其结果的推论范围就越大。但是在实验情境中，要同时兼顾这两种效度很难做到，一般而言，基础研究比较重视内部效度，而应用研究则比较重视外部效度。

第三节　实验设计

【案例】

我国学者卢仲衡等（1981）的研究项目："初中一年级数学自学辅导教学协作实验研究"。研究者选择该项研究的目的是：对数学自学辅导教学与传统教学的学习效果进行比较，探索学生有效进行数学学习的教学方案。研究者随机选择了北京市的若干所中学，并将从小学升入中学的学生随机分为两班，随机选择其中一个班为实验组，另一个班为控制组。实验班采用数学自学辅导教学方式，实验材料为自学辅导教材，内容为初一代数；控制组采用传统课堂教学方式，学习材料为统编教材，实验班与控制班教学内容相同，实验时间为一个学期。表 8-1 表示两班学生在学习初一年级各个教学内容后进行测验的后测成绩，及进行平均数差数检验（t 检验）的结果。

——参见郭春彦主编：《教育科学研究方法》，北京，人民教育出版社，2011

表 8-1　某中学实验组和控制组平均成绩比较表

测验单元	有理数		整式的加减		一元一次方程		期末全区统考	
组别	实验组	控制组	实验组	控制组	实验组	控制组	实验组	控制组
平均成绩（分）	64.48	57.35	69.57	63.61	69.38	46.21	78.74	58.47
P 值	$P<0.01$		$P>0.05$		$P<0.01$		$P<0.01$	

由表 8-1 可以看出，通过初一上学期的学习，实验班在两次测验（有理数测验和一元一次方程测验）和期末全区统一考试的学习成绩显著高于控制班；在整式的加减测验上，尽管没有达到统计上的显著水平，但实验班的成绩高出控制班 5.96 分。综合此项实验的其他成果，可以得出结论：数学自学辅导的教学方式优于传统课堂教学方式。

实验研究中最重要的一步就是实验设计，实验设计的好坏对实验结果的解释具有非常重要的作用。根据实验中对无关变量的控制程度，可以分为前实验设计、真实验设计、准实验设计。

一、前实验设计

（一）单组后测设计

在单组后测设计中，只有一个实验组，而对实验组只给予一次实验处理，然后通过测量得到一个后测成绩，这种设计的基本模式如下。

$$X \qquad O$$

X是研究者主动操纵的实验处理，O是研究者操纵自变量引出的结果。

例如，为了检验一种探究性教学法对学生数学成绩的影响，某教师针对一个班学生实施了这种教学方法，一个学期教学后，测验学生的数学成绩，发现学生的数学成绩有所提高，于是该教师下结论说：探究性教学方法有助于学生数学成绩的提高。但是，这个结论可能是不正确的。因为这种单组后测设计的内部效度甚差，“特定事件”“研究对象身心自然发展”“研究对象的选择”“研究对象的流失”等因素都可能干扰实验结果，无法说明数学成绩的提高是由于探究性教学导致的。因此，单组后测设计虽然简单易行，但因缺乏控制组，许多因素会混淆实验结果，在教育研究中很少采用这种设计，仅仅在积累研究的前期经验中可以使用。

（二）单组前测后测设计

该设计模式如下。

$$O_1 \qquad X \qquad O_2$$

在这一模式中，对受试者进行实验处理前的测验（O_1），然后给予受试者实验处理（X），再给予受试者一次测验（O_2），最后比较前测和后测的分数。

对该种实验设计所收集的数据进行统计分析，通常采用两个相关样本平均数差异的显著性检验（Z检验或t检验），以检验前后两次测验平均数的差异显著性（统计检验的具体方法可参阅统计法一章）。

例如，威特墨在一篇题为《七年级低成就学生态度和成就的咨询和辅导效应》的论文中，曾使用了单组前测后测设计。该项研究假设“经过10星期的咨询和辅导（由咨询者实施），学生的态度等级分数将有明显的改变”。该项研究选用25项态度等级量表，18名学生分别在咨询和辅导的前后由教师使用9点量表进行评价。数据结果的分析利用t检验对学生的前后测分数进行统计分析。

这种研究设计的优点在于，由于相同的被试都接受前测和后测，因此“研究对象的选择差异”和“研究对象的流失”两因素都可以被控制。缺点在于，实验效果可能受到“特定事件”“身心自然成熟”“研究工具”等因素的干扰，内部效度也很差，少用为宜。

二、准实验设计

准实验设计介于前实验和真实验设计之间，它对无关变量的控制比非实验设计要严格，但不如真实验设计。通常，准实验设计不满足对被试进行随机抽样的原则，这时虽然可以设立控制组，但实验组和控制组的背景条件不可能保证完全相同。

议一议

准实验设计模式的优缺点是什么？

（一）单组准实验设计

在教育科学研究中，有时由于条件的限制和问题的性质使研究者无法采用控制组，从而选取单组准实验设计进行研究。

1. 时间序列设计

该设计的基本模式如下。

$$O_1 \quad O_2 \quad O_3 \quad O_4 \quad X \quad O_5 \quad O_6 \quad O_7 \quad O_8$$

时间序列设计是指对一组对象进行一系列前测和后测，在实施一系列的前测（$O_1 \sim O_4$）后，引进实验处理（X），然后进行一系列的后测（$O_5 \sim O_8$）；研究者对前测和后测的结果进行比较，探讨插入实验处理前后测量结果的变化，从而推断实验处理是否产生效果。这种设计的统计分析除了可用相关样本平均数差异的显著性 t 检验外，比较理想的统计检验方法是采用趋向分析。

这一设计的缺点是：由于该设计研究是在没有控制组的情况下进行的，因而它不能控制与实验处理同时发生的“特定事件”的影响，可能对实验结果产生干扰，降低了内部效度。要补救这一缺点，最好增加一个控制组，成为“多重时间系列设计”。另外，多次实施前测验往往会降低或增加研究对象对实验处理的敏感性，从而对他们产生作用而影响他们在实验处理后的成绩。在外部效度方面，“测验的反作用或交互作用效果”未能控制，因此，其实验结果只能推论到重复测验的群体。不过，目前在教育教学领域中，学生是常常接受重复测验的群体。因此，这一缺点也就影响不大。

单组实验设计实例

研究者欲探索“提高工人的教育水平是否会提高工厂的产量”，于是从1月到6月，在每月末，都把准备参加教育培训的工人的生产量记录起来，然后，从7月至12月，对工人进行某一项专门技术的教育培训，接着，继续记录从第二年的1月至6月的生产量，看看经培训后的1月至6月产量比培训之前7月至12月产量是否有显著增加。数据处理上可以计算出培训之前1月至6月和之后7月至12月的产量的平均数，再进行样本平均数差异的显著性 t 检验。

2. 相等时间样本设计

在教育科学研究中，有时可能只有一组被试，但研究者希望能有与实验组和控制组类似的实验效果，于是可以使用相等时间样本设计。该设计有两个相等的时间样本，在其中的一个时间样本中采用常规处理，在另一个时间样本中采用实验处理，然后，比较这两段时间测验的分数。

该设计的基本模式如下。

$$X_1O_1 \quad X_0O_2 \quad X_1O_3 \quad X_0O_4$$

其中，O_1、O_3 表示接受实验处理（X_1）后的测验结果，O_2、O_4 表示接受常规处理（X_0）后的测验结果。

该设计广泛应用在研究学生的学习中。例如，在同一个班级中，间隔相同时间实施集中复习和分散复习方法，看两段时间的学习效果是否不同。统计检验可采用方差分析法，也可采用相关样本平均数差异的显著性 t 检验。

这种设计能完全控制影响内部效度的八个因素。然而，相等时间样本设计在控制影响外部效度的因素方面并不理想，实验结果可能会受到"实验安排的反作用效果""选择的偏差与实验变量的交互作用""重复实验处理的干扰"等因素的影响。这一设计也可用于只有一个被试的情形。

（二）多组准实验设计

在教育科学研究中，为使实验结果尽量少受无关因素的干扰，使实验结果具有较高的可靠性，在条件允许的情况下应该采用包括有实验组和控制组的多组实验设计。

1. 不等组前后测设计

该设计特点是研究者没有条件按随机化原则选择实验组和控制组。

基本模式如下。

$$O_1 \quad X \quad O_2$$

\-----------------------

$$O_3 \quad X \quad O_4$$

在这个模式中，实验组和控制组是来自原来固有的群体（虚线表示不能随机选择和安排两组），并不是随机选择和分配的。对两组对象均进行前测验和后测验，以便于对照比较。研究者通过前测验可以取得两组是否基本等价或存在某种差异的信息，作为在两个组之间进行比较的基础。这种设计的统计分析可分别求出两组的增值分数，再采用独立样本平均数差异的显著性 t 检验。

从设计模式可以看出，由于有控制组，基本上控制了特定事件、身心自然成熟、前测验等因素对实验的干扰；另外，由于两组都有前测验，研究者可以了解实验处理前研究对象的初始状态，初步控制了研究对象的选择差异。

该设计的缺点是，由于没有使用随机化方法选择和分配研究对象，实验组与控制组是不对等的，因而选择与成熟、选择与实验处理的交互作用可能会降低该设计的效度。又由于两组都使用了前测，其实验结果不能直接推广到无前测的情境中去。

不等组前后测设计实例

研究者欲试验新编的小学数学教材是否优于旧教材，于是联系一所小学做实验，该小学只提供六个原有班级学生作为实验对象，不允许研究人员采用随机方法从各班级中抽取学生，并随机分派到实验组和控制组中。因此，研究者只好将六个班级随机分派三个班为实验组，另三个班为控制组（显然，这种分派方式不能被看作随机分派，因为每一位学生并没有同等机会被分派到实验组或控制组。不过，在不能完全随机分派学生的情况下，以班级为单位随机分派也是一种可取的措施）。接着，对两组被试实施一项数学思维能力水平测验，目的是获得两组学生基本等价的信息。然后，实验组使用新教材教学，控制组仍使用旧教材教学，一个学期后，两组再接受等值的数学思维能力水平测验，比较实验处理前后测的成绩，即可以说明新旧教材之优劣。

2. 不等组前后测时间序列设计

该设计是在单组时间序列设计和不等组前后测设计的基础上组合而成的一种多组准实验设计。基本模式如下。

$$
\begin{array}{ccccccccc}
O_1 & O_2 & O_3 & O_4 & X & O_5 & O_6 & O_7 & O_8 \\
\hdashline
O_9 & O_{10} & O_{11} & O_{12} & & O_{13} & O_{14} & O_{15} & O_{16}
\end{array}
$$

该模式中，实验组和控制组都不是随机选择和分配的，对实验组给予实验处理（X）；在实验处理前进行一系列的前测（$O_1 \sim O_4$），在实验处理后，进行一系列的后测（$O_5 \sim O_8$）；而控制组不进行实验处理，只是进行一系列的前测（$O_9 \sim O_{12}$）和后测（$O_{13} \sim O_{16}$）。

该设计的统计方法类似于不等组前后测设计，需要分别求出实验组和控制组在实验处理前后的各 4 次测量的平均数，然后，就可以将实验组的前测、后测的增量值与控制组的前测、后测的增量值用独立样本 t 检验进行比较。

该设计结合了时间序列设计和不等组前后测设计的特点，因此，影响内部效度的因素基本得到了有效控制，但测验的反作用效果，以及选择偏差与实验处理的交互作用可能成为影响外部效度的因素。

上述实验设计各有利弊，在选择运用时，每种设计还可以根据实验情况而加以改进。准实验设计在教育研究中广泛应用，原因是在教育教学研究中，抽取样本时很难做到随机化，而准实验设计恰好是以原有班级作为实验对象，并尽可能控制无关因素的干扰，所以教育研究者常常愿意采用。

三、真实验设计

真实验设计对实验条件的控制程度要求最高。研究者能有效地操纵实验变量，能最高程度地控制无关因素的影响，并且能在随机化原则上选择和分配被试，从而使实验结果更能客观地反映实验处理的作用。

（一）等组前后测设计

该设计的基本模式如下。

$$\begin{array}{cccc} R & O_1 & X & O_2 \\ R & O_3 & & O_4 \end{array}$$

该设计主要步骤如下。

第一步，用随机方法选择被试，并将其随机分派到实验组和控制组（R）。

第二步，实验处理前，两组都接受前测（O_1、O_3）。

第三步，实验组接受实验处理（X），而控制组则不接受。

第四步，实验处理后，两组都接受后测（O_2、O_4）。

第五步，比较两组实验结果［（O_2-O_1）－（O_4-O_3）］，得到差异。

这种实验设计的内部效度是很高的，因为采用随机方法将被试分为两组，从而可以控制选择、被试的中途退出以及选择与成熟的交互作用等因素对实验结果的干扰。另外，由于安排了实验组和控制组，因而可以控制历史、成熟、测验、仪器使用等影响内部效度的因素对实验结果的影响。可见它是一种严谨控制的实验设计，在教育实验研究中常被采用。但在外部效度方面，由于采用前测，实验结果可能受到“测验的反作用或交互作用效果”因素的干扰，“实验安排的反作用效果”因素的干扰有时也可能产生。

对对等组前后测设计所得的实验数据进行统计分析，有两种方法可以使用。第一，对前测和后测相减后所得的增值分数进行统计分析。对每个研究对象，都用后测成绩减去前测成绩（O_2-O_1，O_4-O_3），分别求出两组增值分数的平均数。对两组增值分数进行显著性检验的方法有 t 检验（参数统计）、曼 - 惠特尼（Mann-Whitney）U 检验或中位数检验（非参数检验）。第二，协方差分析法。此方法是将前测分数作为协变量，对实施实验处理前的组间差异进行控制和调整，以便使两组后测成绩的比较基本不受前测成绩的影响，该方法被研究者认为是很好的方法（协方差分析方法可参看相关的心理统计学书中的介绍）。

在教育教学研究中，有时研究者要进行实验处理方案不只是两个，实验处理 X 的个数有三个或三个以上。这时上述设计模式就可以扩展为多个实验处理或者多个组别进行。例如，以三个实验处理为例，其基本模式如下。

$$\begin{array}{ccc} R & X_1 & O_1 \\ R & X_2 & O_2 \\ R & X_3 & O_3 \end{array}$$

这种实验设计通过随机化的方式分配被试和实验处理到不同的组别中。然后对几个组的被试进行后测验，获得各组被试的后测成绩。

（二）等组后测设计

基本模式如下：

$$
\begin{array}{ccc}
R & X & O_1 \\
R &   & O_2
\end{array}
$$

在该设计模式中，O_1 和 O_2 为后测成绩。与上述等组前后测设计比较，该设计在实验处理前都没有测验。在数据分析上，大部分研究者使用 t 检验对两组后测成绩进行数据分析；非参数检验也常使用曼 - 惠特尼 U 检验或中位数检验法。

这是一种十分理想的实验设计，因为它对影响内在效度的八个因素均可有效控制，而且，尚可避免因前测所产生的“测验的反作用效果”。

等组后测设计实例

假定要探讨教师和学校领导交换意见的机会是否有助于提高教师的工作态度。于是从学校中随机抽取一些教师参加实验，其中一部分教师随机分派为实验组，另一部分为控制组。实验开始时，实验组的教师每日均有两次机会和校长交换意见，商谈校务和教学事宜，控制组则无此机会。经过一年后，实验组和控制组的教师，都接受一项测量“教师工作态度”的问卷。然后比较两组教师的工作态度是否有显著差异。统计分析可使用独立样本平均数差异的显著性 t 检验。

【基础知识】

1. 对实验变量的控制方法有哪些?
2. 简单介绍真实验设计的模式及其优缺点。

【实践演练】

1. 查阅一篇使用实验法进行的教育研究报告，并分析其特点。
2. 设计一个实验，可以测量教师评价用语对学生行为的影响。

第九章　教育资料的数据统计方法
——描述性统计

【内容概览】

本章主要介绍了常用的几种数据统计分析方法，如平均数、标准差、相关系数等，并对各种假设验方法及其使用条件进行了说明。引用了大量的教学案例对统计法在教育教学中的使用进行了解释和说明。

【知识地图】

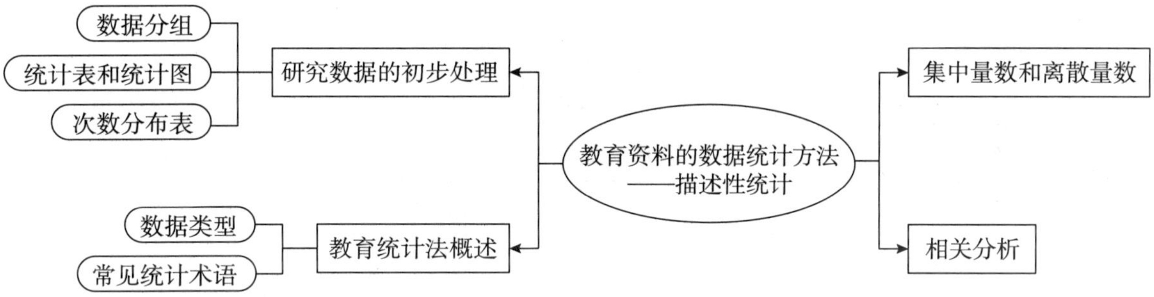

【学习目标】

1. 掌握描述性统计法的应用。

2. 了解推断统计法的各种方法，并初步学会使用若干主要方法。

3. 能使用统计法解决教育教学中遇到的案例。

第一节 教育统计法概述

[案例]

某校六年级的教师想探究个别化教学和传统教学方法对学生阅读成绩的影响。该校 6 年级共有 86 名学生，女生 47 名，男生 39 名。该教师首先采用实验组控制组后测设计，随机安排 40 名学生接受个别化教学，男、女生各半；其他 46 名学生接受传统教学方法。一学期后，对所有学生进行了阅读测验，获得了学生的阅读成绩。

该老师分别计算了接受个别化教学法和传统教学法的学生的阅读成绩的平均数和标准差，并进一步计算了男生和女生阅读成绩的平均分和标准差，表 9-1 中是计算结果（计算过程略），从中能得到什么结论呢？

表 9-1 个别化教学法和传统教学法下学生阅读成绩的平均数和标准差

条件	平均数	标准差
个别化教学（男和女）	82.1	12.6
传统教学（男和女）	76.0	17.2
个别化教学（男）	80.6	14.1
个别化教学（女）	83.6	11.3
传统教学（男）	71.8	8.0
传统教学（女）	80.2	6.8
全部男生	76.2	16.3
全部女生	81.9	12.7

第一，个别化教学的平均分比传统教学的高；女生平均分比男生高，且在分别接受个别化教学和传统教学组中都有如此趋势。

第二，传统教学组的男女生之间的差异要比个别化教学组中男女生的大得多，平均分之差分别为 8.4 和 3.0。

第三，男生分数之间的差异比女生分数的差异大，这种趋势和两种方法组中男生和女生分数之间差异的比较也很一致；如果仅仅考察两种方法中男生和女生的分数分布，可以看出，个别化教学组的分数的变异性更大。

第四，当男生和女生组合并后，传统教学组的标准差较大，这很可能是因为传统教学组内女生的成绩比男生高得多的缘故。

——参见 [美] 威廉 · 维尔斯曼:《教育研究方法导论》，北京，教育科学出版社，1997

一、教育统计法的主要内容

按照教育统计法的功能进行分类，可以将其内容分为描述性统计和推断性统计两个部分。

议一议

描述性统计和推断性统计各自的功能是什么？

（一）描述性统计

描述性统计是对教育研究中得来的数据进行初步的整理，主要目的是把一堆杂乱无章的数据初步整理成有规律的数据，并计算出这些数据的特征量，揭示它们的本质特征。描述性统计的具体内容包括数据初步整理、集中趋势、离散趋势以及相关关系。

数据初步整理主要涉及对杂乱无章的数据的归纳，并用统计表和统计图显示出数据的规律和特征。集中趋势是对数据的集中情况进行描述，包括算术平均数、中数、众数、几何平均数、调和平均数等，这些量数的计算方法和使用条件各不相同。离散趋势是对数据的分散程度进行描述，包括标准差或方差、全距、四分位差、平均差以及各种百分位差等，其计算方法以及适用条件各不相同。

相关关系是对一种事物的若干属性之间的相互关系进行描述，包括积差相关、等级相关、质与量相关等，每类相关的计算方法和适用条件也各不相同。

教育工作中会经常使用到描述性统计，例如学校的各类考试中，教师都要计算出学生的平均分、优秀率、及格率等。

（二）推断性统计

在教育研究中，研究人员往往无法做到对所有的个体——总体进行研究，只能抽取一部分个体——样本进行探讨。可是，从样本中得到的信息能否代表总体规律呢？这就需要研究人员从样本的数据中获得相关信息，并把这些信息合理地推广到总体中去，得出科学的结论，这个推理过程就是推断性统计的任务。

推断性统计讲授的内容主要包括总体参数估计和假设检验。总体参数估计是用样本数据对总体的特征进行估计。假设检验是指从样本数据得出的差异去推论其总体参数之间是否存在真正差异，进行这种推论的过程称作假设检验。假设检验的内容一般分为样本统计量与总体参数的差异和两个样本统计量之间的差异，其具体内容见后续相关章节。

二、数据类型

教育学研究中获取的数据根据其性质和特点可以分为不同的数据类型，不同数据类型所采用的统计方法也不同。

（一）计数数据与测量数据

计数数据就是我们数出来的物体的个数，例如，班级人数、书本数量、考试优秀率的人数等。

对计数数据的统计一般可以使用频次分析、卡方检验等方法。

测量数据是通过测量工具或某种测量标准获取的数据，如身高、体重、考试成绩、智力分数等。对测量数据的统计分析一般可以使用相关分析、t 检验、F 检验等方法。

（二）称名数据、顺序数据、等距数据、等比数据

称名数据只能说明各事物之间的不同属性，如性别、姓名、身份证号码、电话号码等，仅仅是区分不同事物，不能说明其大小、排序等特点。

顺序数据不仅能说明事物之间的不同属性，而且也能对事物进行排序，例如，各种名次、喜好程度、职称等。顺序数据可以对数据进行排序，但是由于其不具有相等距离，因此不能进行加减运算。例如，运动会上的赛跑名次，只能说明第一名比第二名的速度快，第二名比第三名的速度快，却不能说第一名与第二名、第二名与第三名之间的速度相等，即各名次之间的间隔距离不一定相等。因此，顺序数据不能进行加减运算。

等距数据包含了以上两种数据的特点，此外还具有相等的距离，因此，等距数据可以进行加减运算。例如："气温"不仅可以排序，而且可以判断各个温度之间是否相等。不过，由于等距数据没有绝对零点，无法进行乘除运算，限制了它更广泛的应用。

等比数据除了涵盖以上三种数据的特点外，还具有绝对零点的特点，因此，这类数据可以进行加减乘除所有运算，如身高、体重、感觉阈限值等，都属于等比数据。不过，这类数据在教育领域中相对较少。

练一练

以下变量分别属于称名数据、顺序数据、等距数据、等比数据中的哪一种?

身份证号、年级、民族、师生比、月薪、学号、电视频道、考试成绩

三、几种常见的统计术语

（一）变量

教育研究中的各种数据都具有不确定性，这种具有不确定性的研究数据称为变量。例如，考试成绩就是一个变量，它可以取从 0 到 100（百分制）的任何数值。

变量在取某个具体数值之前，研究人员无法准确地预料会获得什么样的数值，这种事先不能预料取值的变量，称为随机变量。一般用大写的英文字母如 X，Y 表示随机变量，与变量相对应的是常数，它在一定范围内其数值不会随意改变。

（二）总体与样本

总体是具有某种特征的一类事物的总称，凡是具有相同特征的事物我们都可以将其看作一

个总体。根据研究问题和研究目的，总体可大可小，或者有限，或者无限。

总体是由一个个的个体构成的，从总体中抽取出的一部分个体，称为样本，样本中包含的个体数量称为样本容量或样本大小。一般情况下，样本大小超过30称为大样本，等于或者小于30称为小样本。大样本和小样本在统计分析时要采用不同的方法。样本越大，对总体的代表性越强，但是需要注意的是，在实际研究中，并不是抽取的样本越大越好，过大的样本容量会导致人力、财力的浪费，且对统计结果的精确性没有很大的提高。

（三）频数与频率

频数也称为频次，或次数，是指一项研究中某一类型事件出现的数目，一般用$f(X)$或$f(Y)$来表示。例如，某次考试获得优秀的学生5人，不及格的学生8人，可以表示为优秀频数$f(X)=5$，不及格频数$f(Y)=8$。

频率是指某一事件出现的次数与总事件次数之比，通常用比率来表示。

（四）参数与统计量

参数是对某个事物的总体进行研究，并得到相应的总体特性，也称为总体参数。与此对应，统计量是对所抽取的样本进行研究，并得到样本的特性。

参数与统计量所使用的统计符号完全不同，参数常用希腊字母表示，样本统计量常用英文字母表示，如总体的算术平均数为μ，标准差为σ，相关系数为ρ等，而样本统计量的算术平均数为$\overline{X}$或者$\overline{Y}$，标准差为S，相关系数为r等。

第二节 研究数据的初步处理

在教育教学研究中收集到的很多数据都是杂乱无章的，我们需要对它们进行初步的梳理，找到其中蕴藏的大致规律。一般来说，对数据的初步处理包括数据分组、绘制统计表和统计图。

一、数据分组

对于早期收集到的研究数据，在正式处理前，需要先对原始数据进行审核与筛选。审核的内容主要有完整性审核和准确性审核。完整性审核是要检查应调查的单位或个体是否有遗漏，以及所有的调查项目或指标是否填写齐全。准确性审核是检查数据是否真实反映客观实际情况，内容是否符合实际，并且检查数据是否有错误、计算是否正确等。

审核数据后，需要对一些有问题的数据进行筛选，对发现的错误数据应尽可能予以纠正，如果发现数据中的错误不能予以纠正，或者有些数据不符合调查的要求又无法弥补时，需要对数据进行筛选，可以将某些不符合要求的数据或有明显错误的数据剔除，或者将符合某种特定条件的数据筛选出来，把不符合特定条件的数据剔除。

根据要求审核和筛选数据后，我们可以根据被研究对象的特征，将所得数据划分组别。数据分组有两种方式，一种是按照根据事物的属性分组，例如，学生的学业成绩可以按照学科性质分为语文、数学、物理等。另一种分组方式是数量分组，即以数据取值大小排序分组。

二、绘制统计表和统计图

统计表是对数据资料进行初步整理的重要一步，统计表的种类很多，例如简单表、分组表、列联表、次数分布表等。统计表的基本结构包含表号、标题、标目、数字等基本项目，见图 9-1。

> **练一练**
>
> 收集数据并设计规范的统计表和统计图。

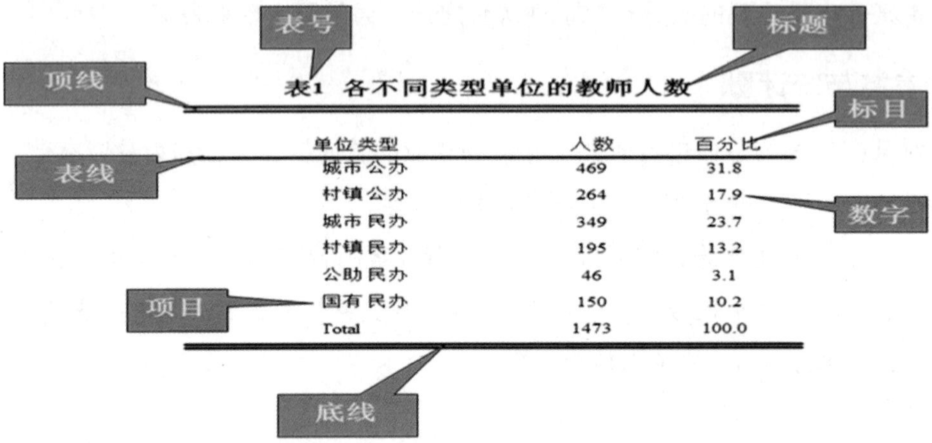

表1 各不同类型单位的教师人数

单位类型	人数	百分比
城市公办	469	31.8
村镇公办	264	17.9
城市民办	349	23.7
村镇民办	195	13.2
公助民办	46	3.1
国有民办	150	10.2
Total	1473	100.0

图 9-1 统计表样式图

需要注意的是，统计表的标题要写在表格上方，表号和标题之间需空出一个汉字间隔。表格中的数字后面不可写单位、百分号等，单位、百分号等可以写在标目后面并用小括号括起来。根据研究者的需要，可以在表的下方写上表注，对统计表内需要解释的某些内容进行补充性说明。

统计表可以将原始数据进行初步整理，此外绘制统计图可以更突出地展现数据的规律和特点，能够更直观、形象地反映数据规律。

绘制统计图时，通常横坐标表示研究的自变量，纵坐标表示因变量，统计图的主要构成有图号、图标、图目、图尺、图形、图例等，见图 9-2。

需要注意的是，图号和图标要写在图的正下方，图号和图标之间有一个汉字的间隔。图形是统计图的主体部分，在呈现不同结果时，可以使用不同颜色的线条加以区分，尽量不要有文字注释。

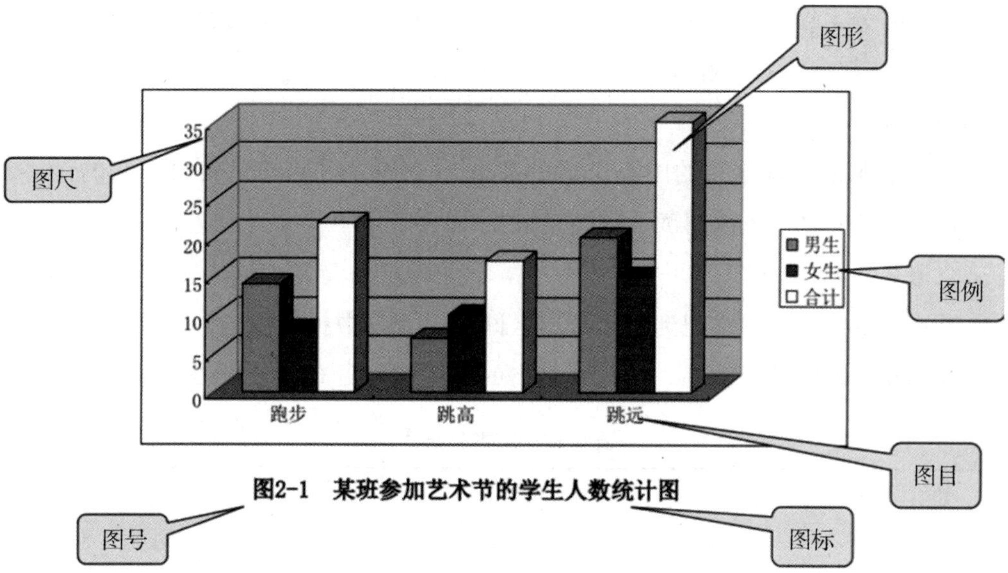

图 9-2　统计图样式图

三、次数分布表

次数分布指原始数据中各类事件出现次数的分布情况，次数分布表主要表示数据在各个分组区间内的散布情况。下面主要介绍分组次数分布表和累加次数分布表。

（一）分组次数分布表

当数据量很大时，可以先把所有的数据划分为若干分组区间，然后将原始数据按其数值大小划归到相应的组别内，分别统计各个组别中所包含的数据个数，再用列表形式呈现出来，就构成了分组次数分布表。该表的制作步骤如下。

1. 求全距（R）

全距即最大数与最小数两个数据值之间的差距。

2. 确定组距与组数

组距是指任意一组的起点和终点之间的距离，用符号 i 表示。组数是指分组数目，用符号 K 表示。

$$组数（组距）=\frac{全距}{组距（组数）}。$$

需要注意的是组距的大小，需要以全距为参考。组数的多少，以数据的多少来定。按照经验，组距经常取 2，3，5，10，20，组数一般分 10～20 组。

3. 列出分组区间（即组限）

分组区间即一个组的起点值和终点值之间的距离（起止范围）。起点值称组下限，终点值称组上限。

注意在列出的分组区间内，最高组区间应包含所收集数据的最大值，最低组区间应包含最小的数据。

4. 计算组中值

组中值反映了各组数据分布的中心位置的数值，是各组数据的代表值。它的计算是每组精确下限加上组距的二分之一，或精确下限与精确上限之和的一半。

5. 登记次数

将收集到的原始数据分别登记到各个分组区间去，登记数据的次数。

最后，对制成的表格进行整理，形成了基本的分组次数分布表，见表 9-2。

表 9-2 次数分布表

分组区间	组中值	次数
90 ～	94.5	3
80 ～	84.5	12
70 ～	74.5	18
60 ～	64.5	13
50 ～	54.5	4

通过上述步骤制作出的分组次数分布表，我们能够观察到，多数数据都集中在 70～80 分区间内。也就是说，通过这种表格，能够让我们了解数据的大致走向和规律，但是它的不足是原始数据消失了，用组中值代替了原始数据。

（二）累加次数分布表

累加次数是把各组的次数由下而上，或由上而下累加在一起，最后一组的累加次数应等于数据的总次数。

累加次数的方法有两种。一种是从分布表的小数值端，逐区间进行次数累加，这种累加次数可回答次数分布表某一分组区间上限以下的次数是多少。另一种是从分布表的大数端逐区间累加次数，这种累加次数可回答某一分组区间下限以上的次数是多少。如表 9-3 中，能观察到成绩在 70 分以下的人次共 17 人，在 80 分以上的人次共 15 人。

表 9-3 累加次数分布表

分组区间	次数	由下而上累加次数	由上而下累加次数
90 ～	3	50	3
80 ～	12	47	15
70 ～	18	35	33
60 ～	13	17	46
50 ～	4	4	50

第三节　集中量数和离散量数

对于教育研究中获得的数据，研究人员通常对其主要特征进行归纳，内容主要集中在量数、离散量数，以及不同类别数据之间的相关关系等。

一、集中量数

集中量数是用来描述一组数据集中趋势程度的统计量，包括算术平均数、中数、众数、加权平均数、几何平均数、调和平均数等。下面主要介绍算术平均数、加权平均数和几何平均数。这三种集中量数都用来表示数据的集中程度，但是计算方法和适用条件都不同。

> **想一想**
>
> 为什么某些体育赛事中计算运动员的平均成绩时，要去掉最高分和最低分？

（一）算术平均数

算术平均数是描述一组数据集中情况的指标，简称平均数。

计算公式：$\overline{X}=\dfrac{\sum X_i}{N}$，式中，$\sum X_i = X_1 + X_2 + \cdots + X_N$，$N$ 表示原始数据的个数。

算术平均数是最简明易懂的一种集中量数，但是需要注意算术平均数极易受到极端数据的影响，比如，多数学生的成绩都在 80 分以上，仅有一个学生得了 0 分，就会降低平均分。因此，算术平均数在使用时，需要注意原始数据的同质性，即原始数据是使用相同或相似的工具得到、研究对象的水平相差不大、所测的事物性质相同等。

（二）加权平均数

在某些情况下，会出现总体中的各个部分的权重不同，这时就不能使用算术平均数，而要用加权平均数。所谓加权，是对不同属性的测量数据赋予不同的价值或重要性。

计算公式：$M_w=\dfrac{W_1X_1+W_2X_2+\cdots+W_nX_n}{W_1+W_2+\cdots+W_n}=\dfrac{\sum W_iX_i}{\sum W_i}$，

式中，W_i 为权重。

例如，在小学数学考试中，教师会出“一题多解”的考题，如果学生用多种方法进行了解答，那么每个答案的权重不应相同，比如用一种方法可以得 1 分，用二种方法得 2 分，用三种方法则得 4 分等，即每多用一种方法得分的权重就会越大。这样，再根据每个答案的不同权重，计算加权平均数。又如，考试中的各种类型题目的分值不同，填空题每题为 2 分，选择题每题为 1 分，应用题每题为 10 分，这里的 2 分、1 分、10 分就是权重。

可以使用加权平均数的一种情况是在出现数据不同质的情况下，比如计算一个省市的平均工资，由于工资水平相差太大，并不同质，因此不能用算术平均数，而是采用加权平均数来计算。另外，由各小组的平均数去计算总体平均数是应用加权平均数的一个特例，例如，某老师同时教

4 个班的课程，各个班级的人数和考试平均分见表 9-4。

表 9-4 各班人数及平均分

省区代码	人数	平均分数
1	25	94
2	60	65
3	40	76
4	35	79
合计	160	314

如果要求四个班的总平均分，一些人员可能会将四个班的平均分相加再除以 4，即 $\overline{X}=\frac{\sum X_i}{N}=\frac{94+65+76+79}{4}=\frac{314}{4}=78.5$，但这种方法是错误的，因为各个班人数不同，即出现不同质情况，这时应把人数当成权重，计算加权平均数，即

$$\overline{X}=\frac{\sum W_i\overline{X}_i}{\sum W_i}=\frac{25\times94+60\times65+40\times76+35\times79}{25+60+40+35}=\frac{12\ 055}{160}=75.34。$$

（三）几何平均数

当一组数据按一定的比例进行变化时，就需要使用几何平均数作为集中量数。

几何平均数的公式如下：

$$M_g=\sqrt[n]{X_1X_2\cdots X_n}。$$

几何平均数经常用于计算平均发展速度或平均增长率。平均发展速度是指各阶段平均发展速度的平均值。设 X_1，X_2，…，X_n 是从第一个时间点的观察值到最后时间点的观察值，那么共发生 $n-1$ 次增长，分别是 $a_1=\frac{X_2}{X_1}$，$a_2=\frac{X_3}{X_2}$，…，$a_{n-1}=\frac{X_n}{X_{n-1}}$。于是平均发展速度的公式如下：

$$M_g=\sqrt[n-1]{a_1a_2\cdots a_{n-1}}=\sqrt[n-1]{\frac{X_n}{X_1}}。$$

例如，甲同学第一周学会 12 个单词，第二周学会 17 个单词，第三周学会 24 个单词，第四周学会 33 个单词，问：（1）甲学习单词的平均发展速度和平均增长率是多少？（2）甲在第八周能学会多少个单词？

解：首先求平均发展速度，按公式

$$M_g=\sqrt[n-1]{\frac{X_n}{X_1}}=\sqrt[3]{\frac{33}{12}}=1.4。$$

因此，甲学习单词的平均发展速度为 1.4，而平均增长率为 1.4−1=0.4。

甲在第八周学会的单词数为 $12\times1.4^7=126$（个）。

二、离散量数

离散量数用来表示数据分散的程度，比如学生的考试成绩可以从 0 分到 100 分不等，显然一些学生的成绩很优秀，而另一些学生则不及格。

研究数据的离散程度很有必要，因为一个原始分数本身并没有意义，只有把它与组中的其他分数相比较，才能说明其含义，而差异量数的计算可以帮助研究人员确定一个原始分数距离一个群体的平均分有多远。

例如，甲、乙两组学生的语文成绩如下：

甲组：60，65，70，75，80，85，90

乙组：50，60，70，75，80，90，100

这两组学生的平均分数都是 75 分，但甲组学生成绩比较集中，离散程度较小，水平比较稳定，而乙组学生成绩比较分散，即离散程度较大，水平参差不齐。因此可以看出，仅了解一组数据的集中量数是不够的，必须同时获得一组数据的集中量数和差异量数的统计量指标，才可能掌握数据特征的全貌。

差异量数的形式有多种，其中方差和标准差是极为重要的两个统计量。

（一）方差

方差是常用的、最好的差异量数之一。当研究一个总体时，总体方差用 σ^2 表示。当研究一个样本时，样本方差用 S^2 表示，计算公式如下：

$$S^2=\frac{\sum\left(X_i-\overline{X}\right)^2}{n-1},$$

式中，$\overline{X}$ 代表一组数据的平均数，n 是样本大小。

例如，利用公式求上述甲组和乙组共 20 名学生成绩的方差。

$$S^2=\frac{(60-75)^2+(65-75)^2+\cdots+(90-75)^2}{20-1}=9.77^2=95.45。$$

方差是很有意义的一个统计量，一组数据的方差越大，说明数据之间的分散程度也越大。不过，方差更多地应用在推断统计中，用来确定属于不同来源的变异性，并进一步说明各种变异对总结果的影响。

（二）标准差

标准差也是代表一组数据分散程度的指标，也是最好的差异量数之一，一般和平均数配合使用。总体标准差用 σ 表示，样本标准差用 S 表示。一组数据的标准差越大，说明数据分散程度越大，反之亦然。

标准差的计算公式如下：

$$S=\sqrt{\frac{\sum(X_i-\overline{X})^2}{n-1}}。$$

同样地，求上述 20 名学生成绩的标准差，得到

$$S=\sqrt{\frac{(60-75)^2+(65-75)^2+\cdots+(90-75)^2}{20-1}}=\sqrt{95.45}=9.77\text{。}$$

标准差的大小有什么意义呢？

第一，标准差的大小说明了什么问题，需要根据具体情况而定。例如，教师对所教的同一个班级的学生进行常规考试，并对其成绩进行统计，所得到的标准差太大，则说明该班学生这次考试成绩的高低差异太大，那么教师应该对这部分的教学进行反思。但是，同样是标准差，如果教师要通过一次考试进行选拔，那么如果考试成绩的标准差太小，即学生成绩区别不大，则说明试题的难易区分度太小，不利于对优秀生进行选拔。

第二，标准差能够反映平均数的代表性。平均数反映了数据的集中趋势，但平均数对于数据一般水平的代表性如何，要看各个数值之间差异的大小，即标准差的大小。标准差越大，即数据差异越大，平均数的代表性就小；标准差越小，即数据差异越小，则说明数据都集中在平均数周围，平均数的代表性就大。

总之，方差和标准差都用来表达数据的离散程度，只是标准差和原始数据有相同的单位，而方差是原始数据的平方。因此，更常使用标准差来表述一组数据的分散程度。通常在研究报告中，研究人员用平均数反映一组数据的集中情况，同时用标准差表示其分散情况。

三、标准分数

如果你的一个同学欣喜地对你说：这次物理考试我得了 70 分哦。这个分数意味着什么呢？你肯定要追问：满分是 100 分吗？接着你的朋友可能会补充说：全班的平均分是 60 分哦。这时候你才会由衷地感叹他的确考了一个好成绩。这个例子说明，一个人的原始成绩并不能说明什么，你需要知道他的成绩在全班成绩分布中的位置，才能确定他的成绩好不好。这就要涉及如下提及的标准分数。

标准分数指原始分数与平均数的差除以标准差所得的商，又称 Z 分数。标准分数实际上是以标准差为单位的表示一个分数在团体中所处的相对位置量数。

计算公式：

$$Z=\frac{X-\overline{X}}{S},$$

式中，X 是原始数据，$\overline{X}$ 是团体平均数，S 是团体的标准差。

Z 分数无实际单位。如果一个数小于平均数，则 $Z<0$。如果 $Z=1$，则此人在团体中比平均数高一个标准差。因此，Z 分数就是一种可以看出某个原始分数在整体分数中的相对位置的方法。

假如上述那个同学考了 70 分，他所处的 A 班平均分为 60 分，显然该同学成绩高于平均分 10 分，如果进一步看看该班学生整体的标准差，我们就会有更准确的信息。

例如，A 班平均分 60 分，标准差 5，则该学生的 70 分在班上的 Z 分数是

$$Z=\frac{X-\overline{X}}{S}=\frac{70-60}{5}=2。$$

显然，该同学成绩高于 A 班 2 个标准差。

如果将该同学的成绩放到另一个班 B 班中进行比较，会有什么结果呢？假设 B 班的平均分同样为 60 分，标准差却是 20，那么该同学的 70 分在 B 班的 Z 分数则是：

$$Z=\frac{X-\overline{X}}{S}=\frac{70-60}{5}=2。$$

该同学如果在 B 班，他的成绩仅高于平均分 0.5 个标准差。

简而言之，这两个 Z 分数告诉我们，如果该同学在 A 班（Z=2），他的成绩很不错，但是在 B 班（Z=0.5）就只能算一般成绩了。

由于 Z 分数不与任何特定的测量单位关联，因此又被称为标准分数。它的一个主要优势是，它为来自不同分布的原始分数进行比较提供了一个相对“中性”的方式。

练一练

收集一些数据，计算其标准差及标准分数，并阐述其意义。

标准分数常用来比较几个性质不同的观测值在各自数据分布中相对位置的高低，如某人身高和体重的标准分数分别为 Z=0.5 和 Z=1.2，则说明该生属于又矮又胖的体型。标准分数还可以用来计算不同性质的观测值总和或平均值，以表示个体在团体中的相对位置，如各个学科因为内容和难度等不同质，所以将各科成绩简单相加得到总分并不合理，使用标准分数则更恰当，可以计算出各个学科成绩的标准分数再相加得到总分。

第四节 相关分析

[案例]

某次语文考试后，有 6 篇作文的争议较大，于是，学校请 5 位专家分别对该 6 篇作文进行了评价，表 9–5 为每位教师给每篇作文评价的等级，问这几位教师的评价标准是否一致？

表 9–5 作文评价等级

作文编号 $N=6$	评分老师 $K=5$				
	A	B	C	D	E
1	3	2	2	1	1
2	1	1	1	2	2
3	6	5	5	6	6
4	4	6	6	5	5
5	5	3	4	3	4
6	2	4	3	4	3

$$\sum R^2-\frac{\left(\sum R\right)^2}{N}=2\ 207-\frac{(105)^2}{6}=369.5。$$

$$W=\frac{369.5}{\frac{1}{12}\times 5^2\times\left(6^3-6\right)}=\frac{369.5}{437.5}=0.845。$$

从计算结果看，W 值趋向于接近 1，即相关系数较高，因此，几位评分老师的评价意见接近一致。

集中量数和差异量数是用来描述同一组数据的集中和分散情况的，如果我们描述两组数据之间的关系，就要使用相关分析。

一、什么是相关

以上所说的平均数和标准差是用来描述一组数据的集中和分散情况的，如果描述两组数据之间的关系，就要使用到相关分析。

世界上的物体之间存在三种关系：因果关系、共变关系、相关关系。如果发现两个事物之间存在紧密关系，但是无法下因果关系的结论，就认为它们之间是相关关系。比如，抽烟与肺癌之间的关系，就是相关关系。

议一议

举例说明因果关系、共变关系和相关关系。

相关关系有三类，分别是正相关、负相关和零相关。正相关指两列变量之间的变动方向相同，例如，身高和体重的关系就是正相关，一般而言，身高越高，体重越重。负相关则是指两列变量之间的变动方向相反，例如，玩乐时间和学习成绩的关系就是负相关，一般而言，玩乐时间越长，学生成绩越差。零相关是指两列变量的变动方向无一定规律，例如，身高和学习成绩的关系就是零相关。

统计学上用相关系数来表示物体之间的相关关系，用符号 r 表示。相关系数是描述事物之间的相关程度的指标，取值范围为 -1.00 ~ +1.00，相关系数的正负号只表示相关方向，不表示大小，相关大小是由数字的绝对值表示的，绝对值越接近 1，表示两个变量之间关系越密切；越接近 0，表示两个变量之间关系越不密切。相关系数只是一个比率，不代表相关的百分数，即它不是等距的度量值，因此在比较相关程度时，只能说绝对值大者比绝对值小者更密切。例如，某教师求出学生的数学成绩和物理成绩之间的相关系数是 0.85，而数学成绩和英语成绩之间的相关系数是 -0.85，说明数学和物理成绩的相关程度、数学和英语成绩的相关程度是一样的，都是 0.85，只是数学和英语成绩的相关是负向的，是负相关，即两个成绩的变化方向是相反的。

在教育研究中，教师可以利用相关系数求得学生的不同学科成绩之间的关系，或者学生的不同能力的相关关系，但是需要注意的是，研究中所抽取的样本大小应在 30 人以上，如果样本太少，可能会出现本来不相关的两个变量，其计算结果却相关的现象。另外，研究人员需要注意，相关系数只反映两个变量有无密切关系，不能据此说明是否存在因果关系。

二、相关系数的类型

相关系数有多种类型，其计算方法和适用条件均不同，下面主要介绍积差相关、等级相关和点二列相关。

议一议

下列几种类型的相关关系中，哪一种相关系数计算结果最精确？

（一）积差相关（或皮尔逊相关）

这种相关适用于两列总体是正态分布的等距或等比的测量数据，并且是大样本（30 人以上）。在教育领域中，多数资料都是总体正态分布的等距或等比数据，因此积差相关使用最广泛。

计算公式：

$$r=\frac{\sum(X-\overline{X})(Y-\overline{Y})}{NS_XS_Y},$$

式中，N 为成对数据的数目，S_X 是 X 变量的标准差，S_Y 是 Y 变量的标准差。

例如，某教师对学生进行了期中和期末考试后，想看看学生这两次考试成绩之间是否有密切关系。表 9-6 是该教师班级中 10 名学生的期中和期末成绩，这两次成绩之间是否存在密切关系？（注：该处只选取 10 个学生的成绩，在实际情况中应该选取的人数在 30 人以上，求得的相关关系才有意义）

表 9-6　学生的期中成绩和期末成绩

学生	期中（X）	期末（Y）
1	86	90
2	84	83
3	75	80
4	67	72
5	71	75
6	58	52
7	90	80
8	77	78
9	82	86
10	74	69

由于考试成绩的总体都是正态分布，且属于用一定的测量标准测得的测量数据，因此应计算这两组数据的积差相关。计算如下：

求出$\overline{X}$ =76.4，$\overline{Y}$ =76.5，S_X=9.61，S_Y=10.65，

练一练

收集一些学生的数学成绩与物理成绩，求其相关系数并解释其意义。

代入积差相关的计算公式得：

$$r=\frac{795}{10\times 9.61\times 10.65}=0.78。$$

可见，该教师所教的 10 名学生的期中和期末成绩之间存在密切关系。

（二）等级相关

在教育研究中，人们收集到的数据可能不是等距或等比的测量数据，或者测量数据的总体并不是正态分布，这时就无法使用积差相关。这种情况下，可以使用等级相关的方法。

等级相关适用于总体分布非正态的具有等级顺序的数据。由于等级相关对变量的总体分布不作要求，因此它的适用范围比较大，它的缺点是精确度相对较低，因此，凡符合计算积差相关的资料，不要用等级相关计算。

等级相关分为两种，一种是斯皮尔曼等级相关，适用于两列等级数据。另一种是肯德尔等级相关，适用于两列以上的等级数据。

斯皮尔曼等级相关的计算公式：

$$r_R=1-\frac{6\sum D^2}{N(N^2-1)},$$

式中，N 是成对数据的个数，D 是两列成对变量的等级差。

肯德尔等级相关的计算公式：

$$W=\frac{\sum R^2-\frac{(\sum R)^2}{N}}{\frac{1}{12}K^2(N^3-N)},$$

式中，N 为被评价的对象的数目，K 为等级评价者的数目，R 为每个评价对象获得的 K 个等级之和。

（三）点二列相关

该相关方法适用的条件是，变量中有一列为来自正态总体的等距或等比的测量数据，而另一列变量为二分称名变量，即按事物的某一性质只能分为二类相互独立的变量，如性别只能分为男和女，是非选择题只有对和错两类。

计算公式：

$$r_{pb}=\frac{\overline{X}_p-\overline{X}_q}{S_t}\sqrt{pq},$$

式中，p 为二分称名变量中某一项所占的比例，$q=1-p$，$\overline{X}_p$为二分称名变量中 p 部分所对应的连续变量 X 的平均数，$\overline{X}_q$为 q 部分所对应的连续变量 X 的平均数，S_t 为全部连续变量 X 的标准差。

【点二列相关实例】

某次小测验，教师发现有一道是非选择题的得分好像与学生的总分之间有某种规律（见表 9–7），为了找出这道选择题的对错是否和总分有关系，该教师计算了卷面总分和该选择题的相关关系。

表 9-7　10 名学生的选择题得分和卷面总分

考生	1	2	3	4	5	6	7	8	9	10
选择题（答对 1 分，答错 0 分）	0	0	1	1	1	0	0	0	0	1
卷面总分	63	72	84	88	95	78	76	54	69	85

该题中，p 代表选择题答对，q 代表选择题答错。

求得 $S_t=11.7$，$p=4\div 10=0.4$，$q=0.6$，$\overline{X}_p=88$，$\overline{X}_q=68.7$。

则 $r_{pb}=\dfrac{88-68.7}{11.7}\times\sqrt{0.4\times 0.6}=0.81$。

可见，这道选择题的正确与否与卷面总分有较高的相关关系，即该选择题答对了，其卷面总分也会较高。

练一练

某研究者对学生进行了一次数学知识和相关职业的态度测量。男生平均分为 52.6，标准差为 5.7；女生平均分为 50.9，标准差为 14.6。该量表最高分为 130，分数分布呈正态。试用本章所学的知识予以解释。

【基础知识】

1. 简述标准分数的优势。
2. 描述各种相关系数的使用条件。

【实践演练】

查找一篇有关于描述统计进行数据分析的报告，看看所用的统计方法是否清楚，统计解释是否合理完整。

第十章　教育资料的数据统计方法——推断性统计

【内容概览】

本章主要介绍了深入分析教育数据资料的几种统计方法，包括 Z 检验、t 检验、方差分析和卡方检验。对各种假设验方法及其使用条件进行了说明。引用了大量的教学案例对统计法在教育教学中的使用进行了解释和说明。

【知识地图】

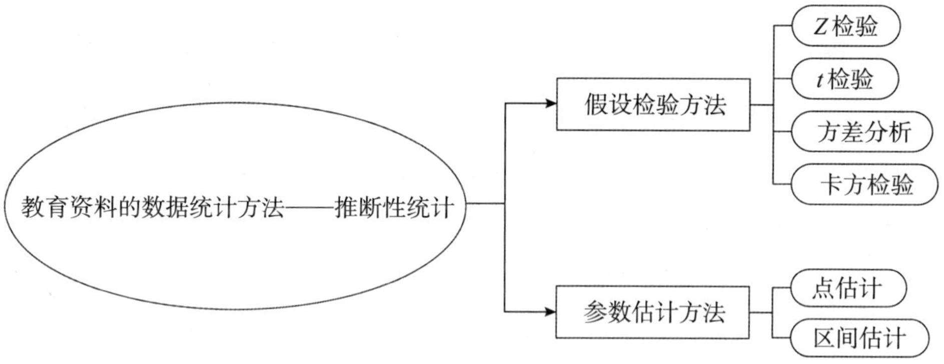

【学习目标】

1. 掌握推断性统计法的应用。
2. 了解推断统计法的各种方法，并初步会使用若干主要方法。
3. 能使用推断统计法解决教育教学中的案例。

第一节 推断性统计法概述

【案例】

某学者进行一次面向七所学校的 134 名学生的问卷调查。学生对“你觉得班上的同学多一些好还是少一些好？”这个问题的回答结果登记在表 10-1 中的第一列和第二列。问题：持这三种态度的学生人数是否有显著差异？（即持三种态度的学生人数是否真的不相等？）

对上述问题的解答需要运用卡方检验方法，解答过程见表 10-1 中第三列至第六列。

表 10-1 学生对某问题的回答人数及解答过程

选择项	实际人数（实际次数 f_0）	假设人数（理论次数 f_e）	f_0-f_e	$(f_0-f_e)^2$	$(f_0-f_e)^2/f_e$
多一些好	78	44.7	33.3	1 108.89	24.81
差不多	12	44.7	-32.7	1 069.29	23.92
少一些好	44	44.7	-0.7	0.49	0.01
总计	134	134			48.74

运用卡方检验的思路是：首先，建立零假设，假设持这三种态度的学生人数相等，没有显著差异。其次，看零假设与实际的计算结果是否吻合，做出是接受还是拒绝零假设的结论。如果零假设成立，则持每一种态度的人数都应占总数的$\frac{1}{3}$，即理论次数应为$134\times\frac{1}{3}=44.7$。从实际结果看，每一种态度的人数或多或少于 44.7，与理论次数有偏离，产生这种偏离的原因可能是：抽样误差造成的；学生中持三种态度的人数本来就有很大差异。所以，如果偏离是由原因 1 造成的，则偏离程度不会超过一定限度；如果超出一定限度，就要拒绝零假设，认为三种态度的人数有很大差异。

计算过程：

建立零假设：持三种态度的人数无显著差异。

备择假设：持三种态度的人数有显著差异。

代入公式计算卡方值：

$$\chi^2=\sum\frac{(f_o-f_e)^2}{f_e}=48.74$$（具体过程见表 10-1 中第三列至第六列）。

查卡方表，找出当 $\alpha=0.01$，df= 组数 $-1=3-1=2$ 时的临界值 $\chi^2=9.21$。

得出结论：因为我们计算出的 χ^2 值 48.74 大于临界值 9.21，所以拒绝零假设，即可以认为持着三种态度的学生人数确实有显著差异。

如前所述，统计方法从宏观上可分成描述性统计和推断性统计。描述性统计仅仅是描述了数据的大体特征，而推断性统计则是从样本研究中推断出总体特征的过程，是统计分析的最终目标。

从样本具有的特征推断出总体是否具有同样的特征，则必须进行假设检验的过程，即利用从总体中抽取的样本信息，根据一定的概率，对于某一总体参数的假设作出拒绝或接受的决断。由于使用条件不同，假设检验又分成不同的类型，如对测量数据和称名数据就有不同的假设检验方法，分别有相应的统计公式。

一、主要概念

（一）推断性统计

推断性统计指根据样本的观察结果以及样本统计量的抽样分布，对总体的数量特征作出具有一定可靠程度的估计和判断。推断性统计的基本内容有两个，即参数估计方法和假设检验方法。

议一议

某班考试平均分数在 77～86，置信水平是 99%，这说明了什么?

参数估计方法是利用样本统计量来推断和估计未知的总体参数，分为点估计和区间估计两种。例如，假设你正在研究平均每个人一生中要得到多少交通罚单，你的报告研究结果可以有两种，即人均“10”张罚单，或者人均“8～12”张罚单，显然前者为点估计，后者为区间估计。

点估计就是使用样本统计量直接作为总体参数的估计值。区间估计则是在一定概率保证下指出总体参数可能所处的范围，所给出的可能范围叫作置信区间，所给出的概率保证叫作置信水平。比如，某班平均分数在 75～85 分，置信水平是 95%，即说明研究者有 95% 的把握得出结论说该班的平均分处于 75～85 分，得出这个结论可能犯错误的概率是 5%。

假设检验则是先对总体参数做一个假设，然后利用样本资料检验这个假设是否成立。推断统计中的假设是指关于总体参数的陈述。研究者通过检验假设的方法来确定对总体的假设是否与样本数据一致，如果不一致，假设就会被拒绝。在统计假设时，使用总体参数做假设而不用样本统计量，是因为样本统计量的差异是已知的，而统计的目的是希望通过样本的差异推论总体的情况，因而是对总体作出假设。

（二）反证法与零假设

研究者对总体参数做出一个假设后，就要验证假设正确与否。在逻辑学上有一个基本的规则，即通常我们只能证伪，而不可能求真。例如，要想证实“所有的乌鸦都是黑的”这个陈述是正确的，研究人员就必须把所有乌鸦都检验一遍，显然这种方法行不通。但是采用“反证法”就较为容易，即只要找出一只不是黑的乌鸦就能证明“所有乌鸦都是黑的”这个陈述是假的。通过反证法先证明假设的对立面是错误的，从而反证事先的假设是正确的。

因此，在统计上首先需要建立零假设（用 H_0 表示）。与其相对应的假设就是备择假设（用 H_1 表示）。在检验中一旦有充分理由否定了零假设，我们就可以选择备择假设。

例如，某校初中一年级采用传统教学法，学期末时，该年级的数学考试平均成绩为 79 分（记

为 μ_0），标准差为 11 分（记为 σ_0）。在新课程改革的理念指导下，该年级教师随机抽取了一个班的学生采用了探究性教学法，参加试验的学生 30 人（记为 n），计算得到他们数学平均成绩为 84 分（记为$\overline{X}$），因而能否从总体上说新的教学法与原来的教学法存在差异呢？

显然，探究式教学法使用后，所抽取的样本平均成绩$\overline{X}=84$ 分，比原来总体平均成绩 $\mu_0=79$ 分高出 5 分。从统计原理来说，这增加的 5 分有可能是由于随机抽样引起的差异，也有可能是出于探究教学法确实比传统教学法好。学生成绩的变化究竟是哪种原因引发的呢？为了回答这个问题，我们首先做出零假设，假设两种教学法对学生成绩的效果是一样的，而备择假设就是两种教学法下学生成绩的效果不同。然后用合理的检验方法对零假设进行判断，如果用充足的理由拒绝零假设，就要接受备择假设，表示新教学方法对学生成绩的提高有效果，反之亦然。

在统计推论的过程中要注意，如果无法拒绝零假设，并不意味着零假设就是正确的，只是现在还没有收集到足够的证据证明它是假的。同样的道理，也不能证实备择假设就是真的，只是当拒绝了零假设的时候，我们有条件地接受了备择假设作为一种正确的陈述。必须意识到，接受备择假设的决定是建立在概率的基础上，进一步的研究也有可能会修正我们的结论。

（三）显著性水平

显著性水平是用来确定否定或接受零假设的概率标准，记作 α。根据零假设，样本统计量与总体参数之间的差异可能来自抽样误差，也可能来自于本质上的差异，如何判断这个差异的来源呢？统计学上对此规定了一个限度，称为显著性水平（记为 α），如果根据样本统计量得出的差异（如上例中 84−79=5）超过了统计学规定的某一个限度（即显著性水平），则表明该差异已不属于偶然因素，而是总体上确有差异，这时候会拒绝零假设，这种情况叫作差异显著。反之，如果所得差异未达到规定限度，说明该差异主要来源于偶然因素，我们会接受零假设，这种情况称为差异不显著。常用的 α 有 0.01 或 0.05。

二、参数估计的方法

（一）基本概念

一般而言，研究中的总体参数总是无法得知的，因此，我们一般只能通过样本来估计总体参数，参数估计方法有两种，即点估计和区间估计。

点估计就是利用一个基于最佳估计标准选取的特定样本值估计总体参数。从总体中任意抽取一个单一样本都可以对总体参数进行估计，但是，如何才能准确估计呢？如果已知总体的平均数为 100，从这个总体中任意抽取的几个样本的平均数分别为 130，150，98，60，…，我们怎样才能说这几个样本的估计效果比较准确呢？有什么办法可以确定在估计过程中我们所犯错误的大小呢？答案是我们很难知道。这时，我们可以采用另一种估计总体参数的方法即区间估计。区间估计是对总体参数可能落入范围的估计，即我们在估计总体参数时指出总体参数可能落入的范围。例如，你可以估计出你所看到的某人身高为 156 厘米～160 厘米，这时你所作出的就是区间估计。

根据样本统计量以及样本分布理论以一定概率推断出的可能包含了总体参数的这个区间范围，就是区间估计。估计出的这个区间范围也被称为置信区间。置信区间有上、下两个端点值，被称为置信界限。例如，某人的真实成绩水平在 80～85 这个置信区间内，这里的 80 和 85 分别是置信上限和置信下限。在用样本统计量对总体参数做估计时，我们同时会对所作出的推论的把握性做出一定的概率保证，称为置信度或者置信水平，常用 $1-\alpha$ 表示。α 是显著性水平，是做出某个判断可能犯错误的概率。例如，“0.95 的置信区间”是指以 95% 的准确性推断出该区间可能包含总体参数在内，做此判断可能出现错误的概率为 5%（α=0.05）。

（二）总体平均数的区间估计

以估计总体平均数为例，具体步骤如下。

第一，计算样本的平均数和标准差。

第二，计算标准误。由于总体标准差未知，所以只能用样本标准差计算标准误，公式为

$$S_{\overline{X}}=\frac{S}{\sqrt{n-1}}。$$

第三，确定置信度或者显著性水平。

统计学上一般需要根据研究目的预先设定显著性水平，即允许犯错误的概率。一般习惯性地使用 α=0.01 或 α=0.05 显著性水平，即根据样本平均数对总体平均数进行估计时所犯错误的概率仅为 1% 或 5%。当显著性水平 α 确定后，置信度也就确定了，即 $1-\alpha$。

第四，根据样本统计量的分布形态查表。

根据样本的分布形态，可以查 Z 分布表或 t 分布表，确定 α=0.01 或 α=0.05 时的 Z 或 t 的临界值。

第五，计算置信区间。

如果查 Z 分布表，则总体平均数的置信区间计算公式为：

$$\mu_0=\overline{X}\pm Z\cdot S_{\overline{X}},$$

式中，$\overline{X}$是样本平均数，Z 是根据 α 水平查得的临界值，$S_{\overline{X}}$是样本的标准误。

第六，得出关于置信区间的结论。

练一练

某教师从小学三年级学生中随机抽取了 10 个学生的数学成绩，分数是：86，79，92，84，75，76，88，82，79，89。试估计该小学三年级儿童数学成绩的总体水平。

【区间估计的实例】

某教师从小学五年级学生中随机抽取了 10 个学生的阅读成绩，分数如下：

85，70，90，81，72，75，80，82，76，79

试估计该小学五年级儿童阅读成绩的总体水平。

解答过程如下：

1. 计算样本平均数和标准差。

$$\overline{X}=\frac{\sum X}{n}=79，S=\sqrt{\frac{(X-\overline{X})^2}{n}}=5.71。$$

2. 计算标准误。

$$S_{\overline{X}}=\frac{S}{\sqrt{n-1}}=1.90。$$

3. 确定显著性水平。

确定为 α=0.01。

4. 根本样本分布形态查表。

因本样本仅有 10 人，为小样本，因此查 t 分布表。

自由度 $df=n-1=9$ 时，α=0.01 时，查 t 表得到临界值 t=3.25。

5. 计算置信区间。

代入公式：

$$\mu_0=\overline{X}\pm Z\cdot S_{\overline{X}}=79\pm 3.25\times 1.9=72.83\sim 85.18$$

总体平均数的下限为 72.83，上限为 85.18。

6. 得出结论。

上述结果表明，72.83 ～ 85.18 这个置信区间包含总体平均数的可能性概率为 99%，即该小学五年级学生的阅读成绩可能落入 72.83 ～ 85.18，而该结论可能犯错误概率是 1%。

第二节　假设检验方法

当我们有一个总体并且相对总体参数想做出估计时，我们就会先抽取一个样本并计算出样本的量数即统计量，然后根据抽样分布和概率来推断总体参数。总体参数多数情况下我们无法确切得到，通过检验假设和估计参数才能做出关于参数的推断。有很多统计检验方法如 Z 检验、t 检验和 F 检验用来分析数据，以下用样本平均数的一个案例说明假设检验的主要过程。

【案例】

全国阅读教师协会编制了一套阅读能力测验试卷，测验的常模总体平均数为 μ=250，σ=50。在过去的一年中，有一个校区引进了一种基于计算机的阅读教学方法，并将其用于四个班的教学。一年后，这个学校的学生进行了一次阅读测验，分数都在平均分 250 分。由于这是一个创新项目，所以该地区的一位评估专家对它进行了评估，并报告了结果：参加该项目的 100 名学生的平均成绩为 $|Z|$=263，标准差为 S=5.0。该项目负责人想知道这次较高的测验分数是否是由计算机教学引起的。从本案例中得到 100 名学生的平均分为 263，比总体平均分 250 分多出 13 分，这是由于偶然因素导致的还是实质上由该教学方法导致的？可通过以下假设检验过程进行验证。

一、假设检验的基本步骤

第一，建立零假设 H_0 和备择假设 H_1。

零假设 H_0：样本所在的总体平均数和常模总体平均数相同，即 $\mu=\mu_0=250$。

备择假设 H_1：样本所在的总体平均数不等于 250，也就是 $\mu \neq \mu_0$。

第二，选择检验方法并计算统计量。

由于案例中的总体方差 σ^2 已知，所以使用 Z 检验进行统计。

$$Z=\frac{\overline{X}-\mu_0}{S}=\frac{263-250}{5}=2.60。$$

在假设检验时，我们在虚无假设成立的前提下，根据研究目的和数据资料的不同，要选用不同的适当的检验方法，并计算统计量的值。在随后内容中将具体分析每种方法的适用条件。

第三，根据显著性水平 α 确定临界值。

选定显著性水平 α（0.01 或者 0.05），查相应的分布表来确定临界值，从而确定出 H_0 的拒绝区间或非拒绝区间。

上面案例中可以选定 $\alpha=0.01$，查 Z 分布表，得到临界值为 2.58。

第四，根据统计结果，做出拒绝或接受零假设的结论。

对 H_0 作出判断和解释。即把 $\alpha=0.01$，查 Z 分布表得到的临界值与计算出来的统计量值的绝对值加以比较，若统计量绝对值大于临界值，这表明在零假设成立的条件下，获得该统计量值及更大极端值的概率 $p < 0.05$，根据小概率原理，可以拒绝 H_0，那么 H_1 就成立；若统计量值小于临界值，即获得该统计量的概率 $p > 0.05$，因此不能拒绝 H_0 即接受 H_0。

上文的案例中，计算得到的统计量 $|Z|=2.60$，大于 $\alpha=0.01$ 时的 Z 临界值 2.58，因此，要拒绝零假设，即所抽样本所在的总体和常模平均数为 250 的总体不同，因此可以说该样本的平均成绩高于常模总体是由教学方法所导致。

当拒绝 H_0 时，我们就会说差异是显著的，那么统计上的“显著”是什么意思呢？它意味着该结果值得进一步思考和讨论。“统计性显著”只是一种概述，表明“这些结果不太可能来源于偶然，因此值得进一步分析”。但需要注意的是，这种统计上的“显著”并不代表着在实际生活中的意义，因为有很多因素会导致统计显著，如样本量大小等。

二、具体的假设检验方法——Z 检验

当总体正态分布，总体方差已知时，样本平均数的抽样分布服从正态分布，此时无论样本大小，均可用样本平均数分布的标准误按正态分布计算检验统计量，并从正态分布表中查出临界点的值。这种检验称为 Z 检验。

这种检验方法的适用条件是：第一，数据是测量数据。第二，总体是正态分布，且总体方差已知。该方法又分为如下两种情况。

（一）检验一个样本和一个总体之间的差异

Z 值计算公式为：$Z=\dfrac{\overline{X}-\mu_0}{\dfrac{\sigma_0}{\sqrt{n}}}$。

【Z 检验实例 1】

全市统一考试的数学平均分 $\mu_0=62$ 分，标准差 $\sigma_0=10.2$ 分，一个学校 90 名学生该次考试的平均成绩 $\overline{X}=68$ 分，问该校成绩与全市平均成绩差异是否显著。

假设检验过程：首先，这是比较一个总体和样本之间的平均数差异。其次，一般情况下，成绩的总体分布为正态分布。该案例中全市成绩为总体，服从或接近正态分布。最后，案例中某学校作为抽取的一个样本，其平均成绩 $\overline{X}$ 比全市的平均分高一些，但这种差异是来自偶然误差还是来自样本与总体之间的实质性差异呢，还不得而知。我们可以做如下检验。

1. 建立零假设和备择假设。

零假设 H_0：$\mu_1=\mu_0=62$。

备择假设 H_1：$\mu_1\neq\mu_0$。

2. 选择检验方法，计算统计量。

已知 $\mu_0=62$，$\sigma_0=10.2$，$\overline{X}=68$，$n=90$，代入公式

$$Z=\frac{\overline{X}-\mu_0}{\dfrac{\sigma_0}{\sqrt{n}}}=\frac{68-62}{\dfrac{10.2}{\sqrt{90}}}=5.58。$$

3. 根据显著性水平 α 确定临界值。

取 $\alpha=0.01$，查正态分布表得知 $Z=2.58$。

4. 根据统计结果，做出推论结论。

由于 $|Z|=5.58$，大于临界值 2.58，落入了小概率事件区，因此可以认为，该校学生的考试成绩与全市的平均成绩有显著差异，即该校学生的学业平均水平高于全市的学业平均水平。

（二）检验两个样本之间的差异

Z 值计算公式：$Z=\dfrac{(\overline{X}_1-\overline{X}_2)-(\mu_1-\mu_2)}{\sqrt{\dfrac{\sigma_1^2}{n_1}+\dfrac{\sigma_2^2}{n_2}}}$。

【Z 检验实例 2】

在参加了全国统一考试后，且已知考生成绩服从正态分布。在甲省抽取了 153 名考生，得到平均分为 57.41 分，且该省的总标准差为 5.77 分，在乙省抽取了 686 名考生，得到平均分数 55.95 分，该省的总标准差为 5.17 分。问两省在该次考试中，平均分是否有显著的差异（取 $\alpha=0.01$）。

假设检验过程解：第一，从题中得知，全体考生成绩作为总体，其分布是正态分布。第二，

这是比较两个样本的平均数差异。其中一个样本平均数（甲省平均数 57.41）比另一个样本平均数（乙省平均数 55.95）高一点，那么这种差异是来自偶然误差还是来自两省学生成绩的本质差异呢，还不得而知。因此，我们可以做如下检验。

1. 建立零假设和备择假设。

H_0：两个样本所属的总体平均数相同，即 $\mu_1 = \mu_2$。

H_1：两个样本所属的总体平均数不同，即 $\mu_1 \neq \mu_2$。

2. 选择检验方法并计算统计量

由题目已知：$\bar{X}_1=57.41$，$\bar{X}_2=55.95$，$\sigma_1=5.77$，$\sigma_2=5.17$，

代入公式：$Z=\dfrac{(\bar{X}_1-\bar{X}_2)-(\mu_1-\mu_2)}{\sqrt{\dfrac{\sigma_1^2}{n_1}+\dfrac{\sigma_2^2}{n_2}}}=\dfrac{(57.41-55.95)-0}{\sqrt{\dfrac{5.77^2}{153}+\dfrac{5.17^2}{686}}}=2.88$。

3. 根据显著性水平 α 确定临界值。

已给出 $\alpha = 0.01$，查正态分布表得知 $Z=2.58$。

4. 根据统计结果，做出接受或拒绝零假设的结论。

由于$|Z|=2.88$，大于临界值 2.58，$p < 0.01$，即认为两省考生平均成绩有显著差异。从这里我们也可以看出虽然两省的样本平均分仅相差 1.46 分，但经过统计推断分析，两省的总体平均分之间却有显著的差异。

三、假设检验方法——t 检验

（一）关于 t 检验

统计学家高赛特发现，当总体方差未知时，如果从正态分布的总体中抽取一组分布，呈现的是 t 分布。这种分布的平均数为 0，当自由度 df 增加时，它的标准差会随之减少。t 分数在很多方面与 Z 分数相似，都是以样本平均数与已知的总体平均数的差再除以标准误得到的商来表示的。

统计学家们发现，t 比率是一种稳健性检验，这就意味着在总体分布严重偏离正态分布的情况下，通过 t 比率做出的统计推论也是有效的。所以，如果我们真的怀疑总体分布的正态性，明智的做法就是增加每一个样本的容量 N。

t 分布随着自由度 df 的不同而有着一族分布。自由度是指对数据进行一定的控制之后可以自由变换的数据的个数。任意一个样本，如果我们对它只有一个限制条件，那么这个样本的自由度就是 $N-1$。和正态分布一样，t 分布也是对称的钟状分布，随着自由度增大，t 分布会越来越接近正态分布。通常，如果自由度超过 120，t 分布就近似正态分布。

综上所述，当总体方差未知时，我们可以使用样本方差 S 来代替计算标准误 SE，这时的平均数检验需使用 t 检验。该检验方法根据样本条件的不同又有不同计算公式，具体见后续内容。

（二）独立样本的 t 检验

该检验的适用条件是：其一，数据是来自相互独立的两个样本，且数据是测量数据。其二，总体是正态分布但是总体方差未知。

其 t 值计算公式为：

$$t=\frac{(\bar{X}_1-\bar{X}_2)-(\mu_1-\mu_2)}{SE}，df=n_1+n_2-2，$$

式中，标准误 SE 计算公式 $SE=\sqrt{\frac{S_1^2}{n_1}+\frac{S_2^2}{n_2}}$，$S_1$ 和 S_2 分别是两个样本的标准差。

因为每个样本的自由度都为 $n-1$，因此两个样本平均数差异检验的自由度就为 n_1+n_2-2。

【t 检验实例 1】

某校进行一项智力速度测验，共有 19 名学生参加，其中男生 12 人，女生 7 人。测验共 200 道题目，在规定时间里，答对 1 题记 1 分，测验结束后，得到以下的测验成绩。试问男、女生的平均成绩有无显著差异（取 $\alpha=0.05$）。

男生 12 人：83，146，119，104，120，161，107，134，115，129，99，123。

女生 7 人：70，118，101，85，107，132，94。

解：该案例中，总体方差未知，且比较两个独立样本之间的差异，因此使用两个独立样本的 t 检验方法。

1. 建立零假设和备择假设。

H_0：$\mu_1=\mu_2$。

H_1：$\mu_1\neq\mu_2$。

2. 选择检验方法，并计算各个统计量。

男生：$\bar{X}_1=\frac{\sum X}{n}=120$，$S_1^2=\frac{\sum(X-\bar{X})^2}{n-1}=445.82$。

女生：$\bar{X}_2=\frac{\sum X}{n}=101$，$S_2^2=\frac{\sum(X-\bar{X})^2}{n-1}=425.33$。

代入标准误公式，$SE=\sqrt{\frac{S_1^2}{n_1}+\frac{S_2^2}{n_2}}=9.895$；

代入 t 计算公式，$t=\frac{(\bar{X}_1-\bar{X}_2)-(\mu_1-\mu_2)}{SE}=\frac{(120-101)-0}{9.895}=1.92$。

3. 根据显著性水平 α 确定临界值。

已给出 $\alpha=0.01$，查 t 分布表得知，$df=12+7-2=17$ 时，临界值 $t=2.11$。

4. 根据统计结果，做出推论结论。

由于 $|t|=1.92$，小于 t 的临界值 2.11，因此接受 H_0，即认为在智力速度测验中，男、女生的测验成绩没有显著差异。

（三）相关样本的 t 检验

该检验方法适用条件是：其一，数据来自两个相关联的样本，即两个样本的数据之间存在一一对应的关系，且是测量数据。其二，总体是正态分布，且两组数据的相关系数已知。

相关样本的 t 值计算公式为：

$$t=\frac{(\overline{X}_1-\overline{X}_2)-(\mu_1-\mu_2)}{SE},$$

式中，标准误$SE=\sqrt{\dfrac{S_1^2+S_2^2-2rS_1S_2}{n-1}}$，$df=n-1$。

【t 检验实例 2】

某实验想调查学生在学习词汇时的重复次数对记忆效果的影响，重复次数分为两种，分别是重复学习 3 次和 5 次，考查学生在不同重复次数下回忆词汇的正确量。实验中每个学生都需分别完成重复 3 次和重复 5 次两种实验条件，结果见表 10–2。已测得两组数据的相关系数为 r=0.628。问重复次数是否会对学生的回忆词汇量产生影响。（取 $\alpha=0.05$）

表 10–2　实验结果

学生	重复 3 次（X_1）	重复 5 次（X_2）
1	10	7
2	17	18
3	15	20
4	8	15
5	18	19
6	10	13
7	16	17
8	12	16
9	13	18
10	9	16
样本平均数	$\overline{X_1}$ =12.8	$\overline{X_2}$ =15.90
样本的标准误	S_1=3.37	S_2=3.534

解：第一，该案例中，总体方差未知，应该使用 t 检验。第二，每个学生都经历“重复 3 次”和“重复 5 次”两种实验条件，所以每个学生都有两组数据，即该案例中的两个样本是相关样本，且相关系数已知。因此，该案例使用相关样本的 t 检验方法解答。

1. 设立零假设和备择假设。

H_0：$\mu_1=\mu_2$。

H_1：$\mu_1\neq\mu_2$。

2. 选择检验方法，并计算各个统计量。

代入标准误公式：

$$SE=\sqrt{\frac{S_1^2+S_2^2-2rS_1S_2}{n-1}}=\sqrt{\frac{3.37^2+3.534^2-2\times0.628\times3.37\times3.534}{10-1}}=0.993\,7。$$

代入 t 计算公式：

$$t=\frac{12.8-15.90}{0.993\,7}=-3.119。$$

3. 根据显著性水平 α 确定临界值。

已给出 $\alpha=0.05$，查 t 分布表得知，$df=10-1=9$ 时，$t=2.262$。

4. 根据统计结果，做出推论结论。

由于 $|t|=3.119$，大于临界值 2.262，因此拒绝 H_0，即重复次数对学生的词汇回忆量产生了影响。

四、假设检验方法——方差分析

当我们想探讨两组变量或者数据之间的差异时，常用 Z 检验或者 t 检验，但是研究者们考察的事情很少可以简单地被分为实验组和对照组这样的两组数据，更常见的是多个变量之间的关系对比，如“在小学儿童学习分数的五种方法中，哪一种教学方法的效果更好？”“对厌学儿童的三种干预方案中哪一种效果更好？”显然，要回答这样的问题，就需要对两个以上的组进行研究和对比，这种情况就需要引进另一种检验方法——方差分析。方差分析在对多个样本进行比较并评估差异显著性时，能够克服 t 检验中存在的问题。使用方差分析可以帮助我们回答下列问题：“是否有一个总的指标可以说明实验处理导致各个不同组之间的平均数有差异？”

方差分析也被称作 F 检验，其主要功能在于分析研究数据中不同来源的变化对总变化的贡献大小。一般而言，有两个来源会导致研究结果的总变化（即总方差），即随机误差来源（也叫作组内方差）和实验处理造成的变化（即组间方差）。而方差分析目的就是检验到底哪个方差对总方差的贡献最大，即

$$F=\frac{MS_b}{MS_w},$$

式中，$MS_b=\frac{SS_b}{df_b}$，$MS_w=\frac{SS_w}{df_w}$。

其中，$SS_b=\sum\frac{\left(\sum X_{ij}\right)^2}{n_j}-\frac{\left(\sum\sum X_{ij}\right)^2}{\sum n_j}$，$SS_w=\sum\sum X_{ij}^2-\sum\frac{\left(\sum X_{ij}\right)^2}{n_j}$，$df_b=k-1$，$df_w=\sum\left(n_j-1\right)$。

方差分析的适用条件是：第一，数据来自两个以上样本，即至少比较三个样本之间的差异。第二，所有数据均为测量数据，且总体为正态分布。方差分析的基本思路如下。

首先，如果实验中包括两个以上的组，我们就可以把总方差（即实验结果的变化）分为两个不同的部分：组间方差和组内方差。组间方差是指由于接受实验处理，包括自变量的影响以及

混杂因素的影响而产生的系统差异，也就是这些变量所引发的因变量的变化。组内方差是指由于个体差异和（或）其他不能控制的因素引起的因变量的变化。

其次，做零假设和备择假设。方差分析的零假设是所有样本是从同一个总体中抽取的，或者是 $\mu_1=\mu_2=\cdots=\mu_k$。备择假设是这些样本不是来自同一个总体，或者说 $\mu_1\neq\mu_2\neq\cdots\neq\mu_k$。

最后，计算 F 值，即组间方差除以组内方差。再通过 F 分布表查找临界值，并且比较计算出的 F 值和临界值，从而确定是否接受零假设。如果 F 值大于临界值，表明 F 值达到了显著水平，可以说各组的平均数并不是来自同一个总体平均数。

【*F* 检验实例】

某研究者想就提高学生逻辑能力的三种不同教学方法的效果进行评价。从一个学生总体中随机抽取 21 名学生，并将他们随机分配到三种不同的教学方法中去。完成教学后，对这些学生进行一项包括一系列逻辑推理的测验。在该测验中，学生的得分越高，说明他们解决逻辑问题的能力越高。是否有证据表明哪种教学方法更有效？三组学生测验成绩见表 10-3。

表 10-3　三组学生接受不同教学方法后的逻辑理解能力测验结果

方法 1		方法 2		方法 3	
X_1	X_1^2	X_2	X_2^2	X_3	X_3^2
3	9	3	9	9	81
2	4	3	9	4	16
7	49	7	49	5	25
2	4	9	81	9	81
5	25	4	16	10	100
2	4	7	49	8	64
4	16	5	25	11	121
$\sum X_1=25$	$\sum X_1^2=111$	$\sum X_2=38$	$\sum X_2^2=238$	$\sum X_3=56$	$\sum X_3^2=488$

解答思路：该案例中包括了三个实验组，不符合 t 检验的条件，因此考虑使用方差分析即 F 检验。该案例中学生分别接受了三种不同教学方法，最后测验分数的高低是由于不同教学方法导致的，还是由随机的偶然误差导致的？可以使用方差分析，观察出最后测验结果的总变化中组间方差和组内方差哪个贡献更大。

1. 建立零假设和备择假设。

H_0：该三种教学法下的学生成绩都相同。

H_1：至少两种教学法下的学生成绩不同。

2. 选用 F 检验，计算 F 值。

首先，用原始数据计算各项平方和如下。

$$SS_t=\sum\sum X_{ij}^2-\frac{\left(\sum\sum X_{ij}\right)^2}{\sum n_j}=(111+238+488)-\frac{(25+38+56)^2}{21}=162.67,$$

$$SS_b=\sum\frac{\left(X_{\bullet j}\right)^2}{n}-\frac{\left(\sum\sum X_{ij}\right)^2}{\sum n_j}=(\frac{25^2}{7}+\frac{38^2}{7}+\frac{56^2}{7})-\frac{191^2}{21}=69.25,$$

$$SS_w=SS_t-SS_b=162.67-69.25=93.42。$$

上述公式中，· 表示表格中相应的横栏或竖栏的分数之和，n 表示每个实验组内的人数。

其次，计算各项自由度。

$df_b=k-1=3-1=2$，

$df_w=N-k=21-3=18$。

再次，计算均方。

$$MS_b=\frac{SS_b}{df_b}=\frac{69.25}{2}=34.62,$$

$$MS_w=\frac{SS_w}{df_w}=\frac{93.42}{18}=5.19。$$

最后，计算 F 值。

$$F=\frac{MS_b}{MS_w}=\frac{34.62}{5.19}=6.67。$$

3. 根据显著性水平 α 确定临界值。

当 $\alpha=0.05$，且自由度为 2 和 18 时，查 F 分布表得到临界值 $F=3.55$。

4. 根据统计结果，做出推论结论。

由于计算得到的 F 值 6.67 大于临界值 3.55，所以可以拒绝零假设，下结论认为三个组的平均数并不是来自同一个总体，即三种不同的教学方法对学生成绩产生了不同影响。

从上述案例我们得出总体显著的 F 值，这只是让我们可以进一步去探讨一些特定的假设，我们知道了总体达到显著的情况下，可以进一步对两个平均数之间的差异进行事后比较检验，即两两比较。事后比较检验中比较常用的是 Tukey（1953）提出的 HSD 检验方法。使用这种检验方法的前提条件是：总体 F 值达到了统计显著性，且每组人数相等。如果两组的差异值大于或者等于 HSD，则两个平均数之间的差异就在给定的 α 水平上显著。

HSD 计算公式：$HSD=q_a\sqrt{\frac{SS_w}{n}}$。

五、假设检验方法—— χ^2 检验

Z 检验、t 检验和 F 检验都要求所获得的数据必须是等距或者等比的测量数据，但是研究人员会经常遇到称名变量，即所获得数据是计数数据，如统计男女生的人数、选择课外班的人数等，这时就要使用另一种检验方法，即 χ^2 检验。

检验的逻辑与其他假设检验方法一样，首先确立零假设和备择假设，然后根据总体和样本

分布情况选择一个检验方法，再根据该分布确定拒绝零假设的临界值等。

（一）χ^2 检验的原理和步骤

χ^2 检验主要用来处理各种研究条件中的实际次数与理论次数的分布是否相一致，或者有无显著差异的问题。这里的实际次数是指在研究中得到的计数资料，一般用 f_o 表示。理论次数是指根据概率原理或某种理论计算出来的次数，一般用 f_e 表示。例如，理论上认为男生和女生报兴趣班的人数应该相等，即各占 1/2。因此，男女生总人数乘以 1/2 所得到的人数就是理论次数。但是在实际研究中，往往得到的报兴趣班的男生和女生人数并不相等，即实际的报班人数就是实际次数。这样，实际次数和理论次数之间就存在一个差异，那么，这个差异是由偶然的随机误差导致的，还是本质上存在差异呢？我们就可以通过 χ^2 检验进行验证。

χ^2 值的基本计算公式：$\chi^2=\sum\frac{(f_o-f_e)^2}{f_e}$。

上式中，f_o 表示实际次数，f_e 表示理论次数。

χ^2 检验的适用条件是：首先，收集的数据都是计数数据。其次，χ^2 检验中的分类必须相互排斥，互不包容。例如，参加兴趣班的学生，如果一个学生同时报几个兴趣班，那么使用该检验就会导致次数计算出现夸大的情况，从而导致错误结论。最后，要有足够的样本容量。在 χ^2 检验中要求各种实验处理条件下的理论次数不得小于 5，否则会导致错误结论。

χ^2 检验步骤与其他检验方法相同，具体如下。

（1）建立零假设和备择假设。

χ^2 检验是对实际次数与理论次数之间差异的检验，因此其假设如下。

H_0：实际次数与理论次数相等。

H_1：观察次数与理论次数不等。

（2）计算理论次数和 χ^2 值。

一般是根据某种理论来计算理论次数，按一定的概率进行计算，具体应用要依据实际情况而定。需要注意每个实验处理条件下计算出的理论次数不得小于 5，否则会得出错误结论。

将计算出的理论次数和实际次数代入 χ^2 值计算公式，计算出 χ^2 值。

（3）根据事先给定的 α 水平和自由度，查 χ^2 临界值。

根据给定的 α 水平和自由度 df，查 χ^2 分布表，获得 χ^2 临界值。χ^2 检验的自由度 df= 分类项目数 −1。

（4）根据统计结果，做出推论结论。

如果实际计算的 χ^2 值大于查表得出的临界值，就要拒绝零假设，转而接受备择假设。

（二）单因素 χ^2 检验

即检验一个因素的各项分类的实际次数与理论次数是否有差别。

【χ^2 检验实例 1】

随机抽取 60 名教师，询问他们是否赞成在小学使用探究式教学法，调查结果是赞成 39 人，反对 21 人，问教师的意见是否有显著差异（取 $\alpha=0.05$）。

分析：该案例涉及计数数据，所以考虑采用 χ^2 检验。具体检验过程如下。

1. 建立零假设和备择假设。

H_0：$f_o=f_e$，即两类意见的理论次数和实际次数是相等的。

H_1：$f_o \neq f_e$，即两类意见的理论次数和实际次数不相等。

2. 计算理论次数和值。

该案例中教师的意见只有两类，其理论假设是选赞成人数和反对人数是相等的，即各占 $\frac{1}{2}$，那么两类意见的理论次数是 $f_e=60\times 1/2=30$ 人。

将理论次数和实际次数代入计算公式，如下：

$$\chi^2=\sum\frac{(f_o-f_e)^2}{f_e}=\frac{(39-30)^2}{30}+\frac{(21-30)^2}{30}=5.4。$$

3. 根据显著性水平 α 确定 χ^2 临界值。

当 $\alpha=0.05$，$df=2-1=1$ 时，查 χ^2 分布表，得到临界值 $\chi^2=3.84$。

4. 根据统计结果，做出推论结论。

因计算得出 $\chi^2=5.4$，大于临界值 3.84，因此拒绝零假设，认为教师对探究式教学法的态度有显著差异。

（三）双因素 χ^2 检验

当研究中有两个因素或者分类变量，且两个因素都有两项类别时，就需要使用双因素 χ^2 检验。

计算公式：$\chi^2=\dfrac{N(AD-BC)^2}{(A+B)(C+D)(A+C)(B+D)}$。

上式中，A，B，C，D 分别为四格表内每个单元格的实计次数，具体如下。

		因素 A 分类 1	因素 A 分类 2	
因素 B	分类 1	A	B	$A+B$
因素 B	分类 2	C	D	$C+D$
		$A+C$	$B+D$	$N=A+B+C+D$

【χ^2 检验实例 2】

随机抽取 100 人，按男、女不同性别分类，将学生成绩分为“中等以上”及“中等以下”两类，结果如表 10-4 所示。问男、女生在学业水平上是否有关联？

表 10-4　学业成绩分类

性别	学业成绩		合计
	中等以上	中等以下	
男	35	10	45
女	15	40	55
合计	50	50	N=100

分析：该案例的数据资料为计数数据，适合采用 χ^2 检验。案例中有两个因素即“学业成绩”和“性别”，且每个因素都有两个分类，因此，可以使用双因素 χ^2 检验方法。

1. 建立零假设和备择假设。

H_0：性别与学业成绩之间无关联。

H_1：性别与学业成绩之间有关联。

2. 计算值。

$$\chi^2=\frac{100\times(35\times40-10\times15)^2}{(35+10)(15+40)(35+15)(10+40)}=25.252。$$

3. 计算自由度，并根据显著性水平 α 查表确定临界值。

在该检验中，自由度与每个因素的分类项数有关。设 r 为每一行的分类项数，c 为每一列的分类项数，则自由度为：

$$df=(r-1)(c-1)=(2-1)\times(2-1)=1。$$

取显著性水平 α=0.05，且 df=1 时，查 χ^2 分布表，可得到临界值 χ^2=3.84。

4. 根据统计结果，做出推论结论。

将计算得出的 χ^2 与临界值进行比较，显然 25.252 大于 χ^2 临界值 3.84，拒绝零假设，接受备择假设，即认为性别与学业水平是有关联的。

【基础知识】

1. 简述各种推断统计方法的适用条件。
2. 简述推断统计法的原理和基本步骤。

【实践演练】

1. 查找并研读一篇使用推断统计法进行数据分析的报告，学习其写作方式。
2. 根据自己的研究课题收集数据，并对该数据进行检验分析。

第十一章　教育叙事研究

【内容概览】

本章主要介绍了教育叙事的意涵、特点和价值，并对教育叙事的类型进行了陈述。详细介绍了教育叙事研究的方法以及如何反思等研究过程。

【知识地图】

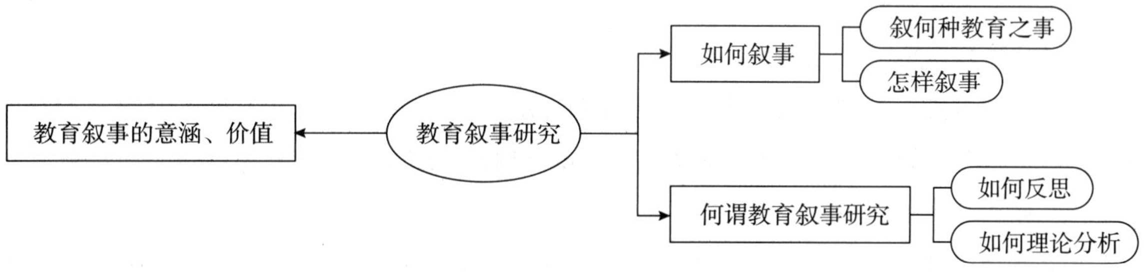

【学习目标】

1. 掌握教育叙事的意涵和价值。
2. 了解如何进行教育叙事和反思。
3. 能结合理论分析教育叙事案例。

第一节　教育叙事的意涵

你是否了解教育叙事？是否写过教育故事？教育故事应该怎么写？教育故事有何意义？下面是一位小学教师写下的自己的教育故事。本章以此案例作开篇解说。

【案例】

老师，你好像本来就不喜欢我

事情发生在我所教的班上，有一位同学小明，性格内向，不合群，不太引人注意。

在一次课上，我问及他课本上可直接找到答案的最基本的问题时，他居然干脆回答："我不知道。""那书上有啊，看看书回答！""我找不着。"

还以为他是课上没有专心听，加上没有预习造成的，于是，我就请其他同学起来回答，并指出在课本上哪一页哪一行。这样一来，我想他一定会回答了。于是，再请他回答。但他仍脸色冷淡，生硬地回答："我不知道！"

终于我耐不住了，厉声地说："你起先讲不知道，情有可原，我就请其他同学回答，并指出在课本上什么地方，结果你还是个不知道，你的脑袋到底在没在这里呢？你不会，课后到办公室我来教你，教会你为止……"

我不加遏制地发泄着。全班鸦雀无声，大家冷冷地看着他。他低垂着头，时而把眼皮抬起来扫视我一眼，以观察我的表情。我心里也琢磨着：或许是有其他原因，或许是自己不好，非要他回答不可……但我没有道歉，继续上我的课。其实我的心仍放在他身上，我曾几次把目光投向他，想以期待的眼神、友好的善意，转变他的情绪。然而，他耷拉着脑袋，沉沉地垂着眼帘，再也没有看我一眼。

下课后，他随我一起来到办公室。

我推心置腹地对他讲："小明，刚才，我的心情过急了。你不会，也是正常现象。我有责任，不该当着全班同学的面厉声批评你，弄得你难看，这是我的过失，在这里首先向你道歉！然而，对于那个问题，你到底会不会啊，现在我先教你好吗？"

许久，他低垂着头，低声说："老师，对那个问题，我会的，是我不愿意回答。"

"啊！那是为什么呢？"他沉默片刻说："对于你的提问，我回答和不回答，反正都一样，老师，你好像本来就不喜欢我。"

啊？这是从何谈起？我吃惊地看着他，轻轻地问他为什么这样想。他说："我猜的，我看到你，总是把眼光投向别人，很少看我……反正我不好了……"他说着，眼里含着泪花，声音有些哽咽了！

是吗？我震惊了，我可从来没注意到这一点呀！我常常把目光投向全班的每一个角落，示意着同学们，怎么偏偏忽略了他呢？这不是我教育中的疏忽吗？我检点着，微笑着说："那我今天课上不是关切地请你起来回答问题了吗？不是不止一次地把目光投向你了吗？……”

“老师”，他抬起头来说：“平常我举手，你也很少叫我回答问题，但我今天不举手，你却偏偏要叫我，还说我脑袋不在这里，我不喜欢。”他感到很委屈，眼泪流了下来。

我坦诚地和他谈了当时的心情及看法。经过谈话，彼此沟通了，距离拉近了。在以后的日子里，我时时处处地关爱他，师生关系很融洽。在期末，他的成绩也提高到了优秀。

一、教育叙事的含义及特点

教育叙事就是叙述教育故事。其中，“叙述”和“故事”是两个基本方面，这两方面都有一定的要求。对故事的要求是强调对教育事件的表达，是教育经验的呈现，是人们在教育生活实践中遇到的意义性事件以及个人零星的教育体验的表达。叙事者要置身于社会教育文化背景之中，以故事形式来表现教育性事件。在教育叙事中，教师既是说故事的人，也是他们自己故事里或别人故事中的角色。

教育叙事的特点有以下几点。

第一，叙述的故事是已经过去或正在发生的教育事件。教育叙事所报告的内容是实际发生的教育事件，而不是教师的主观想象。它十分重视教师个人的处境和地位，尤其肯定教师的个人生活史和个人生活实践的重要意义。

第二，叙述的故事中包含有与事件密切相关的具体人物。教育叙事研究特别关注教师的亲身经历，不仅把教师自己置于事件的场景之中，而且注重对个人或学生的行为作出解释和合理说明。

议一议

为什么教育叙事法适合小学教师进行教育教学研究？

第三，叙述的故事具有一定的情节。所叙的事是特别的人和特别的冲突、问题或使生活变得复杂的任何东西，所以叙事不是记流水账，而是记述有情节、有意义的相对完整的故事。

二、教育叙事的价值

20 世纪 80 年代，由加拿大的几位课程学者倡导将叙事研究作为教师的研究方法运用于教育领域。他们认为教师从事实践性研究的最好方法是不断地说出一个个“真实的故事”。可见，教育叙事是教师从事教育实践性教育的方法。

教育叙事是教师了解教育和向别人讲述自己所了解的教育的重要途径之一，比较容易被一线教师所掌握，被逐渐运用于教师的教育教学经验研究中。

教育叙事贴近教师经验、贴近教育生活、贴近师生实际。它表现了具体、鲜活、个性的普通人的声音，能使教师看到平时视而不见的例行事项的意义，并把自己遇到了什么问题、怎样遇到这个问题和怎样解决这个问题的整个过程叙述出来，为教育研究提供文本。它表达对教育的理解和解释。它不直接定义教育是什么，也不直接规定教育应该怎么做，它只是讲一个或多个教育故事，让读者从故事中体验教育是什么或应该怎么做。

教育叙事重建教师生活，改变人与人之间的存在方式。通过教师的交流、分享，改善他们的观念、思维、行为。在基于文本前提下，不同的人站在不同的角度表达自己个人的观点，各种观点都是平等的，去权威化的，叙事研究可以听到个人的声音而不是权威的声音。这种存在方式的改变带来的变化是相互理解、尊重、宽容。每个人各抒己见有助于开阔视野，形成一种和谐、合作的氛围。

教育叙事是教师专业成长的重要途径。教师在写故事的过程中就能体现自己的教育构想和教育思想，所以老师即使先不去反思、分析，仅把每天发生的有意义的事件记录下来，这种一点一滴的积累都是有很大作用的。例如，在魏书生的《班主任工作漫谈》和李镇西的《新教师成长日志》中，他们都是把有意义的故事记录下来，并没有太多的反思和分析，但是在这种不断写故事的过程中，教师的教育观念、能力、素养都在无形中得到了提高。叙事研究不是很难的，因为叙事研究的关键是文字表达能力，而每位教师都有很好的文字表达能力，每位老师都可以做叙事研究。

第二节　教育叙事研究主题的选择与结构

教育叙事意味着“如何叙述”及“叙述何事”，这就关涉选择与组织问题。选择意味着对故事中的人物、时间、情节、空间等基本要素的选取，组织则意味着对故事各元素的组合及事件的呈现方式的编排等。选择与组织的过程即是意义赋予或显现的过程。这一过程需要有一种教育敏感，较强的教育理论修养。

一、教育叙事研究主题的选择

（一）教育教学片段叙事

教育教学片段叙事是指对教师教育教学实践中某个印象深刻的片段的叙述，显示事件发生的细节，对教育教学效果的影响因子进行思考、反思。这种方式不仅强调所叙述的内容应具有一定的情节，而且强调叙述者应是教师本人。同时，作为叙事的行动研究，教师所叙述的教育教学事件除了“偶发事件”之外，应更多地属于教师本人的有意识的改变，是对改变之后所发生的事件的叙述。

议一议

如果你是一名教师，想对什么课题进行研究？对此课题如何进行教育叙事？

（二）生活叙事

生活叙事是指对教师教育生活故事的叙述。教师的日常生活与教师成长、教育状态、教育经历密切相关。生活叙事不仅使教师倾听到自己内心深处的真实声音，真切感受到自己主观世界的波澜起伏，而且在反思中重新塑造和不断成就自己，并由此带来整个教育思想的全面升华。

（三）传记体叙事

传记体叙事是指对教师成长过程乃至教师教育生涯的整体叙述。教师以传记体叙事的方式学会自我反思、自我评价，进一步发展自我意识。教师在反思日常生活和教育生活中发生的教育事件时，其教育理论蕴含其中，且使之转化为自己的教育信念。

二、教育叙事的结构

（一）教育叙事研究需要注意的问题

第一，需要明确教育叙事所叙之事是具有事件性、过去性、真实性、意义性。不是流水账，叙事选择的范围可以是得意的、沮丧的、困扰的、迷惑的、思考的。

第二，叙事的重要环节是描述事件，包括时间、地点、人物、事件（开头、发展、结局），而且是“深描”，尤其是事件发展的过程最为关键，否则难以到达效果。如香港中文大学郑汉文所解释的表 11-1。

表 11-1 示例

人	开始	发展中	结局
X	从前有一个喜欢吃的人，他总是很饿		最后他死了
Y	从前有一个喜欢吃的人，他总是很饿		最后他死了

这个表中“发展中”的可能答案是：X 是“他吃掉了所有可吃的但不能消化的食物”；Y 是“他将食物与其他饥饿的人分享，而自己得到的太少”。可见，图中两个人的情况，如果不讲清楚“发展中”的事情，单从“开始”和“结局”是看不出任何不同，也有没有了意义。所以，叙事的写法作为重要的发展情节的深描，以揭示事实真相。

有人这样指出怎样叙事的问题。教育叙事的选材与教师是零距离的。教师每天的工作与生活都跟一个个具有“鲜活生命”的个案故事、课堂故事等链接在一起。这些故事既是教师教育生活的点缀，也是教育叙事研究很好的素材。教师通过每天的细微观察，选择有一定影响和意义的教育教学事件与生活事件，抓住“本质东西”，从而进行独特视觉的观察和描写，如此才能给“故事”赋予独特的情感体验，才会让人读后有启迪和借鉴作用。

（二）教育叙事的基本结构

常用的教育叙事结构安排有顺叙、倒叙、插叙这几种。运用顺叙的方法能够做到条理清晰，详略得当，悬念迭出。倒叙方法的运用，能够给人惊奇、“吊人胃口”的悬念或超乎寻常的结果，一下子抓住读者的“眼睛”。运用插叙方法则前后衔接自然，浑然一体，在所叙述事情的过程中插入有密切关联的故事，能起到烘托的作用。教育叙事包括引言、述说教育过程、反思或讨论等。

1. 引言：问题产生的背景

背景是交代故事发生的时间、地点、人物、起因，但不必面面俱到，关键在于说明故事发生有何特别原因和条件。

2. 述说教育教学过程：问题情境描述

每个教育叙事都必须有一个鲜明问题或矛盾，不能杜撰，但可以对实际情节进行选择，目的是凸显焦点。要有细节的描写，描写生动，引人入胜。描写一般采取叙议结合的方式，即描述和分析。

3. 反思或讨论：问题解决结果或效果的描述

叙事研究不仅仅是经验的呈现方法，而是要研究教师日常行为背后所内隐的思想，教师生活故事中所蕴含的理念，为教师行为找到理论的支撑，为教师的生活建构思想的框架。因此，叙事中的反思和讨论尤为关键。

三、好的教育叙事的特征

什么是一个好的教育叙事？一个好的教育叙事应具备哪些特征？有学者给出了以下五个标准。

（一）关注人的基本处境，向教育存在发问

教育叙事主要处理的不是现场与文本的关系，更不是文本与文化的关系，而是人与人的关系，是人在关系中的生存处境。这种处境反映了叙事者和被叙事者的基本生活状态，是一种生命成长的叙事，更是一种精神成长的叙事。吸纳了教育叙事的教育研究，从此成为一种向教育生活方式发问、向教育存在发问、向生命成长发问的教育研究。

（二）以“具体的个人”为基点与核心

同样是关注人，有的教育研究视野中的人可能会沦为“理念人”“抽象人”，个人的呼吸、身影被理论的筛子过滤成条理性的文字，个人被抽象成各种观点，被包裹进一种坚硬枯燥的理论话语体系里，这样的人是不真实的。

教育叙事还存在的另一种误读是带着公共的趣味和判断叙述着个人的事情，导致看似是“具体的个人”，实际上仍然是改头换面的“抽象的个人”。“好”的教育叙事应该从经验走向存在，从故事走向精神。只有对具体个人的认同和尊重，教育叙事才能获得应有的“个人深度”，从而叙述出当代中国师生的具体生动的心灵图像。

（三）以复杂性思维在关注“善”的同时，也关注“恶”在教育生活中的存在

任何一个正常的教育生活中，叙事者所遭遇的绝不会只有幸福和欢乐，大量的来自不同方面的“恶”，大量的教育失败，有可能在某时某处汹涌而来。复杂的教育世界，需要一种复杂的形象和复杂的精神来诠释它，这是教育叙事的基本使命。既承认善恶在教育生活中的现实存在，又超越其二元对立，在叙事中进行无差别的完整的呈现，就是教育叙事复杂性的基本面貌，也是有深度的教育叙事的基本特征。

（四）拥有教育学立场

教育叙事应该体现出基本的教育学立场，并将其作为叙事过程中贯穿始终的线索。只有这样的叙事才有可能成为有教育精神的叙事，而不是只有文学味道的叙事。也只有这样的叙事才有可能成为教育学的思想资源，进而丰富和发展教育学。

（五）新的教育生活和教育存在的建构者

好的教育叙事不是简单地复制教育经验的外在形态，也不是对已发生的教育事件和面对事件的心理状态的复述性回忆，而是有力地参与到对教育经验世界的建构之中，这同时就是参与到一个精神世界的建筑之中，并发现它的内在秘密。教育叙事不仅是作为叙事者的教师和作为被叙事者的学生的精神世界的发现者，而且是挖掘者和再造者，教育叙事因此成为恢复作为师生生命存在的尊严和价值的方式。

第三节　教育叙事研究

一、教育叙事研究的界定

（一）教育叙事研究的含义

如何理解教育叙事研究？目前有三种看法：一是指在教育背景中包含任何类型叙事素材的分析研究，它借由影片、传记、图片、对话等刺激，触发当事人进行故事叙说，并以当事人的叙说内容为文本数据进行分析，以期反映出故事叙说者本身的重要生活经历及生命主题；二是研究者以讲故事的方式表达对教育的认识和理解；三是以教师自己的教育故事构建为手段，通过描述教师真实的教育生活，呈现特定情境中的教师言行以及这种言行中学生的状态，在此基础上进行反思和意义分析，形成个人知识，获得对教育活动意义理解与解释的一种研究方法。教育叙事研究的方式主要有以下两种。

第一，教师本身同时充当叙说者和记述者，而当叙述的内容属于自己的教育实践或解决某些教育问题的过程时，教师的叙事研究就成为“教师叙事的行动研究”。这种方式主要由教师自

已实施，也可以在教育研究者指导下进行。它追求以叙事的方式反思并改进教师的日常生活。

第二，教师只是叙说者，由教育研究者记述。这种方式主要是教育研究者以教师为观察和访谈的对象，包括以教师的“想法”（内隐的和外显的）或所提供的文本（如工作日志）等为“解释”的对象。

（二）教育叙事与教育叙事研究

第一，教育叙事是指在特定社会教育文化语境中运用叙述、描写的表达方式，以故事形式来表现已发生或正在发生的系列性教育事件的行为过程或言语成品。教育叙事研究则是研究者在教育背景中，以叙事方式对教育素材进行微观分析、加工和重构，以发掘隐藏其中的个体意义的一种质的研究方式。

第二，教育叙事侧重于对教育事件的表达，是教育经验呈现的最佳方式。教育叙事研究侧重于对教育生活意义的诠释，是研究者通过分析叙事文本来解释教育生活的意义及其构筑个人理论之树的一种研究方式。

第三，教育叙事是教育叙事研究的一个环节、一个阶梯、一种基础，是使教育叙事研究得以开展的必要非充分条件。从实践运行的意义上讲，教育叙事是一种纯粹的故事，是教师或作者记叙的日志、记叙文等言语成品，叙述者只是退到后台来叙述故事，而不站出来说话。而教育叙事研究是研究者对所叙之事的研究，是研究者自己在说话。

可见，教育叙事研究不同于教育叙事。由教育叙事到叙事研究有一段距离，仅有叙事是不够的，还需要理解叙事的意义和对他人及社会问题的意义。但现实中，教育叙事研究与教育叙事相互混淆、等同的现象较为常见，从而导致了把教育叙事研究淡化成教育叙事，教育叙事僭越教育叙事研究。两者之间的混淆，使得教育叙事研究名不副实，而教育叙事的职能、内容又往往踟蹰不前。

但两者也是不能分开的。教育叙事研究是基于教育叙事并对教育叙事的研究，是教育学研究的方法之一。正如有学者指出的，对于教育叙事研究而言教育叙事概念具有逻辑上的在先性。教育叙事研究作为一种质的研究方法，是在教育叙事理论与实践的基础上产生的。从历史发展的视域看，教育叙事的实践催生了教育叙事研究。教育叙事研究是对教育叙事的提升或升华。脱离了教育叙事，教育叙事研究的根基就坍塌了，缺乏教育叙事的支撑，就不存在真正的教育叙事研究。两者是相辅相成、互摄互动、共生共进的关系。

概言之，叙事是叙事研究的现场文本。叙事就是描述，这种描述是对关键事件的描述，是注重关键细节的深度描述，只有深度描述才能保证故事有价值和意义。故事写完后是研究。研究就是挖掘故事的隐喻，通过反思、分析、理解、解释将隐喻揭示出来形成研究文本。

二、教育叙事研究中的反思

反思是教育叙事研究的重要组成部分，是不可或缺的。反思可以基于感受、经验、理论。反思的角度可以有三个维度：一是感性、经验、理性；二是技术、情感、思辨；三是特殊性、个别性。反思目的可以概括为三点：一是审视故事的意义何在；二是现实怎样看待这个故事、感受、未来愿望；三是改进教育行为的考虑。

（一）反思的含义

教师的反思是指教师以自己的职业活动为思考对象，批判地考察自我的主体行为表现及由此而产生的结果，通过回顾、诊断、自我监控等方式，或给予肯定、支持与强化，或给予否定、思索与修订，从而不断提高其教学效能的过程。

教师反思的策略有很多，可以通过教学日志、教学心得、教学行为记录、反思教案来提高反思能力，也可以通过同事指导建议、交流、讨论、教研成果等反思自己的主体行为。

教师写教育故事的过程，就是对自己的教学活动进行全程监控、分析、调整的过程。通过教育叙事研究可以把教师带入创新的、发现的、反思的生活中，有利于教师对自己的经验进行反思，提高教师原有经验的可利用性，强化成功的教学技能，积累教学策略，提升自己的教育教学理念，促进教师教育科研能力的提高，使教师从理性的高度去审视自己的教育教学行为，从中提炼出精华，形成科研成果并进而指导自己或他人的行为，并进一步加强教师对自己教育教学过程的监控，提高教师的元认知能力。

（二）反思的内容

第一，点明案例的主题，揭示事件本身所蕴含的某些意义，使读者加深对案例的认识与理解。

第二，对案例所描述的事件进行总结，指出其成功或失败之处，并分析成功与失败的原因。

第三，借助于事件，发表作者的某些思想观点，对有关问题提出自己的看法。

第四，提出某些问题，给读者留下思考的空间，让读者自己去体味和思考。

当然，一个案例不可能同时包含这四个方面的反思内容，而是应该根据需要有重点地反映其中某些方面的内容，不同的案例往往有不同的反思内容。

（三）反思的写法

1. 评论式反思

对案例中的事件发表评论，可以是自我评论，也可以从第三者的角度评论；可以是对教学中的成功之处作评论，也可以是对教学中的不足之处作评论。

2. 分析式反思

分析式反思是指对案例中所揭示的问题及其问题形成的原因进行剖析，或对成功解决问题的方式方法从不同角度进行分析。

3. 说理式反思

说理式反思是借助于案例中的事件引发一些道理。这些道理或者本来就蕴含在事件之中的，或者与事件有直接联系。

4. 感想式反思

感想式反思这是一种比较轻松的反思形式。说理式反思比较严谨，感想式反思比较随意，有点带有说理的味道，但又不是很严谨的说理。

5. 总结式反思

总结式反思是指点出案例中的主要问题，或概括出案例的主题，对案例的主要内容作一个提纲挈领的小结。

三、教育叙事研究中的理论分析

叙事者应该了解国内外人文学科的前沿进展，从而可以拥有丰富深刻的理论洞察能力，能够从自己所研究的教育经验中“解读”出内在的学术和理论“意义”。

叙事研究无论采用历史研究的方式，还是采用调查研究的方式，其基本路径是：收集资料——解释资料——形成扎根理论，其重点是分析资料并形成扎根理论。教育叙事研究也是如此。

议一议

教师如何对叙事事件进行反思和理论解释?

（一）分析资料：确认“关键事件”与“本土概念”

从时间顺序上看，收集资料在先，分析资料在后。研究者在以访谈或者观察、问卷的方式收集资料之后，接下来便需要对资料进行整理和分析。分析资料的过程就是从“一团乱麻”中“理出头绪”。但在实际的研究过程中，分析资料与收集资料是一个相互推动的过程，如果没有分析资料的意识，研究将不知道从哪里开始“收集资料”，甚至可能在收集大量的资料之后，等到分析资料时，发现所收集到的资料只是一堆没有意义的“废料”。因此，分析资料应该与收集资料同时进行。收集资料一旦开始，分析资料也就同时启动。分析资料时，研究者可以考虑一些基本的策略，及时撰写“备忘录”，并从备忘录中寻找“关键事件”与“本土概念”。

1. 调查“关键事件”

调查研究表面上看是从“进入现场”开始的，但实际上是从研究者发现值得调查的“关键事件”开始的。一旦在调查的过程中发现了某个值得关注的“关键事件”，那么，研究者就可能因此而进入正式的调查研究。

关键事件既包括那些隐含剧烈的“矛盾冲突”的重大事件，也包括那些“悄无声息”的、“深藏不露”的、“归隐躲藏”的某个或某些“物质痕迹”。按照林肯和古巴的说法，“物质痕迹”是在研究者不在场的情况下形成的（不像观察或非语言暗示）。例如，“穿过草地的脚印”显示了一种被研究者喜爱的交通途径，“外语标志”显示了与邻邦的关系，“书的新旧条件”显示了它的使用程度，“被丢弃的酒瓶的数量”显示了一个住户的酗酒程度，“烟灰缸中的雪茄烟头”显示了主人的紧张程度，“堆砌在垃圾桶里的文件数量”显示了工作量，“个人藏书的数量”显示了文化涵养，“教室黑板报的出现”显示了教师对学生创造力的关心等。对“物质痕迹”的关注其实是一种对研究情境中的“蛛丝马迹”的“侦察”。调查研究者需要对研究情境中的“蛛丝马迹”

敏感，出色的调查研究者需要有“猎狗的鼻子”“猫的眼睛”“鹰的爪子”。

一般而言，找到某个“关键事件”就会找到相应的“关键词”或“本土概念”。反过来说，一旦找到了某个或某些“本土概念”，也就发现了相应的“关键事件”。

2. 寻找“本土概念”

“本土概念”主要指本地人（或称之为当地人）所使用的某些特别有影响力的词语。某个或某些“本土概念”既可能很强烈、很扎眼、很刺耳地呈现出来，也可能隐藏在当地人的生活方式的内部。无论直接呈现还是安静地隐匿在本地人的生活中，“本土概念”就在那里，需要研究者去“倾听”和“侦察”。

某个词语是否能够成为“本土概念”，要看这个词语是否频繁出现或被本地人“重复使用”。这些频繁出现的、被重复使用的词语隐含了本地人的生活信念、思维习惯与文化特色。这些词语隐藏了当地人的“文化密码”，能够“牵引”出当地人的真实生活。

判断一个词语是否能够称为“本土概念”的另一个标准是该词语是否隐含了当地人的某种生活“冲突”以及相关的“关键事件”。有效的调查研究意味着研究者能够“穿透”“看穿”“透视”事物或事件，并由此还原事物或事件的“架构”。调查研究是否能够有效地发现事物或事件的“结构”，又取决于研究者是否能够寻找“本土概念”。每一个叙事研究者都应该是一个出色的倾听者，它经由亲自聆听学校生活而领悟其中的“结构”。出色的叙事研究者总能在聆听学校生活之后用自己喜欢的几个关键“概念”构建自己的所见所闻。

（二）形成“扎根理论”：将“本土概念”还原为“本土故事”

所谓“扎根理论”就是在收集和分析资料的基础上归纳出相关的假设和推论。扎根理论的形成以及相应的“写法”通常有以下三种方式。

1. 叙事的写法

叙事的写法是将调查研究中所获得的材料整理成一份有情节、有内在线索的故事，将相关的教育理论隐藏在故事的深处，当然，研究者偶尔也可以在叙述故事的过程中跳出来发表有节制的议论。可以将这种“扎根理论”的写法称为“情境式”研究报告，也可以称为“叙事研究”式的研究报告。

叙事写法的优点是将教育道理比较巧妙地隐含在有情节的故事中，让读者在阅读故事的过程中发生某种“隐性学习”的效应。它的缺憾在于，教育道理一旦隐藏在故事中，道理就可能被故事淹没而化为无形。教育道理是否能够被领会，不仅取决于故事本身的质量，还取决于读者的理解水平。就那些具有“叙事研究”精神的研究者或读者来说，“将教育道理隐藏在教育故事中”是最理想的形式。它追求价值中立式的“描述”，而不过多地议论和解释，尽量克制自己的价值判断。

2. 聚类分析的写法

聚类分析的写法就是将调查研究中所获得的材料分门别类，每一个类别实际上就是一个相关的教育主题或教育道理。分类之后，再用相应的材料或故事来为这些教育主题或教育道理提供“证词”。

这种写法的优点是“主题”清晰，直接将相关的教育道理告诉读者，不用读者自己去猜想和琢磨。不过它的优点也正是它的缺憾。这种写法可能过于直接地将相关的教育道理强硬地公布出来，不给读者留出足够的想象空间，而且这类报告很可能因缺乏内在的情节与线索而降低读者的阅读兴趣。

3.“先叙事，后解释”的写法

“先叙事，后解释”是“叙事”写法和“聚类分析”写法的综合，在整体上保持故事的完整性和情节性，但每一个故事都有一个相应的教育主题或教育道理。而且，各个教育主题和教育道理之间有某种内在的联结。具体的“写法”要么为“夹叙夹议”，要么为“先叙后议”，根据具体情况选用其中一种写法。

四、教育叙事研究应该注意的问题

（一）对教育叙事研究存在的误解

> **议一议**
>
> 每个人述说自己的故事，就是叙事研究吗?

第一，认为教育叙事研究就是对自己教育故事的素描。认为教育叙事研究就是讲故事，就是把自己的经历与体会表达出来。这样的理解是肤浅的，教育叙事研究是通过行为者对教育故事的叙述，来反思教育实践的合理性，来重构教育实践的理论意义，优化教育实践规划质量。

第二，认为教育叙事研究不需要理论基础的研究。有人认为教育叙事研究就是远离理论的研究，它既不需要理论基础，也不以追求理论为目的。其实，教育叙事研究的手段与目的，都离不开理论。教育叙事研究既要求通过叙事来体现理论对实践的解释与洞察力，也要求通过对叙事者个体价值与情感的认可，对故事情境的关注，来丰富理论的视野。

第三，认为人人都可以做教育叙事研究，因此人人都在做教育叙事研究。虽然每个人都有实践智慧与个人理论，都具备做教育叙事研究的可能。如果只是白描事实，而不反思与重构，不通过重构来丰富个人理论就不是做研究。

（二）做教育叙事研究时要注意的问题

第一，明确研究者在教育叙事研究中的角色。研究者在教育叙事研究过程中不承担管理实践的使命，但要为教师的教育活动赋予意义，为教育经验的分享提供平台，从内在层面推动以规划、专家、项目为核心的改革向以学校实践、教师困惑、问题解决为核心的改革转换。

第二，教育叙事是由解说者进行描述和分析。不管研究者是否在场或退隐，都不能停留于教育活动表面的描述和分析，而是要倾听教师内心的声音，感受教师的主观世界，体验教师的生命律动，探寻教师的行为意义，对读者具有启发性和感染力。

第三，教育叙事的价值评断标准是多元化的。教育叙事是教师个体的生命历史，也是教师群体的生命历史，因此可以从不同维度进行评判，非单一角度的评价。

第四，注意研究伦理的要求，要避免教育者自身的激烈情绪的直接发泄。

总之，教育叙事研究有较大的优势应用于教育领域。它是教育理论与实践的桥梁，不仅注重教育故事本身，且注重教育故事所具有的意义。通过对意义的重构与解读，来反思与提高实践，来丰富与优化理论。因此，教育叙事研究是通过维持理论与实践的张力，来提高两者的切合度与各自的良性发展。此外，教育叙事研究关注教育主体实践智慧与个人理论的形成与优化。由于在理论中接纳了个人情感与故事情境，这更有利于理论的穿透力与解释力。另外，教育叙事研究去除了教师的“科研焦虑”。教育叙事研究基于对个体经验与故事情境的关注，降低了教师进入教育科研的理论高度，去除了教师做科研的畏难情绪，有利于提高中小学教育人员的科研参与度。

【基础知识】

1. 简述教育叙事的概念及特点。

2. 教育叙事研究需要注意的问题

【实践演练】

选择一个自己感兴趣的现象或行为，撰写一份教育叙事报告。

第十二章　行动研究

【内容概览】

本章对教育行动研究的定义和特点、类型、具体操作过程等有关理论问题进行了介绍，并提出了行动研究对教师专业发展的意义等。

【知识地图】

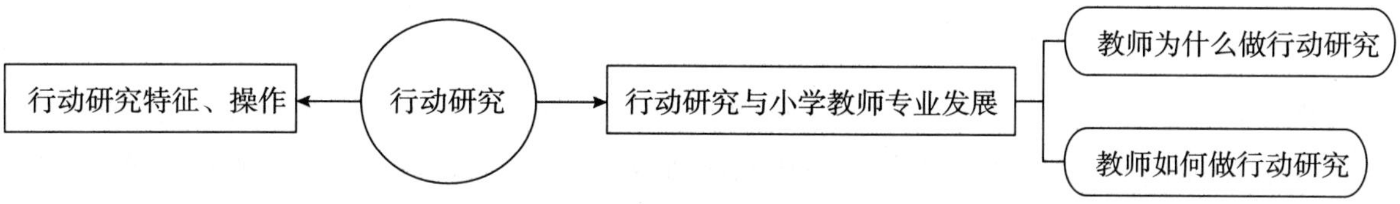

【学习目标】

1. 了解行动研究的概念、作用及特点。

2. 了解行动研究的理论基础、历史发展。

3. 掌握行动研究的基本过程，能设计一份教育行动研究计划。

【案例】

第一次认识L的时候，她正是一位初中英语教师，并且在自己的课堂教学中进行一项关于情境教学的应用研究。刚开始合作时，L对我说，她很想把在初中进行改革所积累的经验提炼一下，希望能在我的帮助下，把这些经验上升到一个理论高度。我听过她在初二上的两节课，感觉不错，当时她确定的研究课题是“初中英语情境教学的应用研究”。上学期期末的时候，L一次与我谈起，Y中可能要招收高中生。她很可能是新高中的第一任英语教师，有关领导已经找她谈过话了。能得到领导的器重和接受新的挑战，L感到很兴奋。我总认为L很适合初中的英语教学，特别是这几年她也在这方面积累了一些经验，并且就她的个性与教学风格来说，初中生也许更愿意接受她。中学生随着年龄的增长，身心发展会呈现不同的规律，同样的教学方法对初中生可能管用，高中生也许会置之不理。于是我有一点担心，担心她的教学和课题研究。在暑假我离校回家的前一天，L告诉我下学期她教两个高一班的英语。她说她将利用暑假时间，好好地看看书，也认真地对自己的教学和研究思考一下。L能这么想，我感到很高兴，觉得下学年我们也许会比较快地进入各自的角色。

新学期开学的第二天，我就来到Y中，问L有什么新的想法和打算。没想到L这样对我说："我以前总担心教高中太难，怕自己教不了，其实现在的教参书上什么都有，每一个步骤都讲得特别清楚，我只要照着做就行了。"听完以后，我大吃一惊，L找到的是这样的一种感觉，让我觉得不知如何是好。

L在教学中进行研究，对研究者的角色总是把握不好，尽管我能理解L的这种做法，但有一点点失望。于是，我就具体地问："你对你的研究课题有什么想法，还继续研究以前的课题吗？"L感到很为难，也很着急。现在已在高中教学，还去研究"初中英语情境教学"似有不妥。"教学与研究不分离"是我与L约定的一项协议。我安慰L说："在高中教学中，你可能很快就碰上新的问题，现在你也不用着急，上一段时间的课后你就会有感觉，肯定也会有新的问题出现。"

我来到Y中听L上高一（1）班的第一节课时，Y中的王校长与我同听。下课后，王校长问了我两个问题："你以前也教英语吗？""教过高中吗？"我告诉他我在初中教过六年英语，王校长然后跟我说，"L是个很优秀的教师，上课气氛活泼，与学生关系很好。但现在教高中，还沿用初中的教学方法，行吗？"

在办公室，校长与L和其他一位教师说起："你们原来教初中的，现在教高中，你们的教学方法是否注意到这个区别，这是个很值得研究的问题。"听到校长的一席话，我深受启发。既然L在教学中碰到这样一个问题，为什么不去研究一下这个问题呢？

我与L谈起这件事，既然在我们的研究过程中碰到一个这样的难题，如何在高中进行情境教学，我们为什么不去研究这个最实际的问题呢？研究现实教学情境中碰到的新问题，不正是行动研究所强调的基本精神吗？在高中能否进行情境教学，对此我俩都深信不疑，但是如何进行，却是一个值得思考的问题。

我不知道L有什么想法，于是我询问她的具体想法，刚开始L很犹豫，不知道怎么办？她反复强调说，"教参书上什么都有。"后来，我试着从一个更实际的问题"你认为教初中与教高中会有什么区别"入手。

L："对，初中的情境教学都是教师想好了一个情境，然后把学生放到这个情境中去。"

我提议性地问道："是不是在高中，可以让学生自己去创设一些情境？"

L很高兴，认为我替她说出了心里话，"对，我们就研究这个问题，研究在高中教学中如何发挥学生的主体性，让学生自己去创设情境。"

过后，我对L说："其实，你挺能思考问题的。"

L说："当我与别人一起交谈时，容易产生想法。"一位教师要成为一个研究者，她需要一种讨论，民主的气氛。L的这句话是否对教师成为研究者具有一定的借鉴意义呢？

中小学教师的研究属于就自己教育教学工作所开展的应用问题研究。理想的研究状态是研究的课题正是教育教学中的难点，研究正是在教学的过程中展开的，研究的结果也就是教学工作的结果。研究者成果的不断丰富，同时也意味着教师教育教学能力和水平的不断提高。教师要成为一个研究者，需要凭借自己的经验及观察力，能发现实际中存在的问题，并能确认这些问题。

例如，能思考诸如教学情境中发生了什么问题？这些问题对教学、学生和教师的重要性如何？这些问题必须解决吗？不解决行吗？如必须解决，应以什么为突破口等。只有当教师明确了问题以后，才能对这些问题进行研究，提出研究的课题。

L 在由初中教学转向高中教学后，曾一度迷失了自己的研究方向，其实在高中教学中，她不是没有问题，而是问题太多，让她感到很困惑，不知如何是好。因抓不到最根本的问题，所以她感到困惑。也因此出现了“教参书上什么都有，我只要照着做就行了”这样的想法。当她在与我进行一番讨论后，她能马上明确问题的根本所在，也就很容易地找到了自己教学中的根本问题。在明确了研究的问题后，L 重新确定了她的研究课题——“在高中英语情境教学中应如何发挥学生的主体性”。

第一节 行动研究概述

近年来随着质性研究越来越得到更多的重视和关注，质性研究的一些具体研究方法得到了更多的重视和提倡。在这些研究中，行动研究无疑是非常具有代表性的。

一、行动研究的定义

行动研究法是德国心理学家勒温在群体动力学研究中创立的方法。它是一种适应小范围内教育改革的探索性的研究方法，其目的不在于建立理论、归纳规律，而是针对教育活动和教育实践中的问题，在行动研究中不断地探索、改进和解决教育实际问题。行动研究将改革行动与研究工作相结合，与教育实践的具体改革行动紧密相连。行动研究是一种适合于广大教育实际工作者的研究方法。它既是一种方法技术，也是一种新的科研理念、研究类型。它是指有计划、有步骤地对教学实践中产生的问题，由教师或研究人员共同合作，边研究边行动以解决实际问题为目的的一种科学研究方法。

行动研究提倡者对行动研究的确切含义见仁见智，莫衷一是。从国外对行动研究的不同定义上来看，可以把关于行动研究的定义分成三类。一是以科利为代表的“科学的行动研究”，强调行动者用科学的方法对自己的行动进行研究，认为行动研究是一种小规模的实验研究，它用统计的方法来验证假设。二是以埃里奥特为代表的“实践的行动研究”，强调行动研究者为解决自己实践中的问题而进行的研究，认为“行动研究是旨在提高社会具体情景中的行动质量，是对该社会情景的研究”。三是以凯米斯为代表的“批判的行动研究”，强调行动者对自己的实践进行批判性思考，认为“行动研究是由实践工作者在社会情况下开展的自我反思的探究，目的是提高他们自己的实践，他们对这些实践的理解，这些实践得以展开的背景的合理和公正”。

从对行动研究的定义上，可以发现行动研究是一个不断发展的概念，经历了从强调行动研究的科学性，走向强调其实践性和批判性的过程。尽管诸种定义表述各异，但所强调的基本精神却是一致的，即强调行动研究以解决现实情况中的具体问题为目标。我国学者普遍认同行动研究是一种以教育实践工作者为主体进行的研究，它以研究自己实践中的问题，改进教育实践为其本质。

二、行动研究法的特征

（一）以解决问题，改进实践为目的

从行动研究的过程中可见预诊阶段在于发现实践中的问题，行动阶段在于解决问题、改进实践。行动研究的对象是教育教学实践中亟待解决的实际问题，这些问题来自教育教学实践，是教师自己的直接经历和感受。该研究以改进教育教学工作，解决实际问题为首要目标。它关注的不是理论问题，而是解决实际问题。

（二）研究与行动相结合

行动研究的过程是研究进行的过程，同时也是行动解决问题的过程，是在日常的学校生活和真实的课堂教学环境中，边行动边研究。研究者要经常反思行动过程中的问题，依据行动的实际情况，随时调整计划，完善行动，达到研究和行动的完美结合。

（三）以“共同合作”的方式进行，扬长避短

行动研究要求教师运用理论，系统地反思自己的实践；要求研究者深入实际，从实际中发现问题，并直接参与从计划到评价实际工作的过程，与教师一起研究他们面临的问题。所以行动研究以相互参与和共同研究的方式，在研究者与教师之间架起了桥梁，使之共同合作，扬长避短。需要注意的是，行动研究的主体是实际工作者，而不是外来的专家学者。专家学者参与研究扮演的角色是提供意见与咨询，是协作者，而不是研究的主体。

> **议一议**
>
> 为什么行动研究法适合小学教师对教育教学现象和行为进行研究。

（四）行动研究具有一个不断展开的螺旋过程

行动研究的开展是一个循环过程，第一个循环完成之后，进行修订和完善，再进入第二个循环，以此类推，从而使行动研究的整个过程构成一个不断上升的螺旋过程。

三、行动研究法的优点和局限

（一）行动研究的优点

1. 适应性和灵活性

行动研究简便易行，较适合于没有接受过严格教育测量和教育实验训练的中小学教师采用。行动研究容许边行动边调整方案，不断修改，经过实际诊断，增加或取消子目标。实验条件的控制比较松缓，注重实际的教育环境，较有利于在教育这样复杂的研究现象和领域内进行。

2. 评价的持续性和反馈及时性

行动研究强调评价的持续性，即诊断性评价、形成性评价、总结性评价贯穿整个研究过程。反馈的及时性从两个方面看：一是及时反馈总结，让教育实践与科学研究处于动态结合与反馈中；二是一旦发现较为肯定的结果，立即反馈到教育实践中去。

3. 较强的实践性与参与性

教育研究与教育实践紧密联系。教育研究紧紧围绕着学校的实际问题进行分析、研究和实践。参与性体现在典型的行动研究中，研究人员由专职研究人员、行政领导和第一线教师联合构成，研究人员直接或间接参与方案的实施。

4. 多种研究方法的综合使用

行动研究法不是具体的某一种方法，在较成功的行动研究中，可汇集多种研究方法。理想

的行动研究法应是多种科学研究方法的灵活和合理的并用。

（二）行动研究的局限

虽然行动研究法有很多的优势，但是也有其不足之处，其局限性主要表现在：由于研究过程的非正规性而缺少科学的严密性，在实际研究中，不可能严密控制条件，其结果的准确性、可靠性不够。

四、行动研究的一般操作步骤

行动研究有许多模式，在实施行动研究的步骤上也有一些差异。但在基本操作方面却一致，它遵循着一个问题研究的程序，即发现问题—解决问题的一个基本过程，包括计划、行动、观察、反思四个基本阶段。

（一）计划

计划是行动研究的第一个阶段，应以所发现的大量事实和调查研究为前提，它始于解决问题的需要。所以，计划的第一项工作就是厘清行动研究者的困境，提出明确的研究课题。

任何研究都是从选题开始的，行动研究也不例外。与其他类型的研究相比，行动研究的选题独具特色，行动研究既不要求选题对现实问题的普遍代表性，更不追求理论研究选题应具有的高度抽象概括性，它的主旨是随时随地研究和解决具体的问题，凡是工作中的问题，都可能是研究的选题。所以，行动研究的选题都来源于具体问题，有具体的时间、地点、当事人、特定的情境、特定的背景、特定的事物及其发生发展的历程等，行动研究就是针对这些具体情境中的具体问题而展开的。例如，“解决 ×× 问题的尝试”“关于 ×× 问题的个案研究”“×× 问题的对策与研究”“从 ×× 入手，解决 ×× 问题的研究”等。由于教师的时间、精力、工作任务和场所等的限制，这些问题往往都是发生在教室或校园里的身边事或“小”问题，但只要这个问题抓得准，就是值得研究的真问题。从这个意义上说，行动研究的课题，应该以教育行动者在工作过程中遇到的真实问题为研究的起点。

计划阶段还要根据现有资料及对问题所作的各种分析去拟订切实可行的行动研究计划。行动研究计划包括总体计划与具体计划。总体计划是对某项行动研究进行整体规划和安排，具体计划是对某项行动研究的每一具体行动步骤的计划方案。

研究计划包括以下几个方面的内容及要求。

第一，行动研究的总体设想和目标或目的是什么？预期的成果及其表现形式有哪些？明确研究或行动的目标十分重要，它既是研究的方向和目的，又是评估和衡量研究成效的重要依据和标准。

第二，实现研究目标或目的的方式方法、策略、手段有哪些？需要创造哪些新的条件开展行动研究？有哪些理论可以为本项研究提供依据？国内外同行在同类问题的解决过程中有哪些好的方法可以借鉴？后两项工作需要教师查阅一定的文献资料和进行相应的理论学习或培训。

第三，采取何种形式开展研究？是个体研究还是和同事组成研究小组？或者约请专家与自己开展合作研究？行动的进度及时间的安排如何？最起码应安排好前几步的行动研究内容。如果是采取与同事或专家合作的方式进行研究，在计划中要拟定合作的规则、行动如何协调等事项。

第四，采用哪些途径和方法收集反映研究过程和效果的资料和数据？如何对行动研究的过程和效果进行检测和评估？怎样对研究活动进行监控和检查？

在拟订计划的过程中，应注意以下两点：一是行动研究计划中设计的行动必须是行动研究的参与者能够做到的，拟订的计划应与学校的工作安排相协调，应不干扰学校的正常工作；二是计划必须有充分的灵活性、开放性。制订计划时既要考虑和包容已知的制约因素，又要预见可能发生的情况以及应对策略。

（二）行动

行动即实施行动计划。行动计划的执行和实施具有灵活性。随着研究者对问题认识的逐渐明确，以及行动过程中各种信息及时反馈，不断吸取参与者的评价和建议，对已制订的计划可在实施中修改和调整。

实施计划的行动研究要重视实际情况变化，重视实施者对行动及背景的逐步认识，重视其他研究者及参与者的监督观察和评价建议，行动是不断调整的。“行动”具有如下特点：

1. 行动的计划性

行动是对行动计划的落实和检验。这时的行动已经不是日常工作中例行公事式的习惯动作和机械操作，而是在计划中选择和确定的，是有计划、有目标、有系统（持续进行的系列行动）、有监控（自我监控和他人监控，以防止研究的随意性）地行动。简单地说，这时的行动已经是研究进程的一部分，是有研究的行动和在行动中研究。同时，它又是教师教育教学行动的一部分，是改进中的教育教学行动。在行动过程中，教师既是行动者又是研究者。作为行动者，教师要将自己拟订的行动计划付诸实施。作为研究者，教师要时刻监控行动的进展，观察新的行动产生的效果和影响，同时还要不断收集反映研究过程和效果的数据资料，反思、发现研究过程中的新问题。

2. 行动的情境性

按照研究计划一步步地采取行动，至少为问题的解决提供了基本保证。但是，由于教育行动研究中的行动是在实际工作环境中进行的，许多因素不可能事先确定和预测，更不可能全部控制，在行动的过程中，教师也可能形成新的认识、新的想法，在这种情况下，就可能根据实际情况的变化和各方面参与者的监督观察和评价建议对问题和计划进行修订，相应地，行动也要随之调整。因此，行动研究中的行动是灵活的、能动的，根据情境而进行调整的。

（三）考察

考察环节主要指对行动过程、结果、背景以及行动者特点的检验和考察。总的说来，考察就是纵观整个行动研究过程，评价该研究设计是否正确、过程是否科学、结果是否有效等。研究者要找出计划与结果的不一致性，从而形成总体计划和下一步行动计划是否需要修正，需作哪些修正的判断和构想。

考察内容主要有以下几个方面。一是行动背景因素以及影响行动的因素。二是行动过程，包括什么人以什么方式参与了计划实施，使用了什么材料，安排了什么活动，有无意外的变化、如何排除干扰。三是行动的结果，包括预期的与非预期的结果。

（四）反思

反思是行动研究第一个循环周期的结束，又是过渡到另一个循环周期的中介。这一环节包括整理描述、评价解释和撰写研究报告。

这一环节需要从以下两方面进行。

第一，监控行动的全过程。即对教师及其行动的背景、过程、效果、特征等进行全面观察，并及时提供反馈信息，以对研究过程进行监督控制。为了提高行动研究的质量，在观察过程中应灵活运用各种已知的观察技术保证观察的科学性、客观性。除自我观察外，还可以约请局外人与当事人从不同的方面进行多视角的观察。

> **练一练**
>
> 就自己所选择的某个研究课题，撰写一个简单的行动研究流程。

第二，收集研究资料和数据。行动研究过程中，应收集的资料主要是能反映研究过程和效果的材料、数据，常见的有教师的研究日志和教学日志；学生的作业、作品、测验或考试成绩；教师对学生的评价记录；研究过程中与同事、领导、专家交流、开会的记录；相关的问卷、访谈材料；录音、录像等。

将反思放在上述几个环节之后提及，并不意味着反思只是在行动研究的后期进行。实际上，反思是推动行动研究不断深化的重要机制，它伴随着行动研究的全过程。在行动研究后期的反思工作主要包括以下内容。

第一，归纳、整理和描述工作。这部分工作主要是教师对已经观察和感受到的与制订计划和实施计划有关的活动和各种现象进行归纳分类整理，对行动研究的过程进行系统描述，将获得的数据及时进行分析，必要时可用统计方法对数据进行整理和解释。在此基础上，教师对照行动方案，主动检查和发现教育教学改进的成效与存在的不足，总结行动研究的得失，根据问题的情况、行动的步骤等撰写研究报告。

第二，评估与解释工作。主要是对行动研究的过程和结果进行判断和评价，对有关现象与原因进行分析解释。如有必要，可提出下一步行动研究的基本设想或建议。由于教育实践问题的复杂性，教育行动研究对问题的解决常常不是直线推进和一次完成的，而是一个从计划、行动、观察、反思到新一轮的计划、行动、观察、反思直至问题解决的螺旋式发展的过程。这个过程，使行动研究区别于教师在日常工作中基于零碎或偶然思考的随意的问题解决，也不同于一般的“经验总结”活动或简单的、零散的、短期的“反思性教学”行为。行动研究是对行动中问题的系统而持续的探究直至问题解决的活动，是一种有效的专业化的创造性工作方式。

行动研究基本上采用线性研究流程，对某一具体问题的行动研究终结，意味着进入下一轮更高层次的研究，或者变换研究问题。正因为行动研究有着实在的研究对象，快捷的研究周期，易控的研究过程，很适合广大第一线教育工作者的实际需要，成为一种简单易行的大众化科研方法。

第二节　行动研究与小学教师专业发展

一、行动研究在我国发展的历史回顾

自20世纪上半叶以来，行动研究在西方蓬勃发展。20世纪80年代初，我国开始尝试对“行动研究”的研究，既从理论上系统介绍了行动研究，也从实践上尝试了行动研究的过程，但对行动研究的研究还只是处于较浅层次的阶段，更多的是对国外的行动研究的介绍。我国对行动研究的研究在整个80年代只有零星的几篇文章。90年代初，我国对行动研究的研究，不论是在理论上还是在实践上都取得了可喜的成绩。最近几年，行动研究在我国得到很大发展，似有燎原之势。介绍行动研究的理论著作甚丰，关于行动研究的实践探索更是热火朝天，比较有代表性的有周卫等人的“中国西部女童行动研究”；上海华东师范大学与上海周边地区的学校所开展的一系列研究，如校本课程开发等，都对行动研究作了颇有价值的探索。

从我国对行动研究的研究来看，对行动研究所强调的“教师成为研究者”这一点似乎并不存在异议。事实上，20世纪80年代以来，鼓励教师从事教育研究已经越来越普遍地得到强调。但只要再深究下去，就会发现我国对“教师成为研究者”的认识存在误区，几乎将教师行动研究等同于“基于理论应用于实践”的教师专业发展。“教师成为研究者”强调的是“行动者的研究”而不是“研究者的行动”。“行动者的研究”与“研究者的行动”有着质的不同，认清这两者的之间的区别才能正确理解“教师成为研究者”的实质。由于缺乏对理论与实践关系的深刻理解，中小学教师的研究工作或是停留在经验性的汇报水平上，或是完全模仿理论工作者的研究，这两者都没有做到理论联系实践。

当然“让教师成为研究者”对教师提出了更高的要求，如果一个教师在掌握基本的教学内容和教学技能上都有困难，那么让他去从事研究是肯定不行的。我国教师队伍在经过几十年的努力后，质量已得到了很大提高。近十年来随着教师培训工作的大力开展，我国中小学教师的学历已基本上达到了要求，学历培训已基本结束，教师素质得到了很大提高。

二、行动研究对教师发展的意义

进入21世纪以后，人们越来越清醒地认识到面对知识经济兴起带来的机遇和挑战，教育必须要经历一场包括目标、课程、教学和评价等在内的基于现实指向未来的变革，而教育能否创新，改革能否深入，教师起着至关重要的作用。面对教育改革的需求和挑战，第一线的教师必须要提高专业水平，努力使自己成为教育教学实践的“研究者”。教师除了应当具备传统所界定的专业特性之外，比如，理解本学科的知识及其结构、掌握必要的教学技能等，还必须拥有一种“扩展的专业特性”，有能力通过较系统的自我研究，通过研究其他教师和在实践研究中对有关理论的检验，实现专业上的自我发展。

教师要实现专业化，除掌握必要的学科内容和教学技能技巧之外，还必须拥有一种“扩展的专业特性”，实现专业上的自我发展。简单地说就是教师必须成为研究者。教师要成为研究者与理论研究者是有所区别的。教师所进行的研究是一种特定的“教学研究”，是对教师自身的教学进行思考和探究，即“在教学中研究，在研究中教学”，这种研究因此而被称为行动研究。行动研究就是在解决问题的过程中，研究者和教师共同参与研究和工作，它为研究者与教师的结合提供了接触点。所以，行动研究以相互参与共同研究的方式，在研究者与教师之间架起了桥梁。

行动研究作为一种日益兴起的研究方法，对教师的发展具有重大意义，主要表现在如下几个方面。

第一，行动研究关注的不是各学科分支中的“纯理论研究者认定的理论”问题，而是教育决策者、校长、教师们日常遇到和亟待解决的“实践”问题。它以诊治具体教育情境问题为主要内容，以改进教育实践问题为根本目的，有利于教育教学质量的提高，因此行动研究为教师改进自己的教学提供了一条途径。

> **议一议**
>
> 谈谈对“教育行动研究是以教师的教育实践为主要导向的”这个观点的理解。

第二，行动研究强调提高教师对自己行动的反省和分析解决问题的能力；强调教师在自己的教学实践中的反思和研究；强调教师通过从事行动研究可以扩展和提高自己的专业知识及技能，从而使教师最终脱离“教书匠”，走向“学者型教师”和“教育家”，促进教师专业化。因此行动研究多被用来作为教师在职培训的一种有效方式，它为促进教师的成长开辟了一条新的途径。

第三，行动研究对教师来说不仅是一种改进教育实践的研究方式，它更是一种促使教师实现个人价值的生活方式。在这种生活方式中，教师体会到自己的责任，体会到自己存在的价值和意义。在这种生活方式中，教师凭借自己的力量，把自己和教育对象紧紧地联系在一起，并与对象共同构成了他自己的生活世界，教师必须发展自己的理性，成为自己的主人。教学与研究成为教师职业生命的两只脚，缺一不可；反思与研究也成为教师的一种专业的生活方式，成为他职业发展的内在需要，教师便在反思与研究中获得了新生。

三、教师在行动研究中成长的过程

（一）学校成为教师专业成长的摇篮

教师的在职培训一直被认为是改变教师观念、提高教师素质的主要途径。但是，这种传统的以实践观为背景、以课程为基础、以知识讲授为特征的“技能熟练模式”，其实践效果并不理想。由于通过这种方式学到的知识都是作为外在于个人的异己之物，与个体当前的现实的工作、生活情境与需要没有直接关联，缺少个体特定场景中特定的心理体验的融入，以及个体内心深处的精神的渗透，因此它没有真正转化为个体内在的心智模式中的有机组成部分，由此“造就”了现实中“口是”却“行”非的教师群体，导致在实践中的表现就是教师“所倡导的理论”与“所采用的理论”之间的分裂。有鉴于此，教育界从理论和实践两层面对师训模式的创新进行了探索。

近年兴起的校本教师培训模式是国内外专家所推崇的一种培训方式。这是一种效率高、操作性强的方式，该模式基于教师个体成长和学校整体发展的需要，由专家协作指导，教师主动参与，以问题为导向，以反思为中介，把培训与教育教学实践和教师研究活动紧密结合起来，倡导基于学校实际问题的解决来直接推动教师专业的自主发展，提高学校教育教学质量和学校整体水平。

（二）教师在行动研究中成长

教师成为研究者的理想由来已久，早在 1926 年国外就有学者在一本名为《教师的研究》的书中表达了这样一种思想：教师有研究的机会，如果抓住这种机会，不仅能有力而迅速地发展教学技术，而且将赋予教师的个人工作以生命力和尊严。此后，不断有学者强调培养教师研究习惯的重要性。他们认为教师开展研究有两个理由：一是这种研究具有训练的价值；二是有助于提供大量的有关教育的科学信息。这一思想为英国课程论专家斯坦豪斯所继承，他不仅明确提出了“教师成为研究者”的理念，认为“没有教师的发展就没有课程的发展”，而且通过实施具体的计划，使这一理念转化为一个激奋人心的现实运动。

因此，教师应被鼓励成为批判地、系统地考察自己教育教学实践的研究者，从而可以更好地理解和改善自己的课堂教育实践。这种自我研究，既是教师职业自主性的表现，同时也能不断促进教师职业能力的发展。而教师若要完美地担任“职业者”与“研究者”的双重角色，除了需要掌握必要的研究技能之外，还要培养起研究的性向和责任，通过切实体会到的责任感及所运用的技能，来不断地质疑。“追问”实践，并完成在自己的教育教学背景下对教育教学实践理解的建构和再建构。

教师角色要实现从单纯的知识传授者向学生学习、身心发展的促进者的转变，教师本身必须是一位积极有效的教育教学的研究者。这里，教师的研究并非指专业性、理论性的学术研究，而主要是指教育教学实践研究，即行动研究，教师在行动研究中成长。

（三）教师在构建“研究共同体”中成长

行动研究是对“教育行动”的研究。“教育行动”是在特定时间、地点、条件下，由特定的教师对其学生采取的行动，又要使作为行为者的教师在行动过程中获得理性的自觉，所以这种研究不能不以参与研究的教师为主体。但教师一开始往往缺乏研究规范、研究技能等方面的必要训练和足够的理论准备。同时，一般教师对教育科学理论的语言不很熟悉，对某些术语甚至会有理解上的偏差，这就给教师深入分析问题、准确表述观点等造成一定的困难，从而妨碍了研究的深入和研究结果的交流。另外，教师受认识水平与价值观念等的局限，对教育实践的理解水平也有限，所以教师个体的研究开始时一般较难取得成功。因此，建立“研究共同体”，即教师与专业研究者合作进行研究，将为教师研究的起步提供有利的条件。

在研究起始阶段，专业研究者可能提供的协助包括参与选择课题和确定课题计划、共同研究与课题相关的理论假设、提供研究方法与表述研究成果方面的指导等。但必须强调的是，教师反思、研究能力的发展是自我组织过程，指导者只起促进作用。因此，为使行动研究真正成为促进专业实践的变革的过程和作为实践主体的“人”的变革过程，合作双方要在诸方面取得共识的基础上，积极创造一种协作性的组织文化。这种组织文化的核心内涵是：问题为本的探索过程、依据相互支持的规则进行开放性的分享、不作全面的评判、认同个体发展节奏差异的基础上追求专业发展方向的一致。这个研究共同体应该树立一种“问题即探究和学习机会”的信念，形成寻求最大化的教育教学实践合理性的集体力量；围绕问题展开的对话应该强调开放的经验分享，强调“对事不对人”，并淡化对当事者行为作全面的评判；教师实践研究能力的发展节奏存在差异，因此合作的行动研究更侧重于过程，而不强求所有参与者的同步发展。

如果说“基于问题的探索过程”和“开放性的分享”是合作共同体的本质特征，那么，强调多向互动、智慧共享的“对话”正是共同体有效运作的机制之所在。研究共同体面对真实、复杂的实践问题进行分析、探讨，通过对话、协商、合作来解决问题，并主动建构起隐含于问题背后的有关知识，并不断诱发新的学习需要，使之成为继续探究的一种动力，最终形成解决问题的技能和自主思考的能力。对话的过程是对话主体双方从各自理解的原有的知识背景出发，通过多向、多次的互动所达成的一种视界交融，也可以说是“大学文化”和“中小学文化”的交流、交融过程，视界交融的结果是主体双方认知结构的不断改组与重建，是新知识、新理念的产生与创造。因此它也是一种相互学习的过程，是学会教学、学会研究、学会合作的过程，是主体之间在经验共享中的相互造就过程。从这个意义上讲，研究共同体也即“学习共同体”。在学习共同体中，对话双方都将对方视为知识的可能性源泉，通过对话和共同的探索活动将公共知识转化为个人知识；另外，共同体通过互动将个人难题转化为公共难题，借助集体智慧解决个人困境，从而构成了一种加速个人智慧学习和实践创新的良性循环。

必须要指出的是，“对话”的存在和有效运作依赖于民主、平等、相互接纳的学习氛围，而这种良好集体氛围的创设，取决于共同体内部的各合作方是否对“自身”及“对方”具备适当的角色认知。对专业理论研究者而言，一方面，必须认识到，作为中小学教育教学实践者的教师，其头脑并非“教育理论的空白”，而是有着自己的经验和探究、创造的潜能。因此，对教师的指导必须建立在尊重教师的现有经验、见识和才智基础上，而不是生硬地从教师不熟悉的理论假设出发。另一方面，在合作研究过程中，专业理论研究者将不断地从实践第一线的教师的鲜活经验中寻找新的理论生长点。

就教师而言，在合作研究中作为研究主体能否同大学研究人员处理好关系，是合作研究取得成功的先决条件，即他们必须在研究中学会“合作”、学会“对话”。一方面，中小学教师要充分利用共同研究的大好时机，在研究中通过不断的反思、虚心求教和沟通，不断纠正自己头脑中不科学的习俗观念，不断提高自己的思想认识水平、扩大理论视野、提高与专业研究者对话的能力和开展教育教学实践研究的能力；另一方面，在以平等的态度参与共同研究时，要消除对专业研究人员的依赖心理，在研究工作中积极主动，敢于提出自己的见解，逐步增强独立思考。另外，参与研究的教师之间的精诚合作对研究工作的顺利进行也至关重要，和谐的协作关系有助于培养浓厚的研究氛围和创造愉快的工作环境，而这种富有建设性、支持性的气氛和环境反过来又能促进教师合作精神、研究精神的发展。

总之，走向合作的教育行动研究，需要合作双方的共同努力，其基础是参与者的相互理解，其实质是在平等对话基础上意义和精神的持续建构，其结果是生成新质文化的同时，实现着教育“实践”、教育“理论”和作为实践者（包括教师和理论工作者）的“人”的多向、多维发展。

【基础知识】

1. 简述行动研究的概念及特点。

2. 简述行动研究的基本过程。

【实践演练】

选择一个课题，设计一份行动研究计划。

附录

高师小学教育专业本科生教育研究能力培养的实践探索

刘 慧

（首都师范大学初等教育学院，100048）

摘要：教育研究能力是小学教师专业发展的内在要求，是高师小学教育专业人才培养目标之一。如何培养，实现这一目标，是高师小学教育专业的一项重要任务。我们经过三年的实践探索，在理论与实践两方面获得一些认识与经验，初步形成了本科生教育研究能力培养模式。

关键词：小学教育专业；本科生；教育研究能力；培养

小学教师的教育研究能力对小学教育状况的改善、小学教师自身专业发展至关重要。但目前小学教师普遍缺乏教育研究能力，造成这一现象的一个重要因素是我国传统师范教育比较注重学科知识传授和教师职业技能训练，缺乏对教师研究能力的培养与研究。而小学教育所面临的复杂问题却更需要小学教师具有教育研究能力，故高师小学教育专业必须承担起培养小学教师教育研究能力的任务，这也是小学教师本科层次培养区别于专科培养的一个特性。自 2008 年以来，我们依托五个科研课题，开展了一系列的行动研究，形成了本科生教育研究能力培养的如下理性认识与实践操作模式。

一、本科生教育研究能力培养的理性认识

（一）小学教师教育研究能力含义及培养重点

小学教师教育研究能力是指小学教师作为研究主体对其教育教学实践中所遇到的教育问题进行研究的能力，其目的是解决现实教育问题，改善自身的教育教学实践，提高教育教学质量。小学教师的教育研究能力是由一般能力、教育教学能力、研究能力三部分构成。其中以观察力、注意力、记忆力、思维力、想象力等一般能力为基础，以从事小学教育教学活动所需要的知识、技能、情感、态度、价值观为条件，以从事研究所必备的专门知识技能和情感、态度为核心。这种研究所必备的知识和技能主要包括资料、问题、表达三方面；资料能力包括检索文献、收集资料、阅读资料、鉴别资料、归纳综述五方面的能力；问题能力包括发现、提出和解决问题三方面的能力，而解决问题的能力又包括逻辑思维、分析与综合、创新三方面的能力；表达能力包括文字表述能力和口头表达能力。由此，本科生教育研究能力的培养重点是从事教育研究所必须具有的三方面研究能力。

同时，培养本科生的研究意识也非常重要。研究发端于好奇的天性和生产实践的需要，是一种以实践方式为主导的穷究事理的活动。人的任何活动都是一个过程。过程的本体意义在于它的生成性，是新体验、新认识、新观念、新价值的不断生成；同时必然伴随着“人的生成”，伴随着研究者智慧的积累、视野的拓宽、精神的陶冶、人生境界的提升。故研究必然是一个严谨而有感情、有血有肉、有生命、有品位与风格、可以促进人类福祉的工作。可见，本科生教育研究能力的培养离不开他们对研究的兴趣、对教育研究价值的理解。因此，在培养的过程中，激发他们对教育研究兴趣，热爱教育研究的情感与态度，是十分必要的。

从小学教师的实际工作范围看，主要涉及小学教育、小学教学、小学管理等方面，因而其研究主要包括小学课程、小学教法、小学儿童、自身专业成长等；从小学教师实际所从事的教育研究类型看，主要有课题研究、教育叙事等。由此，小学教育专业本科生教育研究能力的培养，在培养一般能力和小学教育教学能力的基础上，重点是引导他们关注小学教育现象与问题，初步具有教育教学工作的研究性思路，即以研究性态度、思路从事具体的教育教学工作的思路；体验研究过程，初步具备课题研究能力、教育叙事能力等。

（二）本科生教育研究能力培养的基本遵循

凸显过程性，在“做中学”。以往本科生毕业论文、科研活动注重的是结果而忽视过程，其后果出现研究流于形式、理论学习与实际脱离、抄袭等问题，学生并没有真正理解研究是什么、研究应该怎么做。本科生教育研究能力的获得并不是一朝一夕、一蹴而就的，是在实践过程中体验学习获得的。而学习教育研究的最好方式是“做中学”，从做中体验如何做教育研究。因此，本科生教育研究能力的培养必须改变以往只注重教育研究方法知识传授而忽视教育研究实践的观念，必须为他们提供教育研究全程实践的机会，注重过程、注重体验，并在实践中使他们受到系统的、持续的训练。

倡导模仿性，提供有效示范。一定意义上讲，本科生教育研究能力的获得与提升始于模仿，但大多数本科生缺乏应有的模仿意识与能力，面对一个具体问题该怎样解决，尽管已有研究成果提供了示范，却不会利用，而是按照自己的感觉想当然地来做。所以在本科生研究能力培养中倡导模仿性学习是非常必要的。不仅如此，本科生教育研究的模仿意识与能力的培养还可以让他们在未来工作中，面对一些现实问题时，即使缺乏专家指导也能相对科学有效地解决提供帮助。因此，教师在教学中要注重教育研究示范，以便成为大学生直接模仿的对象；提供大学生优秀或不成熟研究习作作为教学案例，帮助他们理解、模仿；引导他们在研究问题过程中自觉寻找、发现模仿对象，并能在分析、参照模仿对象过程中开展教育研究活动。

构建系统性，形成培养合力。在本科生教育研究能力培养中，尽管已有“教育研究方法”课程、大学生科研活动、毕业论文写作等方式，但因彼此之间缺乏有机联系，并没有形成培养合力，其培养效果并不如人意。探索本科生教育研究能力的培养需要开发、整合多种教育资源，如校园文化活动、课堂教学、教育实习等是不可忽视的教育资源与途径，在校园文化活动中注入教育研究的元素、在课堂教学中渗透教育研究意识与能力的培养，以营造校园文化氛围，有助于培养本科生的研究意识；教育实习为本科生提供了首次、直接、真正接触小学的机会，为他们观察小学、思考小学问题、反思在校所受教育、研究小学教育等提供了可能。因此，必须将这些教育资源整合，整体设计培养方案。

二、“教育研究方法”课程与教学改革的实践

（一）调整课程设置，形成“123 课程模块”

“教育研究方法”课程是本科生教育研究能力培养的重要载体，也是实践探索的重点。以往小学教育专业只有一门“教育研究方法”课，并不能承担起培养本科生教育研究能力的任务。尽管授课教师用心用力地教学，但学生常常在撰写毕业论文时遭到指导教师质疑：“你们的研究方法课是怎么上的？”改革这一课程设置，形成了“123 课程模块”，即课程模块由一门必修课“教育研究方法”、两门选修课“质性研究”和“量的研究”以及三次以上教育研究专题讲座组成。课程设置节奏与大学生科研活动过程、毕业论文活动相应，必修课与选修课分设在大三上下两学期，专题讲座由大二开始，贯穿大二至大四年级。

整体设计教育研究课程模块内容。其中“教育研究方法”课程内容侧重小学教育研究的基础性、理论性；“质性研究”与“量的研究”课程内容是“教育研究方法”的具体化与深层化，是小学教师开展教育研究所必须掌握的质性与量化研究方法。讲座作为课程的补充，主要是针对大学生科研项目研究活动，如在学生参与科研立项前，组织“如何选题、如何写立项申请”的讲座，在科研立项后，组织“如何开题、如何实施”的讲座，在科研项目结题前，组织“如何撰写结题报告”等讲座。

（二）以课题研究为主线，采取探究式教学模式

传统的依据学科知识逻辑开展教学的方式是以知识传授为主，并不利于培养本科生的研究能力。改变这一教学模式，探索将教育研究方法的学习与科研活动、毕业论文撰写三合一的教学模式成为我们行动研究的重点之一。经实践检验，以课题研究为主线，依据课题研究过程开展教学活动的探究式教学模式有利于本科生教育研究能力的培养。

这种教学模式不是从知识体系入手，而是按照课题研究的逻辑进行。在教学过程中，教师首先是帮助学生针对小学教育现实问题，结合自己的研究兴趣，组建课题研究小组，对课题研究小组给予深入细致的指导。教师的教学重点是引导他们在自拟课题的引领下，采取合作、自主、探究、实践学习等多种学习方式，在共同完成科研实践系列作业的同时，掌握教育研究的理论知识，形成研究能力。

探究式教学模式还有两个重要操作环节。一是搭建互动平台，除了师生课堂上互动、课下辅导外，建立网上资源库和网络课堂，形成网络互动平台是非常重要的。二是建立网络资源库，包括主要参考书目以及有关网络资源的链接，教师文献库学生案例库，每一种研究的经典范例等。利用网络学堂上传课程课件、研究文献范例等资料，在网络学堂与学生讨论、交流，分享课程学习体会等。此外，建立与小学互动平台也是必要的，可以利用教育实践活动，引导学生学习观察、访谈等研究方法了解小学、研究小学。

改革考试方式，变以往以知识点为主的考试方式为系列实践作业，是探究式教学模式的另一个重要环节。实践作业主要是根据本科生做教育研究的实习作业，从选题、开题到收集资料，从研究方案设计到课题具体实施，从文献综述的撰写到研究报告的撰写，从中期汇报到期终汇报，设计一系列实践作业，确保学生教育能力的培养。

三、多渠道培养本科生教育研究能力的探索

（一）在教师教育类课程教学中的渗透

教师教育类课程与教学是培养本科生教育研究能力的一条重要途径。在我院课程设置方案中，教师教育类课程处于专业基础课与专业核心课地位，依托对这类课程的学习更有利于培养本科生的教育研究意识与能力。为此，我们开展了一系列的实践探索，主要形成了开发研究性的教学内容、实施研究性的教学方法、布置研究性的教育实践作业相结合的教学模式。

以“小学德育实践论”课程为例，主要采用了叙事教学法和小学德育问题调研实践作业的方式。叙事教学法是指以叙事为抓手，通过借助、分析、撰写、分享叙事等环节，完成教学任务的教学方法，在这样的教学过程中培养学生教育叙事能力。具体做法：一是利用课上十分钟时间，由二至三位学生讲述德育故事，其他学生评析；二是任课教师以德育故事为抓手，在学生评析的基础上，分析其中存在的德育问题，带入德育理论；三是讲授并指导学生撰写教育叙事，从中训练他们教育叙事能力。

小学德育问题调研实践作业由三部分构成。一是调研提纲的设计，调研前，任课教师组织学生围绕自己所感兴趣的德育问题，运用教育研究方法课所学知识设计访谈提纲；二是调研活动，要求每位学生利用十一假期访谈一位小学教师和小学生，做好访谈记录，写出初步的访谈报告；三是调研报告的分享与修改，组织学生分小组汇报，之后由各小组推举代表在全班报告，在此构成中指导调研报告的修改。通过这一系列的活动，不仅完成了小学德育问题的教学任务，而且培养了学生研究意识与能力。

（二）将教育研究能力培养纳入教育实习

教育实习是本科生接触小学，亲身体验教师职业的开端阶段，对本科生未来的教师生涯具有重要影响。以往教育实习任务主要是教学，并没有教育研究的内容。在教育实习中培养本科生教育研究能力是一个新尝试，将本科生教育研究能力的培养列为教育实习任务之一，需要有一系列具体要求与活动使之落实。如要求本科生在实习期间注重对小学的观察，尝试发现小学存在的问题，反思小学教育理论在小学实践中应用的状况等，并写成实习日志、小学教育问题报告、教育实习故事等；实习结束后，组织他们开展讲述教育实习故事、做教育实习报告、展示教育实习作业等一系列的活动。

同时，将毕业论文的写作与教育实习结合。本科生在大四下学期面临毕业论文撰写与答辩、找工作两项重要任务，由于就业压力，他们把更多的精力投入在找工作中。在此情况下，要求学生大四第一学期的教育实习期间，运用多种研究方法完成毕业论文写作的资料收集工作，不仅克服了这一矛盾，而且有助于保证毕业论文质量。

（三）在校园文化活动中注入教育研究能力的元素

本科生教育研究能力培养不仅有赖于课堂教学与科研活动，校园文化环境也是非常重要的。但由中师升格而形成的高师初等教育学院，其校园文化活动基本是技能性、娱乐性，缺乏研究性，因而也就失去了培养本科生教育研究意识的功能。为改变这一状况，院学生工作与教学部门合作，在校园文化活动中不断增加一些本科生教育研究活动内容，如本科生教育研究课题研讨会、优秀本科生教育研究成果交流会等。通过一系列的、持续一个多月的活动，从征集选题到设计研究方案，从撰写研究报告到展示研究成果，不仅营造了浓厚的关注教育研究的文化氛围，而且为本科生提供了学习、模仿、体验教育课题研究的全过程的机会。

此外，本科生教育研究能力培养模式的实践探索还包括改善其管理模式，其中包括成立本科生教育实践指导委员会，围绕本科生教育研究能力的培养，协调、整合本科生教育研究能力培养的资源与途径；完善毕业论文的全程管理制度，建立资料库；等等。再有，教师是培养本科生教育研究能力的关键。只有打造一支高水平的、责任心强的教师队伍，才有可能保障培养实效。因此，加大教师队伍建设力度也是本科生教育研究能力培养模式实践探索的重要环节。

注：本文发表于《中国教师》2012年第1期，系刘慧教授主持的北京市2008教改立项课题“小学教育专业本科生教育研究能力的培养模式探索”研究成果之一。

参考文献

著作类

[1] 贾馥茗，杨深坑主编．教育学方法论．南京：江苏教育出版社，2008

[2] 王坤庆．20 世纪西方教育学科的发展与反思．上海：上海教育出版社，上海世纪出版集团，2000

[3] [美] 威廉・维尔斯马，[美] 斯蒂芬・G. 于尔斯．教育研究方法导论（第 9 版）．袁振国，主译．北京：教育科学出版社，2010

[4] [美] 托马斯・库恩．科学革命的结构．金吾伦，胡新和，译．北京：北京大学出版社，2003.

[5] [德] 汉斯 – 格奥尔格・加达默尔．真理与方法——哲学诠释学的基本特征（下）．洪汉鼎，译．上海：上海译文出版社，1999

[6] 黄瑞祺．社会理论与社会世界．北京：北京大学出版社，2005

[7] 陈向明．质性研究：反思与评论．重庆：重庆大学出版社，2008

[8] 欧用生．质的研究．台北：师大书苑有限公司，1989

[9] 顾明远．教育大辞典（简编本）．上海：上海教育出版社，1999

[10] [日] 筑波大学教育学研究会编．现代教育学基础．钟启泉，译．上海：上海教育出版，1986

[11] 瞿葆奎主编．教育学文集・教育与教育学．北京：人民教育出版社，1993

[12] [美] 杜威．民主主义与教育．王承绪，译．北京：人民教育出版社，2001

[13] 时蓉华．社会心理学．杭州：浙江教育出版社，1998

[14] 周晓虹．现代社会心理学——多维视野中的社会行为研究．上海：上海人民出版社，1997

[15] 孙时进．社会心理学．上海：复旦大学出版社，2003

[16] 郑雪主编．社会心理学．广州：暨南大学出版社，2004

[17] 申荷永主编．社会心理学：原理与应用．广州：暨南大学出版社，2005

[18] 邹海燕，柳礼泉，张君主编．社会心理学．长沙：湖南大学出版社，2003

[19] 路海东主编．社会心理学．长春：东北师范大学出版社，2002

[20] 沙莲香．社会心理学．北京：中国人民大学出版社，2002

[21] 乐国安主编．中国社会心理学研究进展．天津：天津人民出版社，2004

[22] 屠文淑．社会心理学理论与应用．北京：人民出版社，2002

[23] 陈时见主编．教育研究方法．北京：高等教育出版社，2007

[24] 谢春风，时俊卿主编．新课程下的教育研究方法与策略．北京：首都师范大学出版社，2004
[25] 董奇．心理与教育研究方法（修订版）．北京：北京师范大学出版社，2004
[26] 陆有铨，马和民主编．走向研究型教师之路：教育研究方法与应用．杭州：浙江电子音像出版社，2002
[27] [美] 沃伦·R. 本特森．观察儿童——儿童行为观察记录指南．于开莲，王银玲，译．北京：人民教育出版社，2008
[28] [英] 里德尔－利奇．观察：走进儿童的世界．潘月娟，王艳云，译．北京：北京师范大学出版社，2008
[29] 孟迎芳，刘荣，郭春彦．心理统计基础教程．北京：北京大学出版社，2010
[30] 郭春彦．教育科学研究方法．北京：人民教育出版社，2003
[31] 陈向明．质的研究方法与社会科学研究．北京：教育科学出版社，2000
[32] 马云鹏主编．教育科学研究方法导论．长春：东北师范大学出版社，2002
[33] 沈毅，崔允漷主编．课堂观察：走向专业的听评课．上海：华东师范大学出版社，2008
[34] 周家骥．教育科研方法．上海：上海教育出版社，1999
[35] [美] 理查德·鲁尼恩，[美] 奥黛丽·哈伯，[美] 凯·科尔曼．心理统计导论．林丰勋，译．北京：人民邮电出版社，2010
[36] 潘慧玲主编．教育研究的取径：概念与应用．上海：华东师范大学出版社，2005
[37] 郭春彦主编．教育科学研究方法（第二版）．北京：人民教育出版社，2011
[38] [美] 科恩．心理统计学．高定国，等译．上海：华东师范大学出版社，2011

期刊类

[1] 武洁琼，李健宁．基于因果关系的教育研究方法思考．苏州科技学院学报（社会科学版）．2003（2）
[2] 赵维贤．教育研究中的因果分析方法．教育科学研究．1992（4）
[3] 李太平．当前教育研究中需要注意的几种倾向．教育研究．2006（10）
[4] 陈振中．论教育诠释学的研究向度．西北师大学报（社会科学版）．2004（5）
[5] 刘力．论教育科学研究中的道德问题．教育研究．1996（6）
[6] 潘德荣．诠释学：从主客体间性到主体间性．安徽师范大学学报（人文社会科学版）．2002（3）
[7] 邱天助．研究方法：质与量的辩证．社会教育学刊．1989（18）
[8] 彭泽平．再论“教育理论指导教育实践”问题——与曹永国同志商榷．教育理论与实践．2003（5）
[9] 郭元祥．教育理论与教育实践关系的逻辑考察．华中师范大学学报．1999（1）
[10] 贾永堂．论教育学理论及其在近代发展的阶段与特点．华东师范大学学报（教育科学版）．1989（4）
[11] 彭泽平．“教育理论指导实践”命题的再追问——从命题合理度、作用机制的角度进行分析．教育理论与实践．2002（9）

[12] 曹永国 . 也谈“教育理论指导教育实践”——兼与彭泽平同志商榷 . 教育理论与实践,2003(1)
[13] 郑金洲 . 中国教育理论研究的世纪走向 . 华东师范大学学报（教育科学版）. 2003（2）
[14] 李长伟 . 论教育理论与实践的本然统一——从实践哲学的角度关照 . 教育理论与实践 . 2003（4）
[15] 岑国桢 . 对 8—16 岁少年儿童认同从众反应原因的研究 . 心理学报 .1994（3）
[16] 宋官东 . 对从众行为的新认识 . 心理科学 . 1997（1）